贵阳海关年鉴

2022

《贵阳海关年鉴（2022）》编纂委员会——编著

中国海关出版社有限公司
·北京·

图书在版编目（CIP）数据

贵阳海关年鉴.2022/《贵阳海关年鉴（2022）》编纂委员会编著.—北京：中国海关出版社有限公司，2023.6
（中国海关史料丛书）
ISBN 978-7-5175-0690-4

Ⅰ.①贵… Ⅱ.①贵… Ⅲ.①海关—贵阳—2022—年鉴 Ⅳ.①F752.55-54

中国国家版本馆 CIP 数据核字（2023）第 095000 号

贵阳海关年鉴（2022）

GUIYANG HAIGUAN NIANJIAN（2022）

作　　者：《贵阳海关年鉴（2022）》编纂委员会
责任编辑：文珍妮
出版发行：中国海关出版社有限公司
社　　址：北京市朝阳区东四环南路甲 1 号　　邮政编码：100023
编 辑 部：01065194242-7533（电话）
发 行 部：01065194221/4238/4246/5127（电话）
社办书店：01065195616（电话）
https://weidian.com/?userid=319526934（网址）
印　　刷：北京中献拓方科技发展有限公司　　经　　销：新华书店
开　　本：889mm×1194mm　1/16
印　　张：18.25　　字　　数：326 千字
版　　次：2023 年 6 月第 1 版
印　　次：2023 年 6 月第 1 次印刷
书　　号：ISBN 978-7-5175-0690-4
定　　价：180.00 元

《贵阳海关年鉴（2022）》编纂委员会

《贵阳海关年鉴（2022）》编辑部

编辑说明

一、《贵阳海关年鉴（2022）》是由贵阳海关组织编纂的系统反映贵阳海关 2021 年度改革与发展基本情况及重大活动的史料性文献资料。为人们了解、研究贵阳海关工作情况提供信息资料。

二、《贵阳海关年鉴（2022）》编纂工作，坚持以马克思列宁主义、毛泽东思想、邓小平理论、“三个代表”重要思想、科学发展观、习近平新时代中国特色社会主义思想为指导，力求全面、客观记录新时代贵阳海关改革发展历程，不断丰富贵阳海关历史文化，充分发挥年鉴存史、资政、育人作用，为建设社会主义现代化海关提供强大的精神动力和史实支撑。

三、《贵阳海关年鉴（2022）》记载时限为 2021 年 1 月 1 日至 12 月 31 日，记载贵阳海关发生的重大事件及其背景、社会影响，贵阳海关事业的新成绩、新成就等，包括各部门（单位）的发展情况。

四、《贵阳海关年鉴（2022）》采用分类编辑法，以类目为单位，类目分三个层次，下设若干分目，分目下设若干条目，采取条块结合的记述方式。共设置 9 个类目：特载、专记、政治建设、业务建设、政务及后勤保障、隶属海关、直属事业单位、荣誉榜、大事记。力求重点突出，文图并茂，服务当代，惠及后世。

五、《贵阳海关年鉴（2022）》在贵阳海关党委的领导下，由《贵阳海关年鉴》编纂委员会具体组织实施，各部门、各单位、各隶属海关负责提供资料及撰写工作，《贵阳海关年鉴》编辑部负责年鉴资料的收集、编审、类目设置、全书设计、统稿及校对工作。

目　录

综　述 ………………………………………… 1
海关专题图片 …………………………………… 1

第一篇　特　载

贵阳海关概况、主要职能、组织架构 …… 3
在 2021 年贵阳海关工作会议上的讲话 …… 6
在 2021 年贵阳海关全面从严治党暨党风廉政建设工作会议上的讲话 ………… 21
在 2021 年贵州省开放型经济发展大会上的讲话 ……………………………… 32

第二篇　专　记

贵阳海关庆祝中国共产党成立 100 周年和党史学习教育 ………………………… 37
贵阳海关学习贯彻党的十九届六中全会精神 ………………………………… 39
贵阳海关统筹口岸疫情防控 …………… 41
贵阳海关促进外贸稳增长工作 ………… 45
贵阳海关打击走私重点专项工作 ……… 47
贵阳海关开展国门生物安全与食品安全行动 ………………………………… 49
贵阳海关定点帮扶及推动乡村振兴工作 ………………………………… 51

第三篇　政治建设

党建工作 ……………………………… 55
概况 ………………………………… 55
思想文化宣传 ……………………… 55
基层组织建设 ……………………… 56
党风廉政工作 ……………………… 56
群团工作 …………………………… 57
准军事化纪律部队建设 ……………… 59
内务管理 …………………………… 59
作风养成 …………………………… 59
制度执行 …………………………… 59
巡视巡察 ……………………………… 61
概况 ………………………………… 61
巡视整改工作 ……………………… 61
巡察工作 …………………………… 61
监督执纪 ……………………………… 63

概况 …………………………… 63
监督检查 ………………………… 63
执纪惩处 ………………………… 64
“现场监管与外勤执法权力寻租”专项整治 ………………………… 65
队伍管理 …………………………… 66
概况 …………………………… 66
机构编制管理 ……………………… 66
干部人事管理 ……………………… 66
人才队伍建设 ……………………… 67
教育培训 ………………………… 68
离退休干部管理 ………………………… 69
概况 …………………………… 69
离退休干部党建工作 ………………… 69
退休老同志服务管理 ………………… 69
老年文化教育 ……………………… 70

第四篇 业务建设

法治建设 …………………………… 73
概况 …………………………… 73
参与全国海关法治建设 ……………… 73
推进制度建设 ……………………… 73
强化法治保障 ……………………… 73
规范法治实施 ……………………… 74
深入普法宣传 ……………………… 74
业务改革与发展 ………………………… 75
概况 …………………………… 75
精简监管证件 ……………………… 75
通关便利化 ……………………… 75
“单一窗口”建设 ………………… 75
通关运行管理 ……………………… 75
“双随机、一公开” ……………… 75
知识产权海关保护 ………………… 76
特殊监管区域管理 ………………………… 77
概况 …………………………… 77
自贸试验区制度复制推广 ………… 77
特殊监管区域管理 ………………… 78
风险管理 …………………………… 79
概况 …………………………… 79
口岸风险联合防控 ………………… 79
风险信息情报 ……………………… 79
大数据应用 ……………………… 79
风险分析处置 ……………………… 79
风险政研 ………………………… 80
关税征管 …………………………… 81
概况 …………………………… 81
税则税政 ………………………… 81
估价管理 ………………………… 81
税收征管 ………………………… 81
减免税管理 ……………………… 82
税收风险防控 ……………………… 82
原产地管理 ……………………… 82
卫生检疫 …………………………… 84
概况 …………………………… 84
检疫管理 ………………………… 84
生物安全 ………………………… 85
疾病监测 ………………………… 85
卫生监督 ………………………… 85
业务培训 ………………………… 86

动植物检疫 …… 87
概况 …… 87
进出境动物检疫 …… 87
进出境植物检疫 …… 87
筑牢口岸检疫防线 …… 87
完善动植物检验检疫基础设施 …… 88
强化岗位资质管理 …… 88
食品检验检疫 …… 89
概况 …… 89
食品检验检疫 …… 89
食品安全宣传 …… 89
监督抽检和风险监测 …… 89
“国门守护”行动 …… 89
进口冷链食品口岸新冠肺炎疫情防控 …… 90
夯实基础保障水平 …… 90
商品检验 …… 91
概况 …… 91
队伍建设 …… 91
服务外贸发展 …… 91
进口商品检验 …… 91
出口商品检验 …… 92
口岸开放与监管 …… 93
概况 …… 93
货物监管 …… 93
运输工具监管 …… 93
邮件快件监管 …… 93
跨境电商 …… 93
场所场地监管 …… 94
安全生产监管 …… 94
统计分析及政策研究 …… 96
概况 …… 96
统计调查 …… 96
统计监督和数据质量管控 …… 96
政策研究 …… 96
统计服务 …… 97
企业管理和稽查 …… 99
概况 …… 99
企业管理 …… 99
保税监管 …… 100
稽查核查 …… 100
属地查检 …… 101
优化口岸营商环境 …… 101
查缉走私 …… 102
概况 …… 102
打击走私工作 …… 102
执法合作 …… 103
法制建设 …… 103
反走私综合治理 …… 103
“国门利剑2021”联合专项行动 …… 104
队伍教育整顿 …… 106
“三智”工作及技术性贸易措施研究 …… 108
概况 …… 108
“三智”工作 …… 108
技术性贸易措施研究 …… 108

第五篇 政务及后勤保障

政务管理 …… 111

概况 …… 111
疫情内部防控 …… 111
应急值守 …… 111
政务信息 …… 112
会议管理 …… 112
公文处理 …… 112
督查督办 …… 112
建议提案办理 …… 112
保密管理 …… 112
档案管理 …… 113
政务公开 …… 113
信访工作 …… 114
新闻宣传 …… 114
财务管理 …… 115
概况 …… 115
税费财务管理 …… 115
预决算管理 …… 115
企事业财务管理 …… 115
装备资产管理 …… 115
涉案财物管理 …… 115
节能管理 …… 116
科技发展 …… 117
概况 …… 117
智慧航空口岸建设 …… 117
网络安全 …… 117
数据安全防护 …… 117
系统运维 …… 118
信息化保障 …… 118
实验室管理 …… 118
科研管理 …… 118
督察内审 …… 120
概况 …… 120
督察监督 …… 120
内部审计 …… 120
工程结算审核 …… 120
内控建设 …… 121
执法评估 …… 121

第六篇　隶属海关

贵阳龙洞堡机场海关 …… 125
概况 …… 125
基层党建 …… 125
专项整治 …… 127
税收征管 …… 128
检验检疫 …… 128
监管业务 …… 129
业务改革与发展 …… 130
查缉走私 …… 132
常态化新冠肺炎疫情防控 …… 132
队伍建设 …… 133
拆还建楼建设 …… 133
筑城海关 …… 134
概况 …… 134
强化党建引领 …… 134
支部建设 …… 135
信息新闻宣传 …… 135
文明单位建设 …… 135
党内法规学习宣传 …… 135
建章立制情况及其实效 …… 135

加强社会主义法治文化建设 …… 136
业务发展 …… 136
打击走私综合治理 …… 136
强化综合治税 …… 136
优化营商环境 …… 137
辖区口岸及跨境电商发展 …… 137
培育新业态发展 …… 138
推行智慧稽核查 …… 138
重点工作任务落实 …… 138
监管效能提升 …… 138
安全生产工作 …… 138
普法工作 …… 139
贵安新区海关 …… 141
概况 …… 141
基层党建 …… 141
队伍建设 …… 143
通关监管 …… 145
综合保税区管理 …… 145
优化营商环境 …… 146
稽查作业 …… 147
打私综治 …… 149
疫情防控 …… 149
督查内控 …… 149
六盘水海关 …… 150
概况 …… 150
基层党建 …… 151
队伍建设 …… 152
专项整治 …… 152
疫情防控 …… 152
安全生产 …… 153
服务发展 …… 154
建言献策 …… 154
营商环境优化 …… 154
跨境电商新业态 …… 155
公式定价备案业务 …… 155
加工贸易业务监管 …… 155
打击走私综合治理 …… 155
简易程序行政处罚案件办理 …… 156
属地监管 …… 156
稽（核）查作业 …… 156
对外宣传 …… 156
政府信息公开 …… 157
助力实验室发展 …… 157
机关服务保障 …… 158
凯里海关 …… 159
概况 …… 159
党史学习教育 …… 159
基层党建 …… 160
理念创新 …… 160
巡察整改 …… 161
队伍建设 …… 162
纪律保障 …… 162
通关监管 …… 163
商品检验 …… 163
打私综治 …… 164
服务发展 …… 164
疫情防控 …… 164
安全生产 …… 165
督查内控 …… 167
办公条件改善 …… 167
毕节海关 …… 168
概况 …… 168

基层党建 …… 168
支部建设 …… 169
清廉海关建设 …… 170
疫情防控 …… 171
专项整治 …… 171
“我为群众办实事”实践活动 …… 172
打击走私 …… 173
国门生物安全 …… 174
食品安全宣传 …… 174
技术性贸易工作 …… 174
风险监测 …… 174
优化营商环境 …… 175
服务发展 …… 175
政务及后勤保障 …… 176
兴义海关 …… 177
概况 …… 177
基层党建 …… 178
党史学习教育 …… 178
巡察整改 …… 179
队伍建设 …… 179
业务发展 …… 179
海关监管 …… 179
税收征管 …… 180
原产地管理 …… 180
动植物检验检疫 …… 180
食品检验检疫 …… 180
商品检验 …… 181
跨境电商 …… 181
知识产权海关保护 …… 182
统计工作 …… 182
企业管理 …… 182
稽查核查 …… 182
属地查检 …… 183
优化口岸营商环境 …… 183
打击走私工作 …… 183
技术性贸易措施研究 …… 184
安全生产 …… 184
疫情防控 …… 184
清廉海关 …… 185
应急值守 …… 185
基础建设 …… 185
遵义海关 …… 186
概况 …… 186
政治建设 …… 186
优化营商环境 …… 187
促进重点产业发展 …… 187
检验检疫监管 …… 187
口岸复航准备 …… 187
综合保税区监管 …… 188
政务及后勤保障 …… 188
党史学习教育 …… 188
“现场监管与外勤执法权力寻租”专项整治工作 …… 189
文明单位创建工作 …… 190
铜仁海关 …… 191
概况 …… 191
基层党建 …… 191
队伍建设 …… 192
通关监管 …… 192
商品检验 …… 193
打私综治 …… 193

服务发展 …… 193
疫情防控 …… 193
督查内控 …… 194
改善办公条件 …… 194
支部工作法 …… 194
创新“12345”工作法 …… 195

第七篇 直属事业单位

贵阳海关综合技术中心（保健中心） …… 199
概况 …… 199
全面从严治党 …… 199
疫情防控 …… 199
事业单位改革 …… 200
队伍建设 …… 200
安全管理 …… 201
业务工作 …… 201
技术保障能力 …… 201
能力验证和科研 …… 202
信息宣传 …… 202
市场经营 …… 203
实验室建设 …… 203
交流合作 …… 203
贵阳海关后勤管理中心 …… 205
概况 …… 205
事业单位改革 …… 205
党建工作 …… 205
接受检查情况 …… 207
后勤生活保障工作 …… 207
强化安全管理工作 …… 207
机关内部疫情防控工作 …… 207
封闭管理后勤保障工作 …… 207
中国电子口岸数据中心贵阳分中心 …… 209
概况 …… 209
党建工作 …… 209
规范内部管理 …… 210
经营业务增长 …… 210
服务保障有力 …… 210
常态化疫情防控 …… 211
党风廉政建设 …… 211
网络攻防演习工作 …… 211
安全生产工作 …… 211
“我为群众办实事”实践活动 …… 212

第八篇 荣誉榜

贵阳海关首次荣获“光荣在党50年”纪念章名单 …… 217
2021年国务院“授衔令”（二级关务监督及以上） …… 218
2021年贵阳海关荣获全国先进模范称号名录 …… 219
2021年贵阳海关获得“双先”表彰名录 …… 220

第九篇　大事记

2021 年贵阳海关大事记 …………………… 225

附　录

贵阳海关获奖课题论文 …………………… 245

“中国海关史料丛书” 编委会

“中国海关史料丛书” 编委会 ……… 259

综　述

1984年9月21日，国务院批准同意设立中华人民共和国贵阳海关（正处级），直属海关总署（以下简称“总署”）。1988年1月6日，贵阳海关正式开关。1995年6月，贵阳海关升格为副厅（局）级海关。2004年1月，贵阳海关升格为正厅（局）级海关。2018年3月，党中央和国务院做出了关于深化党和国家机构改革的决策部署。2018年12月14日，总署下发《关于贵阳海关职能配置、内设机构和人员编制规定的通知》（署人发〔2018〕288号）。

贵阳海关机构改革任务完成后，海关职责进一步拓展，队伍更加壮大，关检全面深度融合，口岸管理更加集约高效，口岸管理体制实现革命性变革，海关事业实现跨越式发展，各项工作取得长足进步。党对海关工作的领导全面加强，两级党委围绕“讲政治、守纪律、负责任、有效率”的要求，大力创建模范机关，实施“强基提质工程”，突出抓好标准化规范化合格党支部、“四强”党支部建设，深入整治“灯下黑”问题，争当“三个表率”，基层党建全面夯实，推动党建业务深度融合。认真落实新时代党的组织路线，构建干部工作“五大体系”，领导班子和人才队伍建设全面加强；坚持全面从严治党，清廉海关建设深入推进，“政治坚定、业务精通、令行禁止、担当奉献”的准军事化纪律部队面貌焕然一新。

2021年，贵阳海关全体干部职工勇于担当、善于作为，在各自岗位上尽心尽力、尽职尽责，为贵阳海关各项事业高质量发展做出了重大贡献。一是在培育业态上实现新突破。跨境电商全业务模式落地；贵阳龙洞堡国际机场首次开展国际航线保税航油业务；11月首列中欧班列开行，首次保障中欧班列自贵阳始发，经满洲里口岸出境至俄罗斯莫斯科沃尔西诺；支持贵州中欧班列稳定开行，探索开通中欧班列转关直通业务模式。二是在强化监管优化服务上取得新成果。促进贵州省进出口总值达654.20亿元，同比增长19.70%；实现税收入库6.92亿元，同比增长32.31%；顺利保障国务委员兼外交部部长王毅在贵阳会见6国外长的重大外事活动；首次在关区内查获新型毒品LSD“邮票”；实现关区知识产权案件实质性查获“零突破”。三是在深化影响上彰显新作为。参加全省开放型经济发展大会并做专题发言；在贵州省年度综合考核评比和服务高质量发展改革创新项目中连续4年获得一等奖，在平安贵州建设考核中连续3年获得一等奖；继续保持全国文明单位称号；承担总署钽产业研究调研报告撰写，获总署署长倪岳峰肯定，相关调研报告获中央领导批示；“RCEP对贵州外贸产业影响分析研究”课题在2021年度贵州省委全面深化改革重大调研课题评选中获得三等奖；相关外贸案例首次获中央电视台《新闻联播》采用，有力发出更多的黔关之声。

成绩的取得，是贵阳海关全体干部职工辛勤劳作、奋力拼搏的结果，2022年贵阳海关将持续奋斗，扛起推动贵州省开放型经济健康发展的重任，为建设社会主义现代化海关奋勇前进。

海关专题图片

领导活动

◀2021 年 2 月 4 日，贵阳海关工作会议暨全面从严治党工作会议在贵阳召开

2021 年 5 月 17—19 日，▶贵阳海关党委理论学习中心组开展“重走长征路”党史学习教育观摩交流活动，贵阳海关党委书记、关长王松青（中），党委委员孙永泉（右四）、邝力（左四）、刘亚宁（右三）参加活动

◀2021 年 4 月 16 日，贵阳海关党委书记、关长王松青（前排左二）在萨伽乐器有限公司吉他生产现场调研

2021 年 12 月 16 日，贵阳海关党委书记、关长王松青（前排左一）在综合技术中心视察 ▶

◀2021 年 1 月 8 日，贵阳海关党委委员、副关长孙永泉（前排右一）带队赴所属贵阳龙洞堡机场海关现场检查进境种猪口岸监管准备工作

2021 年 11 月 4 日，贵阳海关党委委员、副关长、政治部主任邝力（中）为临时党支部授旗 ▶

◀ 2021 年 9 月 16 日，贵阳海关党委委员、副关长詹水旭（中）带队赴黔东南苗族侗族自治州开展调研

2021 年 6 月 18 日，贵阳海关党委委员、缉私局局长郭洁（左一）为老党员送上“光荣在党 50 年”纪念章 ▶

◀ 2021 年 5 月 14 日，贵阳海关党委委员、党委纪检组组长刘亚宁（中）在贵州东亿电气实业有限公司调研

党建工作

2021 年 6 月 30 日，贵阳海关举行庆祝中国共产党成立 100 周年暨“七一”表彰大会 ▶

◀ 2021 年 7 月 1 日，贵阳海关举行庆祝中国共产党成立 100 周年系列活动

◀2021 年 7 月 30 日，贵阳海关赴遵义市绥阳县定点帮扶村开展“双联双促”帮扶

2021 年 9 月 16 日，贵阳海关志愿者参与文明城市共建活动，为社区志愿者提供午餐和休息港湾 ▶

疫情防控

◀2021 年 7 月 22 日，贵阳海关组织开展个人安全防护培训

2021 年 11 月 4 日，贵阳海关隶属贵阳龙洞堡机场海关全力保障多彩航空有限公司引进飞机顺利通关 ▶

业务亮点

2021 年 2 月 20 日，春节假期刚结束，贵阳海关所属遵义海关关员在正安吉他工业园开展加工贸易日常监管 ▶

◀2021 年 4 月 7 日，贵阳海关所属兴义海关关员对黔西南布依族苗族自治州首次进口高端医疗设备开展属地查验

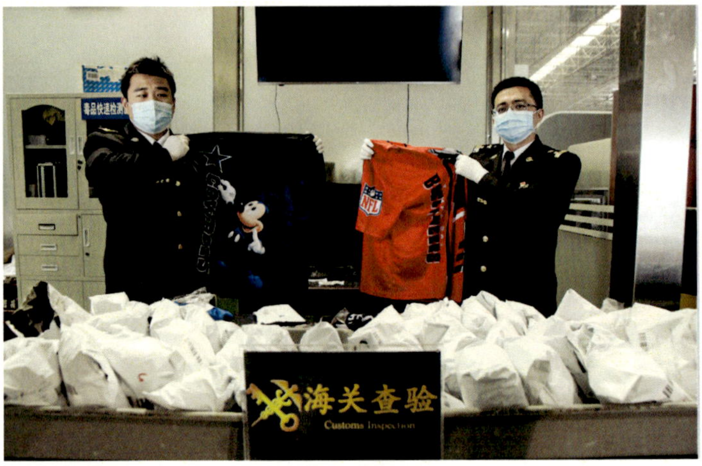

2021 年 4 月 9 日，贵阳海关所属贵阳龙洞堡机场海关关员在快邮件渠道首次查获进出口涉嫌侵权物品 ▶

2021 年 8 月 4 日，贵阳海关所属凯里海关关员监装贵州省首批生猪供港现场 ▶

◀ 2021 年 8 月 24 日，贵阳海关所属六盘水海关关员到企业现场开展核查作业

2021 年 9 月 24 日，总署缉私局督导组检查贵阳海关缉私局教育整顿工作 ▶

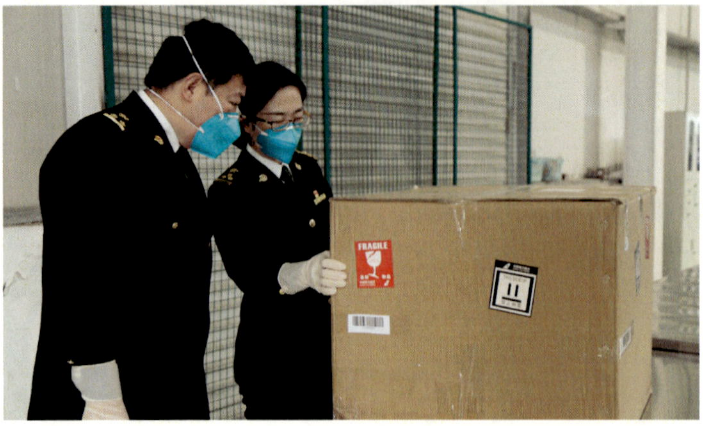

◀2021年10月29日，贵阳海关首单跨境电商“9610”出口业务申报成功

2021年11月4日，贵州首个跨境电商零售进口退货中心仓落地贵安综合保税区 ▶

◀2021年11月18日，贵阳海关所属筑城海关监管首次开行整列中欧班列从贵州铁投都拉营国际陆海通物流港发车

2021 年 11 月 18 日，贵阳海关所属筑城海关关员对首列中欧班列进行监管 ▶

◀ 2021 年 11 月 22 日，贵阳海关所属铜仁海关关员监管出口打火机

2021 年 11 月 23 日，贵阳海关所属毕节海关关员对出口茶叶企业开展日常监管 ▶

普法宣传

◀ 2021 年 5 月 31 日，贵阳海关技术中心（保健中心）开展“学好科学新知识，争做合格接班人”科普活动

2021 年 6 月 26 日，贵阳海关在贵阳龙洞堡国际机场开展禁毒日宣传活动 ▶

2021 年 9 月 17 日，贵阳海关所属六盘水海关关员开展食品安全普法宣传活动 ▶

◀ 2021 年 12 月 1 日，贵阳海关开展“我为群众办实事 志愿普法进校园”活动

第一篇

特载

贵阳海关概况、主要职能、组织架构

概况

贵阳海关于1984年9月经国务院批准成立（正处级），1995年6月升格为副厅（局）级海关，2004年1月升格为正厅（局）级海关，2019年1月顺利完成机构改革各项任务。业务管辖范围为贵州省全境，承担关区征税、监管、缉私、出入境检验检疫、统计等工作职责。

2021年，贵阳海关以习近平新时代中国特色社会主义思想为指导，深入贯彻党的十九大和十九届历次全会精神，扎实推进“五关”建设，聚焦强化监管、优化服务两大工作主题，主动融入地方发展大局，坚持以“靠作风吃饭、用数据说话、凭实绩交卷”的实干导向，统筹推动口岸疫情防控和促进外贸稳增长，推进落实《海关总署　贵州省人民政府合作备忘录》。扎实开展党史学习教育，深入推进模范机关创建，贵阳龙洞堡机场海关第一党支部获评全国海关党建示范品牌，贵阳海关办公室党支部、六盘水海关综合业务党支部获评全国海关党建培育品牌，贵阳海关人事教育处党支部获评省直机关星级示范党支部，遵义海关获评贵州省脱贫攻坚先进集体；狄兆全同志获评“全省优秀共产党员”，刘伟同志获评“全国优秀共青团干部”。促进贵州省进出口总值达654.20亿元，同比增长19.70%；实现税收入库6.92亿元，同比增长32.31%。顺利保障国务委员兼外交部部长王毅在贵阳会见6国外长的重大外事活动。支持贵州中欧班列稳定开行，探索开通中欧班列转关直通业务模式，2021年11月首列中欧班列开行。在贵州省年度综合考核评比和服务高质量发展改革创新项目中连续4年获得一等奖，在平安贵州建设考核中连续3年获得一等奖；继续保持全国文明单位称号；“RCEP对贵州外贸产业影响分析研究”课题在2021年度贵州省委全面深化改革重大调研课题评选中获得三等奖。

主要职能

贵阳海关贯彻党中央、国务院关于海关工作的方针政策和决策部署，落实总署各项工作安排，在履行职责过程中坚持和加强党对海关工作的集中统一领导，履行全面从严治党责任。主要职责是：

（一）负责贵州省内各项海关管理工作。拟定贵阳海关（含出入境检验检疫）工作政策。

（二）负责贯彻执行与海关管理相关的法律、法规、规章、规范性文件和相关技术规范，负责贵阳海关辖区范围内征税、监管、缉私、出入境检验检疫、统计等工作。

（三）负责监控研判贵阳海关各类执法风险、管理风险和廉政风险并组织防范和化解，负责贵阳海关基层党组织建设、队伍建设和日常管理工作。

（四）完成总署交办的其他工作。

组织架构

- 中华人民共和国贵阳海关
  - 内设机构
    - 办公室（党委办公室）
    - 法规处
    - 综合业务一处
    - 综合业务二处
    - 卫生检疫处
    - 动植物和食品检验检疫处
    - 企业管理和稽查处
    - 缉私局（贵州打击走私综合治理办公室）
    - 财务处
    - 科技处
    - 督察内审处
    - 人事教育处（党委组织部）
    - 机关党委（思想政治工作办公室、党委宣传部）
    - 监察室（党委纪检组）
    - 离退休干部办公室
  - 派驻机构
    - 党委派驻第一纪检组
    - 党委派驻第二纪检组
    - 党委派驻第三纪检组
  - 隶属机构
    - 贵阳龙洞堡机场海关
    - 筑城海关
    - 贵安新区海关
    - 六盘水海关
    - 凯里海关
    - 毕节海关
    - 兴义海关
    - 遵义海关
    - 铜仁海关
  - 事业单位
    - 综合技术中心（贵州国际旅行卫生保健中心）
    - 后勤管理中心
    - 数据分中心

在 2021 年贵阳海关工作会议上的讲话

贵阳海关关长、党委书记　王松青

（2021 年 2 月 4 日）

这次会议的主要任务是：以习近平新时代中国特色社会主义思想为指导，全面贯彻党的十九大和十九届二中、三中、四中、五中全会精神，深入落实全国海关工作会议、全面从严治党工作会议以及省委经济工作会议部署，总结 2020 年工作，分析研判形势，明确思路，研究部署 2021 年工作。

一、2020 年和“十三五”时期主要工作回顾

2020 年，我们在总署党委的正确领导和贵州省委、省政府的关心支持下，聚焦“五关”建设，抓好口岸疫情防控和促进外贸稳增长工作，扎实做好“六稳”工作、落实“六保”任务，紧扣关区目标规划，凝心聚力、改革创新，交出了一份合格的答卷。

过去一年，面对新冠肺炎疫情防控的重大考验，我们以最坚决的态度、最迅速的行动、最扎实的举措落实抗击疫情各项工作。第一时间组建 79 人的“国门防疫党员突击队”和 148 人的梯队备勤人员库，坚决打赢抗疫阻击战。按照“外防输入、内防反弹”要求，严格实施“三查三排一转运”，对入境航班和人员切实做到“7 个 100%”。严格落实口岸联防联控工作机制，分别与民航贵州监管局等 5 家单位签署合作备忘录，扎紧疫情防控闭环。根据形势变化不断调整防控重点，强化防控力度，扎实保障龙洞堡机场国际航班复航，持续强化进口冷链食品检疫监管。成功协助省联防联控机制查发贵州省首例输入性无症状感染者和首例输入性确诊病例，贵阳海关刘筑红、高睿、周筱分别获评“抗击新冠肺炎疫情全国三八红旗手”“全国海关系统抗击新冠肺炎疫情先进个人”“贵州省抗击新冠肺炎疫情先进个人”称号，贵阳龙洞堡机场海关获评“贵州省抗击新冠肺炎疫情先进集体”。

过去一年，面对紧迫繁重的促进外贸稳增长工作任务，我们千方百计助力企业复工复产，以持续优化口岸营商环境为突破口，不断提升贸易便利化水平。出台支持企业复工复产26条措施、稳外贸稳外资45条措施和支持中欧班列发展6条措施，对全省164家重点外贸企业复工复产开展调研帮扶。2020年，贵阳海关进、出口货物整体通关时间分别为11.95小时、0.90小时。全年贵州省进出口总值546.5亿元，同比增长20.6%，增速位列全国第一。

过去一年，面对贵州与日俱增的开放和发展需求，我们既紧盯改革部署，又补齐发展短板，多措并举推动“黔货出山”“黔货出国”。主动融入西部陆海新通道建设，与14个直属海关共同建立支持陆海新通道建设合作机制；积极培育外贸资源节点，指导改貌铁路海关监管作业场所通过验收；建言省政府降低省内高速公路国际物流成本并被采纳，对符合条件的国际标准集装箱运输车辆给予省内通行费7折优惠。

过去一年，面对严峻复杂的国门安全形势，我们闻令而动、遵令而行，始终保持打私高压态势。严厉打击“洋垃圾”、象牙等濒危野生动物及其制品走私，查获象牙、砗磲等濒危制品27件，共计2,320克；查获冰毒14千克；查获关区首起国际渠道军用制式枪支配件入境走私案；针对国际邮递渠道走私犯罪刑事立案3起。

过去一年，我们依托各类媒体不断“发声”集聚信心。顺利完成“媒体走进新海关”署级接待宣传任务，得到胡伟副署长批示肯定；首次协办总署在线访谈，网民访问量达65.7万人次。新闻稿件被中央级新闻媒体采用15篇，被总署及省主流媒体采用180篇；总署采用信息呈报同比增长60%，要情取得近年来零的突破，办公室获评省政府政务信息报送工作先进单位。在微信公众号编发“每日一签”335期、“黔关助外贸系列”14期和“12360海关小课堂”6期，阅读量和转发量均创新高。

在圆满完成上述重点工作任务的同时，一年来，我们在推进“五关”建设上全面发力。

（一）“政治建关”提升新站位。

一是强化思想认识。始终将政治建关摆在首位，坚持把贯彻落实习近平总书记重要指示批示精神作为关区形势分析及工作督查例会的“第一议题”，在学习贯彻、推进落实、强化监督上下功夫。深入学习贯彻习近平新时代中国特色社会主义思想，第一时间学习传达，尽心尽力抓好落实。

二是强化组织建设。持续深化“强基提质工程”，坚持“抓两头带中间”，发挥示范品牌、“四强”党支部的示范带动作用，促进基层党组织全面提升。深化基层党建品牌创建，4个党支部分别获评全国海关基层党建示范品牌、培育品牌和缉私系统示范品牌，1个党支部获评全省示范党支部、2个党支部获评省直机关“标准化规范化建设示范党支部”。创新党建活动形式，承办政法司“晨读一刻”主题党日活动，采用线上直播方式参观遵义会议会址。

三是强化巡视整改。始终把巡视整改作为重要政治任务，坚持以最严格的要求、最坚决的态度、最过硬的作风、最有力的举措推进巡视整改，细化制定69条整改措施，开展“文山会海”“选人用人”等4个专项整治，先后召开7次党委会专题研究推进巡视整改有关工作。经过3个月的集中整改，69项整改任务已全部完成销账。同时把当下“改”和长远“立”结合起来，举一反三，持续发力，久久为功，以巡视整改成效推动关区党的建设高质量发展。

四是强化脱贫攻坚。常态化、制度化推进脱贫攻坚，贵阳海关4个省直机关“标准化规范化建设党支部”“一对一”帮助4个帮扶村。关党委到村开展帮扶活动10次，组织支部共建7次。帮助拓展高粱、辣椒等示范基地692亩，覆盖带动示范点农户1,707户、5,848人，为贵州彻底撕掉绝对贫困标签贡献了海关力量。

（二）“改革强关”实现新突破。

一是深化业务改革。继续推广“两步申报”改革，全面启动“两段准入”改革，有序推进实施“两轮驱动”。保税维修及再制造业务、一般纳税人试点政策在3个综合保税区落地，保税维修业务规模超过2亿元。

二是推动业态发展。指导贵阳国际邮件互换局通过验收并正式运营，全年监管国际邮件48.8万单，征收税款365.2万元。推动遵义市获批跨境电子商务综合试验区，遵义、安顺市获批跨境电商零售进口试点；在贵阳综合保税区开展跨境电商“前店后仓，极速配送”业务模式。跨境电商保税业务申报2.1万余票，税收近140万元，超出去年总量2倍。探索进境种猪“全链条合成监管”模式，安全保障贵州分3批引进境外优质种猪4,480头，有力保障地方生猪产业稳产保供。

三是坚持政研先行。围绕自贸区功能定位及贵州大数据、大生态等特色优势产业开展18个课题研究。认真做好税政调研，2条税政调整建议获总署税管局采纳，1条建议上报国务院关税税则委员会，税政建议采纳实现零的突破。强化“统计+研究”，钽产业的研究报告获得倪岳峰署长积极肯定。

（三）“依法把关”彰显新作为。

一是坚持严厉打击走私。巩固推进“全员打私”，完善打私任务分解机制、督导检查机制、“两简”案件推进指导机制以及“防控—监管—打私”三位一体联合研判模式，对9个隶属海关打私工作开展“全覆盖督导”，业务现场移交缉私线索数量明显增加。全力以赴推进“国门利剑”“蓝天”等专项行动，刑事立案7起，行政立案48起，罚没139万元，抓获15名犯罪嫌疑人，始终保持关区打击走私高压态势。把打私工作纳入社会治安综合治理防控体系建设和平安建设之中谋划推进，进一步完善贵州省打击走私综合治理组织领导、经费保障、检查考评体系，贵州省打击走私综合治理得分再上新台阶。

二是坚持加强安全监管。深入推进安全生产专项整治三年行动，做好危险化学品规范申报、海关监管区涉危监管场所安全隐患排查等工作。检验出口食品级磷酸、打火机货值同比分别增长 55.32%、23.91%。加强邮件、快件渠道风险防控，查获禁止或限制进境的国际邮件 1,200 余件。加强口岸重大动物疫病防控，截获猪肉及其制品 3 批次，未检出非洲猪瘟阳性案例。

三是坚持强化制度建设。完成“七五”普法总结验收，收集整理印证材料 500 余份，全面总结反映贵阳海关“七五”普法期间的亮点和成绩。继续推动制度“立、改、废、释”，对 130 项待修订制度清单进行了再次梳理，组织修订 39 项制度、新增 35 项制度。推进“三项制度”建设，制定《贵阳海关实施行政执法三项制度操作指引》，完成“一指引、一图示、五清单”，进一步明确执法公示、全过程记录、法制审核等方面操作要求。

（四）“科技兴关”突出新保障。

一是发挥科技支撑作用。推动“智慧航空口岸”纳入省大数据基础建设项目，顺利实现公安等单位数据落地，优化人脸识别、智能判图等查验手段，智能分析预警功能得到进一步加强。组织完成 4 项总署科研项目研究，项目研究发表论文 10 余篇，申报专利 2 项。积极争取加入总署“三智”合作专项联络工作组，结合关区特点，参与先行先试。

二是提升技术保障能力。综合技术中心（保健中心）传染病实验室顺利取得新冠病毒核酸检测资质。立足执法监管需求，持续加强实验室能力建设，综合技术中心（保健中心）实验室顺利通过 CNAS 监督评审、认可复评审，组织开展技术能力扩项变更评审工作。国家果蔬检测重点实验室（六盘水）取得病原微生物实验室备案。

三是保障网络数据安全。全面开展关区数据安全清理排查，完成重点岗位人员授权审查和备案全覆盖；规范关区数据导出管理，做到场所、终端、人员“三固定”，健全完善报关单数据使用安全管理制度。开展网络安全综合治理，关区病毒感染率由 9%降至 1%以下，网络安全考核指标居全国海关前列。

（五）“从严治关”取得新成效。

一是加强干部队伍建设。建立处科级领导干部培养成长库，实施动态入退库机制，形成各层级优秀干部培养成长梯队；加强执法一线科长队伍建设，制定 6 个方面 22 条具体措施；先后完成处科级领导干部选拔任用工作。加强事业单位人事管理，组织召开 2 次职称评审会议，推荐 1

人获得总署高级职称，2 人通过工程师职称评审。

二是强化监督执纪问责。推动驻署纪检监察组与省纪委监委签订协作配合工作机制。用准用好“四种形态”，对 4 名党员、2 个部门班子进行提醒谈话。将事业单位纳入派驻监督范围，实现派驻监督全覆盖。

三是深入推进巡察审计。制定年度巡察工作要点，出台巡察工作实施细则、联系配合办法等 4 项巡察工作制度，对 6 个隶属海关党委开展常规巡察。配合总署开展署级审计项目 4 个，对遵义等 3 个隶属海关开展经济责任审计，对数据分中心开展专项审计，完成问题整改 65 个，有力促进关区执法领域和非执法领域管理水平提高。

四是扎实做好关怀保障。物业管理和食堂服务水平持续提升，基建工程稳步推进，关区工作环境得到进一步改善。企、事业单位管理更加规范，经营能力继续增强。公务用车形成“七个一”管理模式，全年安全行驶达 15 万千米。

2020 年，贵阳海关顺利通过全国文明单位复核；狄兆全退休老干部的扶贫先进事迹在关区内外引起广泛反响；12360 热线服务质量进一步提升；工青妇、离退休工作进一步加强，海关学会及社团等在各自领域中发挥积极作用。一年来，海关工作获得省委、省政府领导同志 17 次批示，关区整体呈现出积极向上、团结拼搏的良好发展态势。

2020 年是“十三五”收官之年。“十三五”时期，在海关总署和贵州省委、省政府的坚强领导、关心关怀下，贵阳海关事业实现稳步发展，特别是在机构融合后，各项工作取得显著进步。海关总署与贵州省人民政府签署新海关的首份署省合作备忘录；贵阳龙洞堡机场顺利通过世界卫生组织验收，成为海关机构改革后第一个获批的国际卫生机场；贵阳国际邮件互换局获批运营，贵州自此结束国际邮件须经外省通关的历史；贵阳、遵义获批成为跨境电商综合试验区；遵义新舟机场获批正式对外开放，铜仁凤凰机场获批临时对外开放；海关机构改革顺利推进，隶属海关从 2 个增加到 9 个。

同志们，这些成绩的取得，离不开总署党委的正确领导和省委、省政府的鼎力支持，也镌刻下了全关同志们贯穿始终的奋斗足迹。在此，我代表关党委，向全体干部职工和离退休老同志，向支持海关工作的各部门、各单位，表示衷心的感谢！向所有为疫情防控而奋战的同志们表示慰问并致以崇高的敬意！

在看到成绩的同时，我们也要看到，在巡视、巡察、审计过程中，我们还暴露出不少问题和不足：

一是落实总书记指示批示仍需加强。运用习近平总书记重要论述指导实践、推动工作的能力水平有待进一步提高，离“最坚决、最迅速、最有力、最有效”的要求还有差距。

二是基础建设仍需加强。巡视指出，贵阳海关还存在出口防疫物资监管不够严密、综合保税区企业监管存在漏洞、监管制度执行刚性不足等问题，低级失误时有发生，说明贵阳海关基础工作不够扎实，制度执行力还需加强。

三是队伍素质仍需加强。十九届五中全会对海关工作提出了更新、更高要求，但贵阳海关在内务规范的执行以及请销假、考勤等讲制度、守规矩方面的问题还时有发生，关区在干部培养、教育培训、队伍作风方面仍需加强。

四是服务发展仍需加强。受疫情和国际国内环境影响，贵州外贸面临较大的稳增长和防风险压力，仍需采取更具针对性、更加有效的措施进一步促进贵州外贸健康发展。

上述问题，归根到底是政治站位不够高、担当精神不够足、纪律作风不够严的表现。对于这些问题，我们必须高度重视、深入分析，在下一步工作中着力加以解决。

二、面临形势及工作规划

从近段时期来看，党的十九届五中全会、2020 年中央经济工作会议的胜利召开，为我国“十四五”开局起步，谋划实现二〇三五年远景目标，夺取全面建设社会主义现代化国家新胜利提供了权威指引和根本遵循。我们必须深入学习贯彻党的十九届五中全会和 2020 年中央经济工作会议精神，准确把握贵阳海关工作面临的新形势、新任务和新要求。

一是坚持党的全面领导，推进政治建关标准更高。在党的十九届五中全会精神的指引下，建设社会主义现代化新海关是海关当务之急的首要政治任务，是检验海关增强“四个意识”、坚定“四个自信”、做到“两个维护”的一场政治大考，必将使政治建关瞄准更高的标准。但同时我们要清醒地认识到，一些党员领导干部推动政治建设的本领还不够硬，抓班子带队伍的能力还不够强，做思想工作的水平还不够高。党建工作还不够扎实，红色资源的挖掘利用还不够充分。

二是主动融入新发展格局，推进改革强关挑战更多。党的十九届五中全会提出，要协调推进全面深化改革。2020 年中央经济工作会议提出，要全面推进改革开放，着力构建新发展格局，实行高水平对外开放。当前，海关改革已进入深水区，改革的复杂性、敏感性和艰巨性更加突出。积极主动融入“以国内大循环为主体、国内国际双循环相互促进的新发展格局”，打造具有竞争力的海关监管体制机制，推动建设更高水平开放型经济体制，必将对我们推进改革强关带来更多的挑战。但同时我们要清醒地认识到，关区改革缺乏系统集成、协同高效，整体性和协同性还不够凸显；个别部门单位在加强改革的基层探索方面的理念思维、胆识魄力和方法路径还有所欠缺。

三是积极融入“十四五”规划，推进依法把关责任更大。党的十九届五中全会提出，“十四五”时期要协调推进全面依法治国。海关是执法机关，依法把关是海关工作的基本准则，积极融入“十四五”规划，构建系统完备、科学规范、运行有效的海关制度体系，做到于法有据、执法统一，必将对我们推进依法把关给予更大的责任。但同时我们要清醒地认识到，关区当前制度设计的整体架构还缺乏统筹谋划，对制度执行落实的监督检查和评估改进力度仍然不够；个别关警员崇法尚法、依法把关的意识还不够深化。

四是坚持科技自立自强，推进科技兴关任务更重。党的十九届五中全会提出，当今世界正经历百年未有之大变局，新一轮科技革命和产业革命深入发展。科技在海关改革中发挥的基础性、先导性作用日益凸显。坚持科技自立自强，推进科技与业务、科技与管理深度融合，加快智慧海关建设，必将对我们推进科技兴关赋予更重的任务。但同时我们要清醒地认识到，科技工作与中心工作结合度还不够紧密；发挥大数据、人工智能等新技术对监管服务的支撑作用还不强；科技创新的意识还没有完全深入人心。

五是强化全面从严治党，推进从严治关要求更严。“十四五”时期经济社会发展必须遵循的原则第一条就是坚持党的全面领导。面对当前复杂的国内外环境、严峻的新冠肺炎疫情防控形势和全面建设社会主义现代化国家的繁重任务，我们更要坚持严字当头、全面从严，这也必将对我们推进从严治关寄予更严的要求。但同时我们要清醒地认识到，关区落实中央八项规定精神、反对“四风”隐形变异等方面问题仍然没有完全杜绝；形式主义、官僚主义，以及不担当不作为仍有表现；“服从命令听指挥”还没有完全变成思想行动自觉。

面对上述情况，我们必须始终坚持以习近平新时代中国特色社会主义思想为指导，全面贯彻落实党的十九届五中全会和2020年中央经济工作会议精神，聚焦“五关”建设，找准“两个齿轮”，树立“两个导向”，即要以总署决策部署和地方党委、政府关注重点为“两个齿轮”，按照总署要求做好严格把关，结合贵州省委、省政府安排和贵州经济特点服务好外向型经济发展，不断推动“两个齿轮”啮合共转，高质量完成全年目标任务。要以目标、问题为“两个导向”，一方面将总署绩效考核和省政府重点任务作为抓住各项工作的“牛鼻子”、推动工作开展的“指挥棒”，坚持用数据说话、凭实绩交卷，将目标导向贯穿到全关工作的方方面面，鼓励各部门争当党建、业务、政务等领域的“领头羊”；一方面将问题导向作为提升内部管理水平、推动工作落实的出发点和解决实际问题的落脚点，紧盯总署、地方、关区目标和审计、巡视整改问题，善于发现工作管理中存在的短板，用问题牵引工作、配置资源、推动落实。同时还要重实干、讲实效，牢固树立质量效益意识，做决策、定政策、推工作都要紧密围绕提升质量和效益来展开，不能出现没有成果、没有实效的“空转”，工作中既要注重基础，将功夫花在日常，确保不犯重大错误和低级错误，稳住“基本盘”，又要抓住重点，充分发挥主观能动性，对认准的目标要“跳起来摘桃子”，确保干出成效、干出特色、干出亮点。

在具体落实中，要注重筹划好五个方面内容。

一是做好党建质量提升筹划。围绕贯彻新时代党的建设总要求，以提升政治判断力、政治领悟力、政治执行力为重点，以全面实施“强基提质工程”为牵引，持续擦亮党建特色品牌，推动“三样工程”“四强”党支部建设。

二是做好执行效能提升筹划。紧盯贯彻落实党中央决策部署，尤其是习近平总书记重要指示批示精神，大力弘扬“马上就办、真抓实干”的务实作风，把学习贯彻习近平总书记重要指示批示精神，特别是关于海关工作的重要指示批示精神作为形势分析例会“第一议题”，整合督查力量，创新督办方式，密切跟踪问效，确保政令畅通、一贯到底。

三是做好制度创新提升筹划。积极探索构建系统完备、科学规范、运行有效的海关制度体系。推进法治与改革深度融合，及时把先进理念和改革成果转化为制度成果，为海关改革提供法治保障。

四是做好改革集成提升筹划。习近平总书记在十九届五中全会上强调，“十四五”时期经济社会发展必须遵循坚持系统观念的原则。我们要聚焦全面深化改革总目标，紧盯打造具有竞争力的海关监管体制机制，更加注重海关改革的系统性、整体性和协同性，把海关改革的着力点放在加强系统集成、协同高效上来，全面推进、厚积薄发，最大限度地发挥海关改革的综合叠加效应。

五是做好科技运用提升筹划。“大数据”既是贵州的名片，也是贵州的“三大战略行动”之一，贵阳海关身处贵州、服务贵州，就必须努力打造与之相匹配的科技优势，要充分发挥科技先导作用，充分利用人工智能、大数据、云计算、区块链等新技术，推进业务科技一体化发展，加快向数字化、智能化、智慧化转型升级，助力智慧海关建设。

新时代贵阳海关的发展，关键在人，关键在狠抓落实。我们要始终聚焦“两个齿轮”，紧盯“两个导向”，做好“五个筹划”，让争创荣誉、争创一流成为贵阳海关主旋律，广泛凝聚起强大的干事创业的正能量、精气神，为推进新时代新海关的长远发展注入强大动力。

三、全力以赴做好 2021 年全年工作

2021 年是中国共产党成立 100 周年和

“十四五”规划开局之年，也是贵阳海关的“工作落实年”。面对新形势新任务新要求，今年工作的总体要求是：以习近平新时代中国特色社会主义思想为指导，深入贯彻党的十九大和十九届二中、三中、四中、五中全会精神，认真落实全国海关工作会议、全面从严治党工作会议精神，立足新发展阶段，贯彻新发展理念，构建新发展格局，按照总署党委的安排，落实“六稳”“六保”部署，更好统筹发展和安全，强化监管优化服务，巩固拓展口岸疫情防控和促进外贸稳增长成效，马上就办、真抓实干，锲而不舍、一以贯之，推进政治建关、改革强关、依法把关、科技兴关、从严治关，找准“两个齿轮”，树立“两个导向”，努力开创贵阳海关建设发展新局面，为推动贵州高水平开放和经济社会高质量发展做出贵阳海关的贡献，以优异成绩庆祝建党100周年。

围绕上述总体工作思路，今年要重点做好以下工作：

（一）全面加强党的领导，坚决做到“两个维护”。

马上就办、真抓实干，切实加强党的领导，着力提升政治判断力、政治领悟力、政治执行力，用实际行动践行“两个维护”。

持续强化思想武装。持之以恒学习贯彻习近平新时代中国特色社会主义思想，不断提高政治理论水平，进一步树牢“四个意识”，坚定“四个自信”，坚决做到“两个维护”，采取集中培训、专家授课、座谈交流等多种方式，开展党的十九届五中全会精神轮训，做好各级领导干部党史专题培训，深入推进青年理论学习提升工程，在深学精学上下功夫，在学做结合上下功夫。持续推进政治机关意识教育，落实意识形态工作责任制，深化模范机关建设。组织好谋划好“党旗在基层一线高高飘扬”活动，突出“我为群众办实事”，教育党员干部做对党绝对忠诚的国门卫士，以实际行动庆祝中国共产党成立100周年。坚决贯彻中央部署。把落实习近平总书记重要指示批示精神放在首要位置，作为重中之重，坚决落实好“第一议题”制度，不断强化跟踪问效，以最坚决的态度、最迅速的行动、最有力的举措，一贯到底、抓出成效。严密监管、严厉打击“洋垃圾”、象牙等濒危物种走私，加大风险分析研判力度，提升精准布控查缉水平。认真总结近年扶贫的成果、经验，促进脱贫攻坚和乡村振兴有效衔接。着力加强组织建设。发挥党建引领作用，巩固拓展“强基提质工程”成果，深化“四强”党支部建设，继续抓好“一支部一品牌”建设，探索建立具有关区特色的党建工作机制。不断深化巡视整改。扎实做好巡视“后半篇文章”，在去年巡视整改及“回头看”基础上，举一反三，抓实“长久立”机制建设，坚决杜绝低级错误，防止“屡巡屡犯”现象发生，将整改教育警示作用持续引向深入，全面提升内部管理能力。

（二）持续强化疫情防控，全力达到“三个零”目标。

新冠肺炎疫情防控形势依然严峻复杂，决不能有丝毫松懈和侥幸，要以零遗漏、零感染、工作零贻误为目标，坚持严格落实“外防输入、内防反弹”各项措施，持续扎紧疫情防控闭环，确保“打胜仗、零感染”。

毫不放松抓好疫情防控。坚持“内外同防、人物同防、多病同防”，持续做好疫情防控各项工作，密切关注境外疫情形势变化，不断更新完善口岸疫情防控工作方案与应急预案，始终保持高度警觉，全面堵塞风险漏洞。进一步优化口岸检疫查验流程，持续做好与卫健、边检、公安等部门联防联控，加强对境外来黔人员的排查管控，完善应急处置和常态化防控相结合的工作机制，织密织牢立体防控网络。强化实验室检测能力，持续落实好进口冷链食品全链条常态化防控要求，严格监督落实口岸环节非冷链集装箱货物新冠病毒的核酸检测和预防性消毒工作，降低输入性疫情传播风险。严防疫情叠加，密切关注全球传染病疫情，及时发布风险预警，严防埃博拉、拉沙热、鼠疫等重大传染病传入。从严从紧抓好内部防控。始终绷紧疫情防控这根弦，实时关注中高风险地区名单，严格执行监测排查，建立“应检尽检”工作台账。严格落实核酸检测各项规定，继续落实好干部职工健康检测“日报告、零报告”制度。坚持做好体温检测、“贵州健康码”通行等各项内部疫情防控措施。强化应急预案和物资储备，做好防疫物资派发和新冠病毒疫苗接种工作。严格做好对办公区、生活区等重点区域的环境监测和卫生消毒措施。

（三）深入领会“规划”精神，抓严抓细抓落实。

以学为先，把握方向。深入学习领会习近平总书记关于“十四五”规划编制的系列重要讲话精神，明确工作方向和根本遵循，从整体上把握海关改革的方向、路径、重点。厘清形势，找准定位。准确把握“十四五”期间的新形势和新任务，积极为总署编制“十四五”规划建言献策，主动融入贵州发展大局和发展目标，结合贵阳海关工作实际，找准新阶段发展定位，研究制定关区落实“十四五”规划的具体举措，确保各项工作执行到位。强化担当，系统谋划。以把国门、优服务、求创新为抓手，聚焦政治安全、生物安全、进出口商品质量安全、食品安全等，在保国门安全措施上再细化、再严格；在优化海关监管、提升营商环境上再出实招、再解难题；着力找准贵州比较优势，聚焦贵州更高水平开放更高质量发展，重点推动开放平台建设和新兴业态培育，努力在探索制度创新和发挥海关优势上再有新作为。

（四）大力提升监管能力，筑牢国门安全屏障。

坚持底线思维，绷紧安全之弦，加强

监测预警和风险布控，全方位筑牢国门安全防线。

持续加大风险防控力度。科学设置风险规则指令，延伸风险防控链条，推进各领域风险一体化防控。加强宏观风险态势把控，绘制科学精准的风险地图，丰富大数据应用场景，提升布控针对性和有效性。深化“防控—监管—打私”三位一体风险研判联合工作机制，将风险防控领域由涉税风险向安全准入风险拓展，由贸易渠道向非贸渠道拓展，由传统分析向供应链、贸易链大数据分析拓展，增强风险布控精准度，强化查验监管效果，稳步提高“两率”水平。持续夯实安全监管基础。始终绷紧安全生产这根弦，继续推动关区安全生产专项整治三年行动工作，严格落实安全生产责任制，抓好重点领域隐患排查治理，牢固树立安全发展理念。严把进出口商品质量关，加大医疗器械、危险货物等重点敏感商品检验监管。强化后续稽核查，稳步推动“互联网+核查”改革落地，加强涉税、涉检等重点领域专项稽查，不断提升稽核查有效率。持续强化税收征管质效。深化综合治税，加强税收研判，做到依法征管、应收尽收，全力以赴完成年度税收目标。认真落实减税降费措施，进一步推广关税保证保险、汇总征税、自报自缴等便利措施，不断减轻企业贸易成本。严把进出口检验关。落实“四个最严”要求，强化风险评估，加强进口食品化妆品风险监测，组织开展好进口食品“国门守护”行动。强化进出口商品质量安全风险预警和快速反应监管体系建设。持续保持打私高压态势。坚决贯彻党中央关于海关缉私管理体制调整重大决策，各级党委要加强对打私工作的组织领导，全力做好缉私保障，推动“智慧缉私”水平提升。认真组织开展“国门利剑2021”专项行动，进一步实施专项打击和集中整治，重点关注新型贸易业态和邮寄渠道监管风险，对重点领域、重点地区、重点商品走私持续形成震慑。充分发挥省打私办职责，纵深推进反走私综合治理，发挥地方政府打击走私的基础作用。

（五）不断促进高水平开放，营造健康发展环境。

积极发挥海关处于国内国际双循环的“交汇枢纽”作用，以贵州内陆开放型经济为抓手，助力贵州形成全面开放的新格局。

着力助推贵州自贸区申建。密切关注研究国内自贸试验区最新动态，不断深化自贸区政研成果，主动做好对接沟通，全力支持自贸区申建各项工作。着力优化跨境贸易营商环境。不断深化“放管服”改革，开展好新一轮促进跨境贸易便利化专项行动，继续推广“单一窗口”平台功能，全面落实好减单证、提时效、降成本各项便利措施。加大企业认证和培育力度，使关区更多企业享受 AEO 通关便利化措施。服务好生态文明贵阳国际论坛、中国国际大数据产业博览会等重大会展活动。巩固压缩整体通关时间成效，降低进出口环节合规成本。着力拓宽对外开放平台。助力内陆开放型经济实验区加快建设，支持“1+8”国家级开放创新平台加快发展，助推“一局四中心”开放平台建设，加快推动遵义航空口岸正式验收、铜仁机场口岸扩大开放，助推智慧航空口岸取得新成效。加强外贸平台的开发利用，坚决防止一批了之、一建了之，把盘活现有外贸平台资源作为今年重要任务，着力提升外贸平台的支撑能力和产出效益。着力促进综合保税区高水平开放高质量发展。引导鼓励3个综合保税区明确定位、错位发展，深入挖掘综合保税区政策优势。用好用足综合保税区优惠政策，支持更多区内企业获得一般纳税人资格，支持促进维修检测、融资租赁等新业态发展。持续推进贵阳综合保税区、贵安综合保税区整改工作，着力融入区域一体协同发展。不断深化与粤港澳大湾区、成渝地区等区域海关合作，主动融入长江经济带发展，大力推动贵州承接产业转移。积极参与西部陆海新通道和“一带一路”建设，支持中欧班列常态化运行。

（六）始终聚焦高质量发展，不断培育外贸新动能。

坚持统筹做好监管与服务，使贵阳海关在促进发展中做出更大的作为、发挥更大的作用，实现更大的进步。

着力做大特色产品出口。帮扶更多出口农产品生产基地取得资质，发挥好关税措施、技术性贸易措施等作用，有针对性地推动茶叶、食用菌、蔬菜、水果、辣椒、刺梨、生态畜牧等贵州12个农业特色产业扩大出口，各隶属海关要根据本地自然条件、产业基础，选准具有比较优势的特色产业和品种，集中力量支持2~3个主导商品，不断做大规模、做出品牌。对于茶叶、化肥、轮胎、吉他等省内关注的重点商品，要制定有针对性的促进措施，做到每个商品都有专人负责、专人落实，确保上述工作推进见人、见事，坚决避免任务“空转”。着力扩大优质产品进口。认真落实减免税政策，大力服务先进技术、重要设备、关键零部件和稀缺资源进口需求，积极促进国际邮件等贸易新业态加快发展，进一步加大对跨境电商支持力度，持续助推优质种猪等优良物种和优质商品引进。着力提升发展质量。各隶属海关要下大力培育帮扶5~10家有进出口实绩的新增外贸企业，属地报关占比、外贸依存度要在上年度基础上稳步提升。坚决打击虚假贸易、偷税骗税、假冒伪劣等行为，不追求泥沙俱下的“高增长”，不搞无原则的“让利”，切实维护外向型经济健康发展环境。着力降低国际贸易物流成本。支持改貌铁路场站等物流节点不断增强承载能力和规模效益，促进多式联运和集装箱运输业健康发展。着力提升政研服务水平。充分发挥“数据+研究”优势，加大外贸走势的宏观分析和深度研究，积极辅助领导决策。积极协助贵州抢抓《区域全面经济伙伴关系协定》（RCEP）开放市场的重大机遇，开展有针对性的政策调研，促进贵州省外贸投资新发展。做好政策性新闻发布，扩大贵阳海关内外影响力。

（七）坚持创新驱动引领，强化治理能力建设。

坚持创新引领发展理念，全面深化改革，完善工作机制，加大科技支撑力度，扎实推动海关制度创新和治理水平的全面提升。

纵深推进重大业务改革。在海关业务改革 2020 框架方案下，按照“管得住、放得开、效率高、成本低”的要求，扎实推进“两类通关”“两段准入”等重点改革。紧扣高质量发展落实海关全业务领域一体化，巩固落实好“中心+现场式”运行模式。要注重业务创新，除了完成好总署规定动作外，要主动研究、积极探索符合关区实际、富有关区特色的创新改革措施，争取改革取得更大实绩、获得更多实效。开展机构改革“回头看”。进一步理顺业务流程、完善监管制度、优化人员配置，向优化要生产力、向改革要生产力、向融合要生产力，通过提高运行效率，缓解人力资源紧缺问题。稳妥做好危险化学品等涉检案件行政处罚权的调整，探索关区稽核查集约化管理，不断提升通关便利化水平，增强企业获得感。加大科技应用创新力度。坚持业务和科技一体化推进，继续强化智慧海关建设。按照总署部署，全面推广 H2018 新一代通关管理系统。健全完善科技创新和科技管理工作机制，扎实做好数据安全管理各项工作，强化网络和信息系统安全运维。推进实验室检测能力扩项，加强关键检测技术研究。以贵阳龙洞堡智慧航空口岸建设为契机，借助贵州大数据、云计算、区块链等资源，继续推进智能审图等功能运用。健全完善关区制度体系。深入学习贯彻习近平法治思想，贯彻落实中央全面依法治国工作会议精神，继续推进规章制度设立、变更、废除的合法性审查工作，健全合法性审核机制。做好关区权力和责任清单、监管事项清单等动态调整和优化管理，推进职能、权限、程序、责任法定化，不断提升执法统一性。加大普法宣传力度，助力提升法治素养。加强知识产权海关保护。支持培育自主出口品牌和自主知识产权企业，支持企业开展出口品牌宣传和保护，力争侵权案件实质性查获。

（八）切实强化党风廉政建设，着力打造清廉海关。

认真贯彻十九届中央纪委五次全会精神，充分发挥全面从严治党引领保障作用，坚定政治方向，保持政治定力，做到态度不能变、决心不能减、尺度不能松，确保出活不出事。

深入落实中央八项规定精神，坚持不懈纠治“四风”，深化“好差评”系统应用，不断改进政风作风，为基层减负赋能。一体推进不敢腐、不能腐、不想腐，无禁区、全覆盖、零容忍，落实好打私反腐“一案双查”工作机制，营造风清气正的良好政治生态。以解决管党治党中存在的典型问题、干部群众反映强烈的突出问题为重点，持续深化政治巡察，不断强化监督实效。常态化抓好警示教育，坚持以案释纪、震慑警醒，向党员干部传递正风肃纪越往后越严的明确信号。锲而不舍、一以贯之加强酒驾醉驾专项治理，从严从重处理酒驾醉驾等影响恶劣案件。锻造过硬准军事化纪律部队，严格落实“16 字”准军要求，加大日常监督管理，持续提升全关上下的执行力。

（九）不断强化自身建设，整体推进各项工作。

坚持系统观念，在强化监管、做好服务的同时，统筹兼顾、协调推进关区自身建设，确保各项工作稳定有序。

做好选人用人工作。深化干部工作“五大体系”建设，坚持政治标准，突出实干实绩，选优配强各级领导班子，统筹用好职级职数，稳步推动专业技术类公务员管理，继续推进跨条线、跨部门、跨地域交流，大力培养选拔优秀年轻干部，加大对执法一线科长的培养力度，不断激发干部职工士气。要眼光向内、眼光向前，继续加强人力资源精细化、集约化管理，做好统筹协调和内部挖潜，不断优化人员配置，用好各类型人力资源，推动工作效率持续提升。加强干部教育培训。聚焦实效做好培训，坚持“缺什么、补什么”“干什么、学什么”“练什么、懂什么”，将培训内容与工作需要紧密贴合，系统补强业务短板，针对性做好资质培训，着力提升干部能力水平。继续加大专业人才和技术专家培养力度，做好科研优秀人才的培养和战略引进工作，努力建设一支高素质专业化干部队伍。提高机关运转效能。把坚持“过紧日子”作为一项政治要求，从严从紧安排一般性支出，集中财力优先保民生、重点保运转、精准保发展。坚持综合理财，理顺财务管理关系，加强行政、事业和实体资金统筹管理，把有限资金用在刀刃上、用在事业发展上。要守好红线、底线，坚决不能出现乱收费、乱摊派的事件。继续加强新闻宣传和政务信息质效，力争在总署、省政府等信息宣传平台增比进位。着力加强督查督办，建立完善任务清单和责任清单，一体推动任务分解、贯彻落实、跟踪问效，确保部署安排落实到位。不断提升公文时效和质量，驰而不息改进文风会风，坚持做好值班应急管理，强化机要保密和档案管理，认真做好建议提案办理，提升政务公开和信访工作满意度。扎实做好审计工作，持续强化内控管理、执法评估，大力促进关区基础不断夯实。始终做好关心关爱。继续落实好支持艰苦地区边关 22 条措施。不断加强对基层一线的保障支持。持续优化后勤管理水平，发挥学会和群团组织作用，用心用情做好老干部工作，不断增强干部职工的荣誉感、幸福感、归属感。抓好文明单位建设。要珍惜荣誉、再接再厉，将全国文明单位作为关区建设的新起点，职能部门要进行督查监督，继续巩固全国文明单位建设成果。强化绩效评估机制。完善目标管理绩效考核与干部“三位一体”考核深度融合结合的工作机制，有序推进事业单位“三定”、评审中心转企及工资绩效改革。继续深化企、事业单位改革。增强事业单位和所属企业市场竞争力，继续拓展业务种类，不断扩大业务范围，确保营收达到预期目标，盈利水平实现显著增长。落实事业单位薪酬制度改革，强化待遇保障，优化完善企、事业单位激励机制，加强成本核算和效益考核，突出重实干、讲实效的导向。

同志们，今年的工作任务已全面部署，完成全年工作的关键在于真抓实干、落到实处。今年关区各项工作都要强调落实、强调实干，各部门（单位）要将“两个实”的要求贯穿于全年工作的方方面面，融入改革发展的全过程，要以更坚决的态度、更务实的作风、更强的担当意识，高质量完成好今年各项工作任务，坚持用数据说话、凭实绩交卷。

春节前夕，习近平总书记来贵州考察调研并看望慰问基层干部群众。2月3日下午，他先后来到毕节市黔西县，实地察看乌江六冲河段生态环境，走进新仁苗族乡化屋村看望乡亲们。在村文化广场，习近平同参加少数民族春节民俗活动的群众亲切交流，并向全国各族人民致以新春祝福。

一是心怀感恩之情。习近平总书记到贵州向全国人民拜年，我们身在贵州，更加能深刻近距离感受习近平总书记的关怀，全关干部职工要深怀感恩之心，奋发作为，把总书记的关怀转化为政治上的坚定、工作上的自觉，增强“四个意识”、坚定“四个自信”、坚决做到“两个维护”。切实把各项工作抓严抓细抓落地。

二是牢固政治站位。各部门要进一步跟踪学习习近平总书记的讲话精神，牢记习近平总书记对贵州发展的殷切嘱托、感恩习近平总书记对贵州人民的亲切关怀，要深入谈体会、谈认识，全面落实习近平总书记对贵州工作重要指示精神，把对习近平总书记的感恩爱戴之情转化为推进贵阳海关工作发展的不竭动力。

三是树立坚定信心。我们要紧密围绕关区工作部署，立足新发展阶段、贯彻新发展理念、融入新发展格局，确保“十四五”开好局、起好步，为新时代贵州高水平开放、高质量发展做出海关新贡献！

同志们，过去的一年，我们用汗水浇灌收获，以实干笃定前行。面对新阶段新任务，让我们在总署党委的坚强领导下，深入践行“五关”建设总要求，马上就办、真抓实干，上下同心，砥砺前行，以坚如磐石的信心、只争朝夕的劲头、坚忍不拔的毅力，撸起袖子干，挥洒汗水拼，奋力谱写新时代贵阳海关发展新篇章，以优异成绩庆祝建党100周年！

在2021年贵阳海关全面从严治党暨党风廉政建设工作会议上的讲话

贵阳海关党委书记、关长 王松青

（2021年2月4日）

这次会议的主要任务是，深入学习贯彻习近平总书记重要讲话和十九届中央纪委五次全会精神，认真落实全国海关全面从严治党工作会议部署，总结2020年贵阳海关全面从严治党、党风廉政建设和反腐败工作，部署2021年工作任务。

一、简要传达中央纪委第五次全会精神和全国海关全面从严治党工作会议精神

1月22日，中国共产党第十九届中央纪律检查委员会第五次全体会议在北京召开，习近平总书记发表重要讲话，主要内容为：

第一，自觉践行“两个维护”，以强有力的政治监督保障“十四五”规划顺利实施。深入学习贯彻习近平新时代中国特色社会主义思想，提高运用马克思主义立场、观点、方法分析解决实际问题能力。围绕贯彻新发展理念、构建新发展格局、推动高质量发展、深化供给侧结构性改革、提高人民生活品质、守住安全发展底线等重大决策，围绕巩固拓展疫情防控和经济社会发展成果、强化国家战略科技力量、增强产业链供应链自主可控能力、坚持扩大内需战略基点等重点任务，围绕解决好“三农”问题、加快农业农村现代化等部署要求，加强监督检查，督促落实落地。推进纪检监察工作理念、思路、制度、机制创新，深入实践探索服务保障现代化建设的有效举措，大力推进清廉建设，营造风清气正的政治生态和良好发展环境。

第二，坚定不移深化反腐败斗争，一体推进不敢腐、不能腐、不想腐。重点查处政治问题和经济问题交织的腐败案件，聚焦政策支持力度大、投资密集、资源集中的领域和环节，坚决查处基础设施建设、项目审批、国企改革、公共资源交

易、科研管理等方面的腐败问题。深化金融领域反腐败工作，持续惩治国有企业腐败问题，加大对政法系统腐败惩治力度，深入推进反腐败国际合作和国际追逃追赃。深化标本兼治，做实以案促改、以案促治。

第三，深化整治形式主义、官僚主义顽瘴痼疾，让求真务实、清正廉洁的新风正气不断充盈。持之以恒落实中央八项规定及其实施细则精神，对贯彻党中央决策部署做选择、搞变通、打折扣等形式主义、官僚主义突出问题精准施治，严查享乐主义、奢靡之风。督促落实规范领导干部配偶、子女及其配偶经商办企业行为规定，推动以上率下、严格执行。教育引导党员领导干部坚决反对特权思想和特权行为，严格管好家属子女，严格家风家教。

第四，持续整治群众身边腐败和不正之风，促进社会公平正义、保障群众合法权益。加强对惠民富民、促进共同富裕政策措施落实情况监督检查，强化对巩固“四个不摘”政策成果的监督，保障同乡村振兴有效衔接，持续纠治教育医疗、养老社保、生态环保、安全生产、食品药品安全、执法司法等领域腐败和作风问题，坚决惩处涉黑涉恶“保护伞”，完善民生领域损害群众利益问题治理机制。

第五，推进巡视巡察上下联动，充分发挥党内监督利剑和密切联系群众纽带作用。精准落实政治巡视要求，深化巡视巡察整改和成果运用，探索建立整改促进机制、评估机制。加强对省区市巡视工作的指导督导，推动市县巡察向基层延伸。

第六，促进各类监督贯通融合，不断增强监督治理效能。压紧压实党组织管党治党政治责任和书记第一责任人责任。做深日常监督，推动监督下沉、监督落地、监督于问题未发之时，强化对“一把手”和领导班子监督。严明换届纪律，严肃查处拉票贿选、买官卖官、跑官要官等行为。坚持惩前毖后、治病救人，深化运用“四种形态”，做到“三个区分开来”。精准规范用好问责利器。严格执行党员权利保障条例，激发党员干部干事创业内生动力。

第七，抓深抓实纪检监察体制改革，有效推进党内监督和国家监察全覆盖。发挥改革先导、突破、创立作用，统筹推进党中央确定的纪检监察体制改革任务。研究制定中国共产党纪律检查委员会工作条例、查办党员和公职人员涉嫌违纪职务违法职务犯罪案件协作配合办法，促进规范化法治化建设。

第八，从严从实加强自我监督约束，建设政治素质高、忠诚干净担当、专业化能力强、敢于善于斗争的纪检监察铁军。带头旗帜鲜明讲政治，带头提高政治判断力、政治领悟力、政治执行力，强化纪法意识、纪法思维、纪法素养，提高专业化水平。自觉接受最严格的约束和监督，严格执行监督执纪工作规则、监督执法工作规定，坚决防止家人、亲属利用纪检监察干部影响谋取私利，持续整治“灯下黑”，以铁一般的纪律作风锻造纪检监察队伍。

习近平总书记的重要讲话，充分肯定过去一年全面从严治党取得新的重大成果，深刻阐述全面从严治党新形势新任务，强调全面从严治党首先要从政治上看，不断提高政治判断力、政治领悟力、政治执行力，一刻不停推进党风廉政建设和反腐败斗争，以强有力的政治监督，确保“十四五”时期目标任务落到实处。讲话高屋建瓴、思想深邃、内涵丰富，充分彰显了以习近平同志为核心的党中央高瞻远瞩的战略眼光、始终如一的历史担当、为民无我的崇高境界、兴党强国的使命情怀，具有很强的政治性、思想性、指导性，是推进全面从严治党向纵深发展的重要遵循。

1月28日，2021年全国海关全面从严治党工作会议召开，海关总署党委书记、署长倪岳峰同志代表总署党委，传达学习习近平总书记在十九届中央纪委五次全会上的重要讲话精神，从5个方面总结2020年全面从严治党、党风廉政建设和反腐败工作，以高度的政治自觉，就切实履行主体责任，做好海关系统2021年全面从严治党、党风廉政建设和反腐败工作做出了7个方面的具体部署，全关上下要以学习习近平总书记在中央纪委第五次全会上的重要讲话精神和全国海关从严治党会议精神为动力，锲而不舍，驰而不息，毫不放松抓好全面从严治党、党风廉政建设和反腐败工作，确保“十三五”圆满收官，推动“十四五”发展开好局、起好步。

二、2020年工作回顾

一年来，全关各级党组织以习近平新时代中国特色社会主义思想为指导，认真落实党中央关于全面从严治党部署要求，按照总署党委统一部署，坚决扛起管党治党政治责任，持续强化正风肃纪反腐，深入推进清廉海关建设，全面从严治党、党风廉政建设和反腐败工作取得新成效。

（一）政治机关建设坚定有力。

全面推进政治建关。始终坚持把政治建设摆在首位，切实增强“四个意识”、坚定“四个自信”、做到“两个维护”，把学习贯彻习近平总书记重要指示批示精神作为每月形势分析及工作督查例会的“第一议题”，以最严的措施禁止“洋垃圾”入境，严厉打击象牙等濒危物种及其制品走私，坚决落实稳外贸稳外资任务，持续优化口岸营商环境，助力贵州打好脱贫攻坚收官之战，确保党中央、国务院决策部署落地落实落细。全面提高政治站位。把学习贯彻习近平新时代中国特色社会主义思想作为贯穿全年工作的主线，推进党的十九届四中、五中全会精神学习教育，关党委以上率下，全年组织理论中心组学习10次，围绕“强化政治机关意识　走好第一方阵”主题讲专题党课6人次。各级党组织开展各类学习活动159次，举办线上线下培训班81期，形成了关党委示范带动学、各隶属海关党委及时跟进学、各党支部联系实际学的“三级联动学习机制”。持续推进模范机关建设，严格落实意识形态责任制，巩固深化主题教育成果，进一步坚定广大党员干部的政治信念。全面坚守政治担当。在防控新冠肺炎疫情、促进复工复产等急难险重任务中发挥政治统领作用，关党委靠前指挥，赴基层一线调研督导42次，成立统筹口岸疫情防控和促进外贸稳增长工作指挥部，全年召开会议43次。组建“国门防疫党员突击队”，建立3个梯队的备勤人员库和常态化工作机制，全力保障复航复工和物资通关，实现口岸疫情防控扎实有力、促进外贸发展稳中有序的目标。同时，树立先进典型和正面导向，突出政治标准，出台激励干部在疫情防控工作中担当作为8项措施，加大对抗疫一线干部的考察、评价、使用力度，完成处科级领导职位的选拔任用，推荐2名同志火线入党。

（二）管党治党责任落地生根。

压紧压实“两个责任”。建立全面从严治党主体责任清单，制定《贵阳海关党委关于进一步落实全面从严治党“两个责任”的实施意见》等贯彻落实文件，持续深化党委班子主体责任、党委书记第一责任、纪检监察监督责任、班子成员“一岗双责”的“四责协同”机制，推动一级抓一级、层层压实责任。将全面从严治党与业务工作同谋划、同部署、同推进、同考核，推动派驻监督从“有形覆盖”迈向“有效覆盖”，实现“两个责任”同向发力、同频共振。狠抓总署党委巡视整改。关党委提高站位，直面问题，第一时间制订整改方案，明确责任部门、时间节点，全力推进集中整改。对照总署巡视反馈主要问题，制定69项整改措施，扎实开展4个突出问题专项整治，关党委先后召开8次专题会议研究部署整改工作，各级党组织共召开整改推进会51次，通过统一部署，合力整治，形成纵向联动、横向贯通的整改机制，持续发力推动全部问题销账清零，高质量完成了本轮总署巡视整改各项任务。持续深化巡察监督。建立巡视巡察上下联动、巡察审计协作联动、被巡察单位配合联动的“三级联动”机制，先后召开10次党委会议研究部署巡察工作，抽调35名优秀干部，成立7个巡察组先后开展4轮巡察监督，高质量完成对6个隶属海关党委的常规巡察以及3个隶属海关党委的专项巡察，发现并推动解决问题73项，持续推动政治监督不断向基层延伸。

（三）基层党建工作成果丰硕。

扎实抓好“四强”党支部创建。推进党建标准化规范化改革，建立基层党支部“三张责任清单”，以清单化推动党建工作质量标准化、流程规范化、落实责任化，2020年评选出年度“四强”党支部8个。着力培育先进示范典型。建立基层党组织互观互学、互检互促机制，逐步形成“后进赶先进、中间争先进、先进更前进”的良好局面，其中1个基层党支部获评贵州省示范党支部、2个基层党支部获评省直机关工委示范党支部、4个支部获评星级党支部。大力实施“强基提质工程”。优化组织设置，深化考核问效，强化党内关怀，发挥党建品牌的示范引领作用，带动关区党建工作实现“强基”与“提质”同时发力。2020年，贵阳海关1个基层党建品牌被总署授予党建示范品牌，2个基层党支部获评党建培育品牌。强化党建目标监督检查。坚持目标导向，月度依托“智慧党建”平台检查推进情况，季度督察党建责任落实具体成效，半年组织党支部书记述职评议考核，全年开展机关党建目标专项检查，全面提升党建质效。去年在省直机关年度目标现场考评中，贵阳海关党建工作未被扣分，得到了考评组的高度认可。全力推进精神文明建设。积极营造奋发向上、创先争优、文明和谐的浓厚氛围，激发广大干部职工干事创业的动力。2020年全关上下勠力同心、锐意进取，顺利通过第五届全国文明单位复核，实现了关区精神文明建设的跨越式发展。

（四）纪律作风面貌焕然一新。

强化准军事化纪律部队建设。对标巡视反馈意见，提出“先查内务基础，后查规范落实，再查担当作为”的三步措施，针对办公场所、考勤纪律、着装仪容及应急值班4大类15个方面的突出问题，紧盯紧改、见事见人，从细小环节、细微之处入手，抓在日常，严在平时，下大力气整肃关容风纪和纪律执行。丰富内务规范强化月内容，建立常态化升旗手队伍，开展全员准军事化队列集训，全年组织内务规范宣传教育活动9次。制定内务督察工作规程，设立督察组，实行每月轮换、定期通报、流动考评机制，全年开展内务规范和视频检查16次，通报问题22起，借助内务评比、量化考核、点名通报等手段，不断强化日常纪律养成。持续狠抓纪律作风建设。开展纪律作风整顿月专题活动，组织领导干部到基层海关单位进行现场互动交流，通过现场观摩、经验分享、案例警示、讲评分析等方式，30名领导干部对标先进典型经验，现场谈体会、谈认识，让参加活动的党员干部有提高，让存在问题的单位部门有震动，推动纪律作风严起来实起来。推进政务服务“好差评”系统上线运行，组织来自地方党政部门、省市媒体、企事业单位的特邀监督员深入关区办公场所以及业务一线窗口，查找纪律作风中的短板和不足，提升政务服务水平。开展重点问题专项整治。常态长效抓好整改，认真开展中央巡视整改“回头看”，对涉及纠治“四风”和作风建设的问题进行“大起底”，巩固提升整改效果。开展“灯下黑”问题专项整治，聚焦18项重点内容，对照台账清单，逐项开展对照检视、自查自纠。巩固拓展不担当、不作为专项整治成果，围绕5个方面具体问题，细化15项措施，持续推动落地落实。开展形式主义、官僚主义专项整治，以治理“文山会海”为切口，从6个方面“控数提质”，压减基层各类报文报表，持续为基层减负赋能。

（五）清廉海关建设行稳致远。

深入推进党风廉政建设。关党委研究党风廉政建设重大事项13次，开展相关调研7次。两级党委共召开党风廉政建设例会37次，聚焦思想根源上的松懈点、制度执行上的风险点和廉政责任落实上的薄弱点，及时发现、督促整改倾向性、苗头性问题50余个，2020年全关党风廉政形势稳中向好。持续抓好廉政教育。以“党纪法规学习、案例警示教育、纪律监督检查”为主线，关党委深入执法一线开展督导检查35次，与基层党委班子谈心谈话63人次。坚持以案促改，选编19个违反中央八项规定精神、“四风”问题的典型案例开展警示教育，督促全体干部职工严格执行中央八项规定，提升廉洁守纪意识。加强节前廉政提醒，狠抓酒驾醉驾管控，保持问题零发生。持之以恒正风肃纪。紧盯职务调整、岗位变动等重要时间节点，及时开展廉政谈话，全年开展预防提醒谈话200人次。注重抓早抓小，修订下发落实监督执纪“四种形态”实施意见，规范运用第一种形态。完善制约监督机制。深化内控机制建设，建立快件、保税监管等27个领域岗位清单，制定关级内控节点937个。持续推进“新海廉”平台应用，新增涵盖物资进出口、通关时效、企业复工率等6项分析功能的疫情防控模块，结合业务改革，同步加强廉政风险防控。强化外出执法廉政监督，随机选取11家服务企业，对5个方面行风政风评价指标进行抽查回访，综合满意度为100%。严格干部监督管理。对新提拔任用处科级领导干部进行任前廉政教育，抽查10余名领导干部配偶、子女及其配偶从业行为，建立因私出国（境）证件管理台账。

同志们，事非经过不知难！一年来，在总署党委的坚强领导下，全关上下迎难而上、砥砺奋进，推动关区全面从严治党、党风廉政建设和反腐败工作沿着正确道路继续前行！实践充分证明，贵阳海关事业大有可为，贵阳海关队伍大有作为，只要我们咬定青山不放松、一张蓝图绘到底，站在“两个一百年”奋斗目标的历史交汇点上，全力构建上下互动、群策群力、齐抓共管的新发展格局，我们的奋斗目标一定能达到！全关同志都要坚定这样的“黔关自信”，增强这样的前进动力！

在充分肯定成绩的同时，也要清醒地看到问题和不足：有的单位部门贯彻落实习近平总书记重要指示批示精神举一反三不够，在学懂弄通做实上还有差距。有的党组织落实全面从严治党主体责任和监督责任还不够严实，压力传导不够有力，监督合力尚未完全形成。有的党员干部政治机关意识不强，仍然以“业务部门”“业务干部”自居，对海关工作的政治要求认识不深、把握不准。有的基层党组织党建和业务脱节，学和用脱节，缺乏深度融合。有的单位部门纪律作风问题禁而未绝，不用心不务实、工作拖沓推诿、不担当慢作为等形式主义、官僚主义问题依然存在。当前，关区执法领域存在一定风险，非执法领域违法违纪问题不容忽视，基层单位的廉政风险依然较高。去年总署巡视时，一针见血地指出了贵阳海关存在的突出问题，有落实总署党委工作要求不坚决、不及时方面的问题，也有履行全面从严治党主体责任与监督责任不到位的问题，还有在日常监管、内部管理、制度政策执行方面存在低级错误的本不该出现的问题。这些问题需要引起高度重视，深入思考，认真加以解决。

三、2021 年主要任务

2021 年贵阳海关全面从严治党工作的总体要求是：以习近平新时代中国特色社会主义思想为指导，深入贯彻党的十九大和十九届二中、三中、四中、五中全会精神，认真落实十九届中央纪委第五次全会部署和全国海关全面从严治党会议部署，增强“四个意识”、坚定“四个自信”、做到“两个维护”，坚持稳中求进，立足新发展阶段，贯彻新发展理念，推动构建新发展格局，深入贯彻全面从严治党方针，充分发挥全面从严治党引领保障作用，把严的主基调长期坚持下去，以高质量发展为主题，坚持系统观念，一体推进不敢腐、不能腐、不想腐，持续深化清廉海关建设，锻造准军事化纪律部队，深入推进政治建关、改革强关、依法把关、科技兴关、从严治关，为建设社会主义现代化海关提供坚强保证，以优异成绩庆祝中国共产党成立 100 周年。重点做好以下 5 方面工作。

（一）坚持政治建关，践行“两个维护”第一方阵。

海关是政治机关，全面从严治党首先要从政治上看，要教育引导党员干部树牢“四个意识”、坚定“四个自信”、做到“两个维护”，自觉把政治建关贯穿到谋划重大战略、制定重大政策、部署重大任务、推动重大工作的实践中去。要把坚决做到“两个维护”作为政治建设的首要任务。自觉把“两个维护”作为思想认识上的政治态度、政治信条，一切实践活动的政治原则、政治保障，做到维护意识更牢、维护能力更强、维护效果更实。要继续坚持月度形势分析及工作督查例会制度，把学习贯彻习近平总书记重要指示批示精神作为“第一议题”，第一时间传达学习，第一时间研究部署，第一时间抓好落实。要毫不放松抓好常态化疫情防控、保持打击象牙等濒危动植物及其制品、“洋垃圾”走私力度，推动外贸高质量发展等各项重点工作，巩固脱贫攻坚成果，确保贯彻落实习近平总书记重要指示批示精神和党中央决策部署坚决迅速、有效有力。要持续深入学习习近平新时代中国特色社会主义思想。以庆祝建党 100 周年为契机，把学习习近平新时代中国特色社会主义思想同学习党史、新中国史、改革开放史、社会主义发展史贯通起来，引导全关党员干部加强党性锻炼、党性修养，坚定理想信念。要开展好学习贯彻党的十九届五中全会精神轮训，继续巩固深化“不忘初心、牢记使命”主题教育成果，按照总署党委部署开展好“党旗在基层一线高高飘扬”活动，提高教育实践活动质量。要严明政治纪律和政治规矩。坚持“四个服从”“五个必须”，在大是大非面前旗帜鲜明，在风浪考验面前无所畏惧，在各种诱惑面前立场坚定，在关键时刻让党信得过、靠得住、能放心。要加强对政治纪律和政治规矩执行情况的监督检查，决不允许在党中央重大决策部署的贯彻落实上不坚决、打折扣、搞变通，坚决纠正上有政策下有对策、有令不行有禁不止等行为，营造清朗的政治生态。

（二）坚持系统观念，保障“十四五”开好局起好步。

2021 年是“十四五”规划的开局之年，是开启全面建设社会主义现代化国家新征程的第一年。站在“两个一百年”奋斗目标的历史交汇点上，既要充满信心，也要居安思危，所有工作都要围绕开好局、起好步来展开。要学懂弄通做实党的十九届五中全会精神。把学习宣传贯彻全会精神作为当前和今后一个时期重大的政治任务，原原本本学、认真系统学，关党委要学在前、带好头，主动先学一步、学深一层，模范带动全员学习。各级党组织要以“三会一课”为载体，坚持集中学与个人学、线下学与线上学相结合，广泛宣传关区学习贯彻成效，体现海关工作特色。要高质量推进《“十四五”海关发展规划》编制工作。去年 7 月，总署启动了《“十四五”海关发展规划》编制的前期工作，今年贵阳海关要积极参与规划编制工作，各级党组织要多深入基层一线、深入企业调查研究，及时将一线干部职工和广大企业的意见建议反映出来。同时，要积极与地方政府沟通，做好衔接与配合，争取将海关重要工作更多纳入地方规划之中，更好地促进地方提高对外开放质量和水平。要持续推进海关制度创新和治理能力建设。把参与《“十四五”海关发展规划》编制过程作为深入学习、理清思路、提升能力的过程，坚持以新发展理念来审视问题、指导工作，以改革创新精神破除发展瓶颈，在规划编制中提升贵阳海关助力构建新发展格局的能力和水平。

（三）坚持党的领导，推动党的建设高质量发展。

习近平总书记明确指出，“提高党的建设质量，是党的十九大总结实践经验、顺应新时代党的建设总要求提出的重大课题”。推动海关党的建设高质量发展，是贯彻落实习近平总书记重要讲话精神的必然要求，是推进海关党的建设向更高水平迈进的必然要求，是更好履行海关职责使命的必然要求。要切实强化党建工作责任。全关各级党组织都要树牢高质量发展意识，强化责任担当，在思想深处把抓好党建作为最大政绩，有高度的责任感和使命感，有走在前列、争当排头兵的奋斗姿态，有不抓出好的效果决不收兵的坚定决心。要将高质量发展的要求细化为具体任务、具体举措，一个环节一个环节抓实，一个节点一个节点推进，确保“最后一公里”落地见效。要持续抓好基层党的建设工作。全面加强党的领导，健全隶属海关党委体制，持续抓好各级党委班子建设。要继续大力实施“强基提质工程”，新成立的党支部要尽快通过标准化规范化验收，抓好“四强”党支部创建，大力培树党建品牌，稳扎稳打、步步深入，支部由“建在科上”向“强在科上”大步迈进。要以总署党委设立贵阳海关执法一线科室和基层党支部联系点为契机，充分发挥模范带头作用，全力推进基层联系点在关区一线执法、基层党建等各项工作中主动走在前、做表率，努力建设全国海关优秀基层科室。要充分发挥党建工作引领保障作用。把党的全面领导贯穿到抓好常态化疫情防控、促进国内国际双循环、筑牢国家安全屏障、服务构建新发展格局等各项工作部署中去，以高质量的党建工作激发党员干部的积极性、主动性和创造性，带领贵阳海关各项事业发展取得新突破。

（四）坚持从严从实，持续做好巡视“后半篇”文章。

巡视是全面从严治党的重要举措和加强党内监督的战略性制度安排。今年，我们要在全面完成总署党委巡视集中整改各项任务的基础上，进一步提高政治站位，强化使命意识和责任担当，把习近平总书记关于巡视整改“四个融入”作为深化海关巡视整改工作的根本遵循，将整改重点从抓好整改任务落实向有效解决问题转变。要巩固提升巡视整改成果。强化整改成效评估，对本轮总署巡视反馈指出的问题进行再审视、再分析，对整改任务完成情况进行再检查、再督促，对是否从体制机制上整改及落实成效进行再跟踪、再评估，防止“前紧后松”和问题反弹回潮。要将巡视整改工作作为明年工作计划的重要内容，建立健全整改长效机制，严格落实巡视整改中长期规划，于今年年底开展1次“回头看”，确保巡视反馈问题得到彻底解决。要完善巡视巡察上下联动机制。将整改中央巡视反馈问题，总署巡视指出问题的举一反三、建章立制情况纳入今年巡察监督的重中之重，紧盯关区重点领域和关键环节，聚焦基层落实党中央重大决策部署以及总署党委工作要求不到位不彻底问题、落实全面从严治党要求不力问题、基层党组织建设问题等重点内容开展巡察，持续巩固巡视整改成果。要统筹协调好与地方巡察机构的关系，加强巡察工作的沟通协调。今年，关区巡察党组织数量要同比增长30%以上。要持续开展突出问题专项整治。以巡视整改为契机，制定深化举措，紧盯推进落实。准军事化纪律部队建设方面，要坚持严字当头、全面从严，全方位管思想、管工作、管作风、管纪律，做到机关、基层、企事业单位全覆盖。持续开展准军事化集训，认真组织内务规范强化月活动，用好视频监督检查，坚持通报、约谈问题单位，并纳入绩效考核；选人用人管理方面，要将政治标准、政治把关贯穿分析研判和动议、民主推荐、考察、讨论决定等选拔任用工作全过程，将选人用人监督检查与巡视巡察工作同向发力。要严格落实报告个人有关事项制度，重点关注干部标准、执行政策、遵守纪律、用人风气等方面情况，始终保持整治选人用人不正之风的高压态势；整治形式主义官僚主义问题方面，要拿出改进政风作风的有力举措，从一件一件具体事抓起，提高文风会风质量，完善负面清单，明确精文简会的标准和尺度，防止用形式主义做法解决形式主义问题。

（五）坚持源头治理，一体推进不敢腐、不能腐、不想腐。

全面从严治党是一场攻坚战、持久战，必须坚持一体推进不敢腐、不能腐、不想腐的基本方针和重要方略。要强化风险意识和底线思维。深化标本兼治，聚焦“关键少数”、重点领域和重点岗位，突出“制度+科技”运用，加强执法一线廉政风险防控，将防腐措施与改革举措同谋划、同部署、同落实，在全力推进新兴贸易业态发展、全国通关一体化、优化营商环境等改革中加强风险整体防控和精准防控。要高度重视非执法领域风险，持续加强对财务管理、招标采购、信息化建设、网络安全等重点环节的管控，进一步规范企事业单位管理。要持续推动全员打私工作，建立缉私情报和风险研判配合机制，提升全关查发走私违规案件的能力。要继续保持高压态势。严肃查处违纪违法问题，重遏制、强高压、长震慑，保持“惩”的力度、巩固“严”的氛围。强化打私反腐“一案双查”，深化问题线索移交、案件办理反馈等工作机制。推动以案促改，常态化抓好警示教育，用好“四种形态”特别是第一种形态，坚决纠治酒驾醉驾问题，持续用好海关政务服务“好差评”系统，引导党员干部正确处理自律和他律、信任和监督、职权和特权、原则和感情的关系，筑牢拒腐防变的思想道德防线，决不能拉拉扯扯、吃吃喝喝，搞“小圈子”。要强化压力有效传导。进一步抓好抓实全面从严治党主体责任清单，关党委要坚决扛起主责，深入调查研究、定期听取汇报、专题研究部署、强化跟踪问效，加强对全面从严治党正风反腐各项工作的领导和管理监督。纪检监察部门要切实承担党内监督专责，聚焦党中央重大决策部署、全面从严治党责任落实等方面，持续强化监督执纪问责，创新方式方法，优化完善派驻纪检组的管理范围，通过重大事项请示报告、提出意见建议、监督推动上级决策落实等方式，协助关党委推进全面从严治党、加强党风廉政建设。各基层党组织要担负起教育管理监督党员的直接责任，

“最后一公里”的问题主要发生在执法一线，基层问题主要靠基层党组织解决，要以提升组织力为重点，突出政治功能，充分发挥基层党组织建设在全面从严治党中的基础地位和重要作用。各职能部门要主动承担起职责范围内和所管辖业务领域全面从严治党相关工作。通过强化责任传导，推动全面从严治党向纵深发展。

同志们，今年是建党100周年，让我们更加紧密地团结在以习近平同志为核心的党中央周围，把全关上下各级党组织和广大党员干部的思想和行动统一到全面从严治党会议精神上来，全面完成总署党委部署的各项工作任务，始终保持奋进者姿态，攻坚克难、真抓实干，为全面建设社会主义现代化国家做出海关新的更大贡献！

在2021年贵州省开放型经济发展大会上的讲话

贵阳海关关长、党委书记　王松青

（2021年11月29日）

开放是当代中国的鲜明标识。贵州身处内陆，在开放条件上有“不沿海、不沿边、不沿江”的先天短板，也有“一带一路”、西部陆海新通道机遇叠加的后发优势。2016—2020年4年间虽然贵州省外贸年均增长9.9%，特别是2020年贵州省外贸增长速度达到20.6%，排名位居全国前列，但外向型经济依然存在总量小、发展不平衡不充分等困难。今天，开放型经济发展大会将为贵州省新一轮对外开放擘画宏伟蓝图。贵阳海关将以此次大会胜利召开为契机，在省委、省政府的坚强领导下，抢抓机遇、主动作为，推动贵州实现更高质量的对外开放。

一、全面优化海关监管体系

过去5年，我们不断完善“9+3+3+N”监管体系，为全省开放发展奠定良好基础条件。我们在全省设立的隶属海关机构增加至9个。推动贵阳龙洞堡国际机场获世界卫生组织验收认可，成为中西部第二个、全国第十二个国际卫生机场。积极支持遵义、铜仁航空口岸扩大对外开放。持续抓好贵阳、贵安、遵义3个综合保税区复制推广创新制度、促进功能延伸。先后批准设立4个海关监管作业场所、6个保税监管场所，积极推进贵阳国际邮件互换局获批。

接下来，我们将抓好海关56项自贸区监管创新制度的复制推广和转化运用，全力配合贵州申建中国（贵州）自贸区。持续推进“一局四中心”项目建设运行，打造高水平临空经济平台。落实“强省会”五年行动，支持贵阳积极申建进口商品海关指定监管场地。开展“智慧海关、智能边境、智享联通”合作，提升海关制度创新和治理能力，优化海关监管体系。大力争取海关总署更多优惠创新政策在贵州省试行落地，以政策优势克服“三不沿”的区位困境。只要企业有需求，贵阳海关就有回应，只要能促进地方发展，贵阳海关就有行动。

二、全面发展外贸新兴业态

过去5年，我们全力以赴推动外贸发展提质增效、后发赶超。推动跨境电商新业务模式全部落地运行。保税维修、进境粮食加工、境外种猪引进等业务从无到有、从有到优。首次成功开展入境包机保税航油经营业务，支持贵州开行首列直发中欧班列，开辟“黔货出山”新通道。

接下来，我们还将提升现有开放平台能级，发挥好综合保税区税收政策优势，促进加工贸易转型升级。创新发展外贸综合服务、数字贸易等新业态。助力跨境电商规模化提升、品质化发展。推动AEO高级认证企业培育取得突破。支持先进技术设备和关键零部件等优质商品扩大进口，保障产业链供应链畅通衔接。巩固提高中欧班列运营能力，推动多式联运物流体系建设。只要兄弟海关可以做到的，我们也能做到，并且努力做得更好。

三、全面提升跨境贸易便利化水平

过去5年，我们持续推进“放管服”改革，重点推进区域通关一体化改革、全国通关一体化改革等重大改革事项，推广关税保证保险、汇总征税等关税征管便利措施，实现38种海关进出口环节监管证件联网核查。一体推进“提前申报”“两步申报”改革，落实“两段准入”“先放后检”等便捷措施，大幅压缩整体通关时长，让企业享受到海关改革的红利。今年1—10月，贵阳关区进、出口整体通关时间分别为10.29小时、0.76小时，对比2017年分别压缩88.41%和90.33%。

接下来，我们还将在海关业务全领域提高涉企办事效率，积极推动海关最新改革措施落实落地，提升通关便利化水平。持续用足用好各项惠企政策，释放减税降费提效政策红利，帮助广大进出口企业纾困解难，打造海关优质服务的跨境贸易营商环境。加强知识产权海关保护，守护合法企业发展权益。总的讲就是努力做好“三个创新”，即创新思路支持贵州开放、创新举措服务企业发展、创新监管优化营商环境，同时坚决打击走私违法行为，筑牢口岸检疫安全防线。

征途漫漫，惟有奋斗！贵阳海关处于贵州对外开放最前沿，我们将持续落实好省委、省政府要求，此次大会精神和炳军省长讲话精神，锚定目标、勇毅前行，全面贡献海关力量！

第二篇

专记

贵阳海关庆祝中国共产党成立100周年和党史学习教育

2021年是中国共产党成立100周年，贵阳海关认真贯彻落实党中央有关工作部署及总署党委工作安排，深入学习贯彻落实习近平总书记在党史学习教育动员大会上的讲话精神、“七一”重要讲话精神和党的十九届六中全会精神，大力弘扬伟大建党精神，进一步唱响红色文化主旋律，教育引导党员干部听党话、感党恩、跟党走。一是原原本本学党史。强化三级联动机制，推动关党委集中学习22次、专题研讨5次、开设读书班2期、讲授专题党课8人次，各级党组织集中学习350余次，青年理论学习小组开展学习研讨、实践活动102次；牵头承办西南文化协作区线上党史知识竞赛并获二等奖，编排制作《跨越时空的追梦人》情景剧等红色故事汇节目；拍摄《筑牢“三座桥”打造“风雨桥”战斗堡垒》等微视频29部；举办“追寻红色足迹摄影展”，征集红色薪火、红色传承、红色印记等红色主题摄影作品39幅；开展“奋斗百年路，启航新征程——讲好海关红色档案故事”征文活动，关区4名干部驻村扶贫事迹入选海关档案故事100篇；组织开展“光荣在党50年”纪念章颁发和节日走访慰问；深化开展“我们的节日”活动，举办诵读红色经典文学、交流书法技艺等“永远跟党走——粽情黔关、众飨端午”系列活动。二是认认真真悟思想。组织收看中央、贵州省举办的系列专题宣讲报告会，成立52人的党史学习教育宣讲团，面向基层广泛开展宣讲。组织开展“学史·铸魂”“青春向党，奋斗强国”海关红色讲坛67次；开展集中宣讲123场次，其中党委委员宣讲20场次。广泛开展“党课开讲啦”和优秀党课展播活动，各级领导干部带头讲党课116次，展播精品党课9个。组织召开党史学习教育专题组织生活会，关党委带头开展谈心谈话36人次，各党支部谈心谈话631人次，查摆问题191条，制定整改措施133条，且已全部整改到位。三是扎扎实实办实事。深入开展走访调研，收集意见建议180余条；建立健全进展情况定期报送、动态清零机制，推动关区52项重点任务和132项重点民生项目按期高质量完成；建立健全“一企一策”“一员一档”帮扶机制，累计保障5,860头进境种猪安全入境、投产，帮扶货值908万元的活体鲟鱼出口，成功开通跨境电商“9610”“9710”“9810”业务，推动贵安综合保税区设立“1210”出口海外仓和跨境电商零售进口退货中心仓。推进“关银一KEY通”成功落地并覆盖省内9个地州（市），惠及新增企业277家。办实事成效被中央媒体、地方媒体和互联网平台累计报道101次，其中中欧班列顺利开行被《人民日报》等多家中央媒体报道，帮助“老干妈”维权入选总署“‘我为群众办实事’百佳项目”。四是奋楫笃行开新局。关区8个支部获评星级党支部，3个支部获评党建示范、培育品牌，选树先进基层党组织6个，支部建在执法一线科室的目标全面完成，党建工作成效获省直工委肯定，首次在贵阳海关召开工作推进会，关区模范机关创建实施方案被省直机关工委作为典型做法加以推广，关区高质量党建持续引领。持续推广应用“提前申报”“两步申报”等便捷通关模式，深化“多证合一”“注销便利化”等改革举措，积极开展税政调研，持续落实减税降费，推动实现跨境电商业务全模式基本覆盖，精准助力综合保税区进境粮食加工项目发展，为企业挽回105万美元滞港费及100余万元仓储费，高质量发展持续推进。继续支持遵义、铜仁航空口岸对外开放，加快推进智慧航空口岸建设，助推“智慧航空口岸”项目顺利参展数博会，持续优化“一局四中心”项目总体规划布局，全力服务“1+8”国家级开放创新平台和开发区优化提质，助力跨境电商、保税航油、国际邮件等新业务健康稳步增长，高水平开放稳步推进。成功保障贵州重要外事活动，顺利完成劳务包机入境航班卫生监管工作，助力164名劳务人员顺利归国，统筹推进“国门利剑”“断链刨根”“清邮”等专项行动，国门安全防线不断筑牢，高标准安全有效保障。

（撰稿单位：机关党委）

贵阳海关学习贯彻党的十九届六中全会精神

党的十九届六中全会召开以来，贵阳海关党委坚持把学习宣传贯彻党的十九届六中全会精神作为重大政治任务，精心安排部署，6次下发学习宣传贯彻全会精神通知，印发学习宣传贯彻党的十九届六中全会精神工作和宣讲方案，迅速掀起学习宣传贯彻全会精神热潮，有序推动全会精神在关区落地生根。

一是迅速组织全员“学”。第一时间组织党员干部通过手机、电脑、电视等途径集中和自行收听收看党的十九届六中全会精神新闻发布会现场直播，聚焦党的百年奋斗历史经验和重大成就，以及新时代的原创性思想、变革性实践、标志性成果等，全员撰写学习体会、认识及打算。关党委率先垂范，召开党委会传达学习全会精神，参加总署党委理论学习中心组（扩大）专题学习班，组织党委理论学习中心组专题学习会，开展集中学习研讨。各级党组织结合实际制订全会精神学习计划，列明学习内容、形式和进度安排，利用党委会、党委理论学习中心组、“三会一课”、主题党日等多种途径推进全会精神原原本本学，自主开展“晨读打卡”“我要上讲台”“班车课堂”“读书分享会”“党课微视频”等活动，全体党员参加学习贯彻党的十九届六中全会精神网上专题培训班，通过“学习强国”“钉钉”等平台线上线下结合深学细悟，利用内部网站、电子显示屏、展板等传统方式和微信微视频等新兴媒体，全面展现关区学习贯彻热潮。

二是精心安排浓厚“讲”。印发学习贯彻党的十九届六中全会和省委十二届十次全会精神宣讲工作方案，采取“学习收看宣讲报告、领导干部带头讲、宣讲团集中讲、多领域多形式宣讲”的宣讲方式，将全会精神传达至每名党员干部，实现全覆盖。党员干部通过“贵州新时代学习大讲堂”及省属新闻客户端等平台学习收看全会精神系列专题宣讲，党委书记、关长王松青以“坚持宝贵经验　汲取智慧力量　奋力谱写新时代海关建设新篇章”为主题，聚焦衷心拥护“两个确立”、忠诚践行“两个维护”以及学好用好“十个坚持”面向关区进行宣讲，关党委委员在所在支部和联系点，结合分管领域工作进行宣讲，各基层党组织书记、部门（单位）主要负责同志在本支部、本部门（单位）和本业务条线开展宣讲，关区52人的党史学习教育宣讲团深入机关、企业、基层一线、帮扶村等开展对象化、分众化、互动化宣讲，在关区形成广泛讲、全员学的浓厚氛围。据统计，全年共计开展全会精神宣讲91场次，覆盖1,189人次。

三是创新开展内外“联”。创新“三级联动学习机制”，形成党委委员围绕全会精神做交流发言，机关党支部书记和青年理论学习小组代表结合实际谈学习体会的党委理论学习中心组专题学习会议形式，切实提升学习效果。搭建“联动”平台，丰富学习渠道，每季度与省直机关青年开展联学联动活动，通过微信群等途径加强各理论学习小组的密切联系，促进经验交流和体会共享。与学习考评相“联”，关区10个青年理论学习小组把学习贯彻全会精神作为推进青年理论提升工程的重要任务，制订每月学习计划，通过读书班、课题制、座谈会等方式开展集中学习和专题研讨，组织赴党性教育基地等开展体验教学，推动学习成果转化为扎实开展志愿服务、“我为群众办实事”的生动实践，开展学习考评，选树学习标兵，营造比学竞学浓厚氛围。

四是结合实际扎实“做”。主动适应新时代新发展的需要，严格落实总署和地方党委工作要求，始终坚持“人民海关为人民”，把学习贯彻全会精神转化为推动当前各项工作的强大动力，同落实海关“十四五”规划重点任务、推动贵州省高质量发展、加强党的建设、增强组织创造力凝聚力战斗力紧密结合，切实用全会精神指导解决实际问题、推动中心工作，将学习成效落实到关区“我为群众办实事”实践活动中，巩固拓展党史学习教育成果，高质量完成“我为群众办实事”重点任务清单，重点项目清单按时“清零”，通过总署门户网站、“学习强国”、《贵州日报》、“金钥匙”、“海关发布”、“中国国门时报”和“贵阳海关发布”等平台全方位、多层次宣传关区学习教育、办实事的亮点成效，展现海关在统筹推进疫情防控和促进外贸稳增长、加强口岸监管和优化服务、筑牢国门安全和口岸检疫防线、禁止“洋垃圾”入境、打击象牙等濒危物种及其制品走私、助力乡村振兴、加强自身建设等方面的有效举措和积极贡献。

（撰稿单位：机关党委）

贵阳海关统筹口岸疫情防控

2021年，贵阳海关坚决贯彻习近平总书记关于疫情防控重要指示批示精神，把抓好口岸疫情防控作为拥护“两个确立”、做到“两个维护”的最根本政治要求，严格落实总署、省委省政府决策部署，围绕“两个齿轮”发力，坚持“两个导向”，坚守“外防输入”主阵地，严格落实“三查三排一转运”“7个100%”等卫生检疫措施，严格落实疫情防控一线人员封闭管理措施，毫不放松抓好口岸疫情防控工作。

一、强化制度建设，切实抓好口岸疫情防控工作

强化制度建设。根据总署《新型冠状病毒肺炎口岸防控技术方案（第八版）》《口岸新型冠状病毒肺炎卫生检疫操作指南（第五版）》，制订、更新《贵阳海关新型冠状病毒肺炎疫情应急处置方案》至第八版。根据《关于印发全国机场疫情防控工作方案的通知》，积极参与制订《贵阳龙洞堡国际机场疫情防控工作实施方案》，进一步明确海关工作边界，海关负责航空器、入境人员卫生检疫监管和终末消毒监管职责，航空公司实施终末消毒和效果评价。根据总署最新要求，完善贵阳龙洞堡国际机场口岸疫情防控工作方案，进一步优化口岸卫生检疫流程，将快速流调并入健康申明卡核验。根据《海关总署办公厅关于调整海关系统工作人员新冠肺炎病毒检测工作有关事项的通知》，动态调整关区工作人员核酸检测频次和力度。全年累计制订方案、指引、手册或办法14个，切实规范口岸疫情防控工作。

强化能力建设。根据总署技术方案、操作指南及相关文件的新要求，对关区卫生检疫业务条线开展流行病学调查、采样、安全防护监督、口岸终末消毒监管、个人防护装备穿脱、职业暴露、人员晕厥等重点内容新知识、新要求培训和演练，不断提高防控能力。全年累计开展培训17次、应急演练9次，培训及演练人数近700人次。关区21人参加省卫健委、省临床检验中心组织的病原微生物实验室生物安全培训，并取得病原微生物实验室生物安全岗位培训证书。

强化联防联控。与省卫健委签订《协

同做好新冠肺炎病毒基因组测序工作协议》《防止疟疾再传播联防联控工作机制》，切实做好口岸入境人员变异病毒检测及贵州省输入性疟疾联防联控工作。在地方卫健部门的支持下，办理样本准运证到期续展手续。由分管关领导带队参加省联防联控机制组织的全省疫苗接种督查和黔西南州疫情防控督查工作。积极向地方政府争取到口岸采样人员、工作人员封闭管理场所及消毒经费支持，派员参与省疫情防控社会防控组工作。每日向省疫情防控社会防控组报送全球传染病疫情信息速报，强化信息互通，合力抗击疫情。

强化消毒监督。严格落实国务院联防联控机制《关于印发入境客运航空器消毒工作方案的通知》及总署《入境客运航空器新冠肺炎疫情终末消毒监督作业指南（第一版）》《入境客运航空器固液体废弃物处理监督作业指南（试行）》等规定，制定关区入境航空器固液体废弃物处理现场监督流程、入境航空器终末消毒监督流程，细化终末消毒监督流程，进一步规范入境客运航空器和固液体废弃物处理终末消毒监督。

强化自查督查。严格落实《海关总署办公厅关于加强新冠肺炎疫情防控工作人员安全防护常态化自查督查工作的通知》要求，制订《贵阳海关疫情防控工作人员安全防控常态化自查督查工作方案》，成立贵阳海关疫情防控安全防护“挑毛病”专家组，建立二级监控指挥中心视频检查排班机制，开展每天视频检查、每月一自查、每季度一督查。全年共发布检查通报6期，开展“四不两直”检查4次、季度督查4次，及时通报检查情况，督促问题整改，切实防范和化解安全防护风险。

强化封闭管理。坚持党建引领，在包机检疫监管工作中，成立临时党支部强化集中封闭管理。成立封闭管理工作专班，制订工作方案，结合包机监管情况，进一步细化制定11个集中封闭管理场所管理制度，严格执行“地方统筹管理+海关日常管理”，做到底数清晰、心中有数。加强制度落实，严格封闭管理场所管理，坚决做到“四必须”“五件套”“六个不”；严格台账管理，加强新冠病毒核酸检测等重要信息登记；严格实行工作地点到集中封闭管理场所“两点一线”；严格新冠病毒核酸检测，在岗期间1天1检，离岗集中封闭管理期间前7日每天1检，并在最后一天检测1次。强化关心关爱，不定期做好沟通、心理疏导以及线上座谈等活动，分管关领导代表关党委到酒店慰问2批次共38名解除封闭管理人员。

强化风险研判。围绕关区2021年承担的外事包机航线特点，紧密跟踪境内外疫情发展态势，开展新冠肺炎疫情专题风险评估工作并形成评估报告。开展贵阳龙洞堡机场、遵义新舟机场及铜仁凤凰机场3个航空口岸传染病风险监测研判并形成评估报告，为科学防控、分类管控提供依据。及时转发防止变异新冠病毒及周边国家新冠肺炎疫情防控警示通报，有针对性地做好疫情防控。及时转发防止黄热病、埃博拉病毒病、中东呼吸综合征、拉沙热、鼠疫等疫情传入我国的警示通报12个，严防疫情叠加。每日撰写《大洋洲境外疫情研判评估报告》上报总署，累计报送365篇。

强化“多病同防”及健康宣教。认真做好防止疟疾输入再传播工作。落实保健中心首诊负责制，对符合条件人员开展疟疾病原学检测；开展输入性疟疾回溯性流行病学调查工作，主动对接贵州省疾控中心获取有关数据上报总署。进一步加强口岸健康宣教。组织开展肺结核、疟疾、艾滋病等传染病健康宣教活动以及《中华人民共和国国境卫生检疫法》《中华人民共和国生物安全法》普法活动，制作的口岸疟疾科普短视频被总署“海关发布”采用，并在全国疟疾日当天播出；制作的2个艾滋病科普短视频被总署“中国海关杂志”和“筑牢口岸检疫防线”采用。

强化实验室能力保障。制定《新冠病毒样本溢洒应急预案》《医疗废物管理制度》及《实验室新冠病毒核酸检测生物安全操作规程》等规章制度，进一步细化各项工作流程、岗位安全防护工作要求，确保安全防护管理无死角。强化实验室医疗废弃物处置监管，将医疗废弃物处置监管工作与省服务高质量发展目标绩效考核工作同研究、同部署、同落实，强化业务培训和应急处置演练，严格督导检查，全年开展2次督导检查，检查发现问题均已整改，有效降低实验室生物安全风险。强化技术保障，圆满完成重要外事活动外交人员、归国劳务人员等新冠病毒核酸检测工作，所有检测结果与省疾控中心实验室比对一致，为口岸卫生检疫工作提供有力的技术支撑。

强化高风险非冷链集装箱货物监管。协同推进口岸环节非冷链集装箱货物新冠病毒的核酸检测和预防性消毒工作。印发关区进口高风险非冷链集装箱货物口岸环节新冠病毒检测和预防性消毒实施方案，有效指导关区开展有关工作。每日向省市场监管局报送关区申报进口的非冷链集装箱货物有关数据，协助地方政府开展工作。

二、严格落实“外防输入”要求，全力以赴做好包机检疫监管工作

圆满完成重要外事保障，有效服务外交工作大局。充分认识“主场外交”的重要意义，在重要外事保障工作中，严格落实总署口岸监管司、卫生检疫司要求，制订外事包机卫生检疫工作方案，科学合理安排现场检疫流程，细化防控流程，实施闭环管控。多措并举抓好口岸疫情防控的各个环节，围绕强化前期准备、强化现场保障、强化联防联控，开展疫情风险研判，做好“三查三排一转运”，协调、督促贵州机场集团设置专用区域，创新实施健康申报查验、二次体温筛查和流行病学

排查“三岗合一”模式，与省卫健委建立“分样同步核酸检测”工作机制，免除阳性结果检出后的复核流程，压缩检疫时长，确保结果及时精准。积极参与总体防控方案制订，邀请省疾控专家到现场指导，优化配置现场流程，并与省卫健委、外事办多次召开现场协调会，明确任务分工及入境人员后续管理。整个保障工作“通得快”“检得准”“零感染”，既全力促成外事活动顺利举行，更圆满实现守卫国门的海关职责，充分展现海关人高度负责的精神风貌、甘于奉献的海关精神，彰显海关人的无畏担当。

顺利完成劳务包机检疫监管，助力“一廊两站”疫情防控模式取得阶段性成效。成立劳务包机监管工作领导小组，召开6次关指挥部会议研究部署，制订工作方案，细化13项工作任务，设立9个工作小组。成立临时党支部和卫生检疫工作党员突击队，举行授旗仪式，充分发挥党员先锋模范作用和支部战斗堡垒作用，举全关之力保障监管工作。严格执行风控指令，开展航空器登临检疫查验，完成航空器及其固液体废弃物终末消毒监管；严格口岸卫生检疫，完成旅客“三查三排一转运”工作，新冠病毒核酸检测结果均为阴性，全部移交地方后续处置；严格信息报送，梳理汇总24项报送材料，明确各部门职责，坚决避免迟报、漏报、错报；严格安全防护检查，成立“联合视频检查工作组”全程监督检查。全面总结包机监管工作经验并形成纪实材料，为进一步做好口岸卫生检疫工作提供指导，切实提升疫情应对能力。监管工作准备充分，全程组织严密、流程顺畅、秩序井然，有效落实省委、省政府“绝不带回一例阳性病例”的要求，获得社会各方一致好评，为我国采取“一廊两站”疫情防控模式接回境外滞留人员贡献了贵州方案。

（撰稿单位：卫检处）

贵阳海关促进外贸稳增长工作

2021年，贵阳海关持续优化跨境贸易营商环境，出台《贵阳海关支持2021年贵州内陆开放型经济试验区建设工作措施》，成立支持内陆开放型经济建设、支持贵州物流通道建设等多个专项工作小组，积极促进外贸稳增长，全力助推贵州开放型经济高质量发展。

贸易便利化水平持续提升。持续优化跨境贸易营商环境，巩固压缩关区整体通关时间，2021年贵阳海关进、出口货物整体通关时间分别为9.62小时、0.56小时，大幅低于全国平均水平，较2017年分别压缩89.16%、92.88%；“提前申报”“两步申报”应用率稳步提升，分别为66.36%、42.91%。

助推外贸新业态蓬勃发展。推动贵州省首单跨境电商“9610”“9710”“9810”模式相继开通，跨境电商业务出口模式全部落地；印发《贵阳海关跨境电子商务零售进口退货中心仓监管方案》，推动贵安综合保税区、贵阳综合保税区退货中心仓模式落地；开展打击跨境电商进口走私“断链刨根”专项行动，促进跨境电商产业健康有序发展。保障贵州首列直达中欧班列运行，首次实现国际航线保税航油加注，保税航油业务不断发展。全年跨境电商方式进出口近30亿元，同比增长超过30%。其中，跨境电商B2B直接出口（“9710”）21.3亿元，跨境贸易电子商务（“9610”）出口8.4亿元，保税电商（“1210”）出口640.2万元，跨境电商出口海外仓（“9810”）出口57.6万元。

大力促进重点产业增长。积极服务贵州12个农业特色产业和10大工业产业健康发展，全力支持鲟鱼产业发展，新增企业备案5家，出口鲟鱼货值达780万元。制定《促进贵州茶叶扩大出口工作措施》《茶叶出口操作指南》，方便企业了解茶叶出口海关业务办理流程。梳理进出口鲜活产品目录清单，优化鲜活产品检验检疫流程，推动贵州省特色农副产品、鲜活产品扩大出口。出台支持综合保税区进境粮食加工15条政策，主动解决企业资质和粮食调运等困难，全年调运监管进境粮食44.8万吨，相关工作获评2021年度贵州省综合考核服务高质量发展改革创新项目。成立专班推动贵州轮胎股份有限公司完善加工贸易管理，年内完成系统改造。全年贵州省出口肥料65.7亿元，出口农产品49.6亿元，出口橡胶轮胎15.6亿元，出口吉他2.6亿元。

加速推动综合保税区高质量发展。牵头组织省有关部门完成贵安、贵阳综合保税区围网整改项目验收。制订保税维修、再制造监管方案，支持维修企业拓展保税检测业务，推动业务健康合规发展。全年贵阳、贵安、遵义3个综合保税区进出口合计114.69亿元，同比增长54.4%，占同期贵州省进出口总值的17.5%。

强化正面监管成效显著。严厉打击“洋垃圾”、象牙等濒危野生动植物及其制品走私，首次在保税维修业态查发固体废物。全力维护中国共产党成立100周年良好政治生态环境，查获政治反宣品、毒品、濒危物种等情事279批次，同比增长1.5倍。查获阿迪达斯、BOSS等多个知名品牌侵权商品298件。

服务决策深化海关影响。贵阳海关成为全省开放型经济发展大会3家受邀发言单位之一，在积极为全省开放发展出谋划策的同时，有力展现海关主动服务发展的良好形象。聚焦热点、抢抓机遇，“RCEP对贵州外贸产业影响分析研究”在2021年度贵州省委全面深化改革重大调研课题评选中获得三等奖。

（撰稿单位：综合一处）

贵阳海关打击走私重点专项工作

2021年，贵阳海关坚决贯彻习近平总书记关于打私工作重要指示批示精神，闻令而动，听令而行，把握缉私工作新常态，认真履行职责使命，坚决防范化解区域性、系统性走私风险，推动关区缉私工作实现新发展、彰显新作为，为促进贵州经济高质量发展做出积极贡献。

专项打击精准有效。紧盯“水客”走私、离岛免税“套代购”走私、象牙等濒危动植物及其制品走私、“洋垃圾”走私，以及重点涉税商品、枪支、毒品走私等工作重点，深入开展打击走私“国门利剑2021”联合专项行动，精准打击，关区走私态势平稳可控。联合贵州省林业局、国家林草局驻贵阳专员办联合开展“世界野生动植物日”主题系列宣传活动；牢固树立“宣传也是打私”的理念，充分运用《人民日报》、贵州电视台等中央、省级新闻媒体以及“缉私警苑”“中国反走私”等官方微信公众号，做好正面宣传报道，营造良好社会氛围，全年打私宣传65篇；贵州省领导在上报的关于打击手机、水果走私及阶段性打私情况等报告上予以批示，突出反映了缉私工作成绩，有力提升了打私影响力。

全员打私推动有力。坚决执行打击走私“1+6”文件分解落实机制，积极投身反走私协同战，共同守牢打私阵地。缉私部门密切与海关各业务环节和地方公安部门的联系配合，强化联动与信息共享，拓展合作空间与深度，积极探索联合研判、联合防控、联合打击的方式方法，并注重经验做法的梳理总结，在线索查发、现场查缉、专业支撑等各环节各方面固化为实用性制度，深入推进贵阳海关“防控—监管—打私”三位一体风险研判联合工作机制，提升重点商品、重点渠道的预警研判和分析查发能力，实现缉私、风险、统计、监管、稽查职能资源整合，在强化海关监管的同时形成共同打击走私违法犯罪活动的合力；海关一线监管、后续管理、打击走私三支力量的联系配合更加紧密，三线联动、立体防控的机制进一步完善，监管打私效能不断提升。

缉私改革推陈出新。推进“智慧缉私”，案管中心、指挥中心、情报中心建设日臻成熟，“四梁八柱”基本搭建成型，争取总署、地方公安部门予以技术赋能，拓展信息渠道，探索大数据应用，新办案中心主体修建完成；主办侦查员办案模式作用明显；集中优势警力、专案专办已成常态；缉私装备保障能力显著提高。

综合治理持续深化。督促地方政府落实打私主体责任，调整地方打私办成员单位，推动地、州增设打私机构，争取反走私经费保障，进一步深化与地方党政、执法部门以及战区、兄弟海关的协作配合，多维度协作，互联互通，联合行动，精准打击，强化年度考核，督促整改提高，反走私宣传深入人心，综合治理格局更趋合理。

打私能力不断提高。缉私部门扎实开展党史学习教育和队伍教育整顿，提振队伍精气神，焕发打私新动能；认真践行习近平总书记“四句话、十六字”总要求，坚持政治建警、改革强警、科技兴警、从严治警，大力推进党风廉政、思想政治、纪律作风、警务训练、职业保障、文化培育、品牌创建等工作，为打私工作提供强有力的政治、组织保障。面对繁重艰巨的打私工作和复杂多变的新冠肺炎疫情，全体缉私民警、辅警不忘初心、牢记使命，崇尚荣誉、敢打敢拼、连续作战，取得了打私抗疫双胜利；面对复杂的执法环境，经得起诱惑，坚守定力、严格执法，保持了坚守国门、廉洁奉公的纯正本色。强化专业化培训，提高办案质量，突出问题导向，解决执法难题，执法规范化水平和打私专业能力不断提升。

（撰稿单位：缉私局）

贵阳海关开展国门生物安全与食品安全行动

2021 年，贵阳海关加快推动进出口国门生物安全和食品安全高水平治理，持续推进“五关”建设，年度工作取得全面进步和显著成效。

一、基本情况

2021 年，贵阳海关新增出境动植物及其产品生产加工存放企业 20 家、进出境检疫处理单位 1 家、进境粮食加工企业 21 家、进口粮食储备库 4 家。

二、坚决贯彻落实重大决策部署

认真贯彻落实中央农村工作会议、全国海关工作会议、全国海关全面从严治党工作会议要求，制定《贵阳海关贯彻落实中央农村工作会议精神工作措施》《2021 年贵阳海关进出口食品安全工作要点》《2021 年贵阳海关动植物检疫工作要点》，坚决筑牢口岸检疫防线，扎实做好进口冷链农产品和高风险非冷链集装箱农产品口岸新冠肺炎疫情防控工作，结合贵阳海关业务实际，提出常态化疫情防控、配合总署开展进口食品境外生产企业注册、支持外贸创新发展、开展规章制度宣贯、实施监督抽检和风险监测计划，以及加强舆论引导、实验室能力和专业人才队伍建设等 27 项重点工作目标，持续推进“五关”建设，不断完善海关动植物检疫制度体系，提升治理能力。

三、口岸外来入侵物种防控成效明显

一是印发《贵阳海关进一步加强外来入侵物种口岸防控工作实施方案》，细化 7 个方面、16 项防控措施要求，建立“贵阳海关外来入侵物种防控技术工作组”，加强同风控及现场监管部门协调配合，定期组织专题研讨，全年通过非贸渠道截获外来物种 21 批次。二是组织开展进出境疫情信息、动物疫病和植物有害生物监测，在全省 180 个监测点开展实蝇监测，诱捕实蝇样本 3 万余头，全年开展外来有害杂草监测 13 次，未监测到检疫性实蝇和杂草。三是不断完善联防联控机制，联合地方农业农村、林业等部门印发《关于进一步加强松材线虫病疫情防控工作的通知》《关于切实加强红火蚁阻截防控工作的通知》，组织开展红火蚁阻截防控联合演练，联防联控机制进一步完善。四是组织开展打击非法引进外来物种和种子苗木“国门绿盾2021”行动，严厉打击非法寄递种子苗木行为，全年通过国际邮件渠道累计截获种子苗木18批次。

四、严格落实进口冷链食品口岸疫情防控工作措施

一是强化组织领导。组织召开专题研究部署会议11次，成立关区进口商品风险监测工作组，承担严防新冠肺炎疫情通过进口冷链食品传入相关工作，建立关领导、处长、科长三级值班值守制度。二是严格规范操作程序。按照总署最新要求，及时修订《贵阳海关进口商品风险监测工作方案》《贵阳海关进口冷链食品口岸预防性消毒实施方案》《贵阳海关进口冷链及进口高风险非冷链食品（农产品）新型冠状病毒采样、查验和处置等操作指引》《贵阳海关严防新型冠状病毒污染进口冷链食品和农产品输入应急处置预案》等文件，对进口冷链食品风险监测所涉及的个人防护、采样、送样、实验室样品处理和检测、结果复核上报、预防性消毒等各环节操作进行规范，确保全流程全链条规范标准。三是组织培训演练。在全关范围组织开展个人防护、采样送样和预防性消毒等理论培训3次、现场实操培训3次，并进行岗前培训考核，开展进口冷链食品及包装新冠病毒检测采样作业应急演练2次。四是加强联防联控。加强同地方疫情防控相关部门协同配合，建立沟通协调机制，共同推进做好进口冷链食品新冠肺炎疫情防控工作。五是实行封闭管理。按照总署关于做好进口冷链食品安全监管工作人员封闭管理的相关要求，制订《贵阳海关进口冷链食品安全监管工作人员封闭管理方案》，明确管理模式、人员范围、监测要求等事项，进一步强化内部防控。六是组织开展督查检查。对照总署在新冠肺炎疫情防控专项督查检查中发现的问题清单，组织开展进口冷链食品新冠肺炎疫情防控工作专项自查，联合相关部门赴隶属海关开展督查检查8次，对发现的问题及时进行整改。

（撰稿单位：动植食处）

贵阳海关定点帮扶及推动乡村振兴工作

2021年，贵阳海关坚决贯彻落实习近平总书记视察贵州重要讲话精神，锚定“五大振兴”目标，严格落实“四个不摘”要求，坚持“一人驻村、全关帮扶”理念，择优选派2名党员干部担任贵州省绥阳县狮山村和茅家铺村新驻村第一书记，在工作中坚持严管厚爱，强化资金保障，注重精准施策，在关区内凝聚起巩固拓展脱贫攻坚成果强大动力，推动乡村振兴定点帮扶工作开新局、起好步。

一、坚持不懈抓好农村组织建设，建强基层凝聚民心

加强支部联建，以“走进农村党建，助力乡村振兴”为主题，13个党支部赴帮扶村开展党建帮扶活动21次，指派优秀党员代表到村给联系村党员讲党课，指导落实“三会一课”、谈心谈话、民主评议党员等组织生活制度，帮助推动联系村党支部标准化规范化建设。强化政策宣讲，与村支部共同学习习近平新时代中国特色社会主义思想和习近平总书记对“三农”工作的重要指示精神；为茅家铺村购买农村宣传设备，通过广播车定期向群众宣传讲解中央各项决策部署，打通政策落地的“最后一公里”。推动“我为群众办实事”下沉一线，党员干部个人累计捐款8,000元，走访慰问困难群众11人次，帮助解决问题23个，不断坚定党员干部扎实学党史和为民服务的初心使命，让党史学习教育充满泥土气息和民生温度。

二、因地制宜抓好富民强农，帮助群众增收创收

发挥海关职能优势深入开展外贸调研，在供港蔬菜基地备案审核、技术贸易措施等方面给予针对性指导，免费提供食品检验检测技术支持，协助开展10个供港蔬菜基地建设项目。帮助解决帮扶村产业层次低下、薄弱的现实问题，协调省产业化专家团因地制宜为帮扶村发展产业出谋划策，捐赠8万元资金帮助解决产业项目启动资金短缺的问题，在茅家铺村推行“农户+村集体+公司”模式种植五指葱

29.8亩，预计每亩收益24,000元，农户全年收益30余万元，村集体全年收益9万元以上。积极做好产销对接，协调绥阳县本土企业与黔东南苗族侗族自治州（以下简称“黔东南州”）企业签订价值3,200万元的冷冻红辣椒购销合同，举办“响应帮扶号召，助力黔货出山”展销会，动员工会会员踊跃购买当地特色农产品。帮助群众就地就近就业，联系遵义综合保税区3家企业到村进行专场招聘，23名群众现场签订就业意向书。

三、发挥优势抓牢教育帮扶，激活农村发展内生动力

投入2万元教育帮扶经费，为茅家铺村小学56名小学生购置爱心过冬校服和学习文具。加强与省红十字会的联系沟通，协调争取2批运动服饰类帮扶物资，按计划有序捐赠到2个联系帮扶村。成立海关支教团，每周轮流到村小学开展英语、音乐、体育等学科义务支教，鼓励当地学生奋发图强、立志成才、建设家乡。启动“关爱天使　筑梦远航”爱心助学公益工程，9个党支部、3名党员自发捐献爱心善款帮助11名困难学生圆梦学业，与受资助学生建立经常性联系帮扶机制，全方位传递海关温暖。

四、群策群力抓好文明乡村建设，提升农村发展软实力

加强农村基础设施建设，投入18万元基础设施建设帮扶资金，帮助修缮便民步行道2.1千米，修理沟渠18处。协调爱心企业向绥阳县捐赠1,000台光伏太阳能灯，安装使用覆盖绥阳县所有行政村，有力补齐农村基础设施建设短板。推进美丽乡村建设，实施“提升乡村人居环境、推进美丽乡村建设”计划，带动群众积极参与村庄清洁和绿化行动，制作乡风文明宣传标牌20个，新建垃圾堆放点34处。加大文明乡村创建力度，开展民风民俗宣讲2次，印发宣传绘本800册，与帮扶村党员群众共同观看农村移风易俗宣传片，帮助推动形成文明乡风、良好家风、淳朴民风。

五、持续深入抓好海关技术帮扶，提升群众生活水平

发挥海关实验室资源优势，为帮扶村免费检测生活饮用水、食用百合、蜂蜜等样品相关指标，对检测结果中不符合国家安全标准的及时反馈并提出处理建议。深入开展“技术服务送下乡　助农兴农促发展”系列培训活动，指派专业技术骨干到村指导村民规范合理使用农兽药、化肥，为群众讲解当地特色农产品种植、蜂蜜养殖技巧。开展“先锋黔老　雁归兴村”志愿服务活动，邀请退休兽医专家为生病的猪牛进行诊治，连续举办2场牲畜常见病防护诊治培训会，免费向村民发放价值1万元的牲畜常见病诊治药物，帮助村民挽回经济损失30万元。

（撰稿单位：机关党委）

第三篇

政治建设

党建工作

【概况】2021 年，贵阳海关各级党组织以习近平新时代中国特色社会主义思想为指导，坚决贯彻党中央决策部署，认真落实总署党委、贵州省委工作要求，牢记政治机关属性，把握政治工作要求，深化政治机关和清廉海关建设，全面从严治党、党风廉政建设和反腐败工作取得新成效。

【思想文化宣传】2021 年，贵阳海关坚持把学习贯彻习近平总书记重要指示批示精神作为关区的首要政治任务，固化为党委会、形势分析例会和党委中心组学习“第一议题”，第一时间学习研究，定期督办问效。全年组织党委理论学习中心组学习 11 次、集中研讨 5 次，关党委委员讲授专题党课 8 人次。专题学习贯彻党的十九届六中全会和省委十二届十次全会精神，机关党委组织政治理论学习 13 次，指导各党支部集中学习 350 余次，各青年理论学习小组开展学习 100 余次，着力构建“关党委领学、党支部研学、青年理论小组促学、党员干部自学”的“四学”机制。抓好中国共产党成立 100 周年庆祝活动，扎实开展党史学习教育，将“牢记殷切嘱托、忠诚干净担当、喜迎建党百年”专题教育作为重要自选动作，印发工作方案 7 个，明确 3 个阶段 54 项重点工作，精心组建宣讲队伍，开展形式多样的学习宣传活动；组织海关西南文化协作区党史知识竞赛和红色故事汇展演，为 14 名老党员颁发“光荣在党 50 年”纪念章。扎实开展“我为群众办实事”主题实践活动，高质量完成 132 项重点民生项目，让人民群众从海关工作中体会到更多的获得感和安全感。持续巩固全国文明单位创建成果，不断深化爱国主义教育、中国梦宣传教育及公民道德建设，教育引导干部职工履职尽责、担当奉献。把培育选树先进典型作为践行社会主义核心价值观的重要抓手，大力推荐在疫情防控、复工复产、精神文明创建、脱贫攻坚、志愿服务等工作中涌现出的先进典型。将《新时代公民道德建设实施纲要》纳入政治理论学习，定期开展道德讲堂，采取制作道德书签、组织诵唱道德歌曲、学习传统礼仪知识等丰富多彩的文化形式，把思想道德建设的内容项目化、实践化，在潜移默化中不断提升干部职工文明素质，锻造海关人良好理想信念。在端午、中秋、重阳等传统节日开展“我们的节日”系列纪念活动。依托贵阳海关读书会，在4—5月启动读书月活动。分批分条线开展岗位练兵，搭建文体活动平台，成立篮球、网球、摄影等12个文体协会，修建健身房、瑜伽室、网球场、足球场、篮球场、羽毛球场等体育场地；在“三创三树”和“文明在行动，满意在贵州”活动中，先后有8名同志获评“文明标兵”称号，4个集体获评“文明窗口（处室）”称号。

【基层组织建设】 2021年，贵阳海关坚持围绕中心、建设队伍、服务群众，不断深化“强基提质工程”。坚持以党的政治建设为引领，把落实“两个维护”要求贯穿到抓基层党建的各方面、全过程。以三级党组织责任清单为抓手，积极争创“四强”党支部、争评星级支部、争当示范品牌。对126名党务工作者进行党建专题培训，为33名党支部书记颁发上岗证，指导执法一线科室成立14个新党支部，基层党建进一步夯实。3个党支部获评全国海关党建示范、培育品牌，1个党支部获评省直机关星级示范党支部，1名同志获评“全省优秀共产党员”，1名同志获评省直机关“优秀党务工作者”，3个单位、7名同志分别获评省直机关“文明窗口”“文明标兵”称号。党委班子全体成员示范带领各党支部深入开展乡村振兴“双联双促”活动21次，捐助帮扶物资9批次，捐助40万元帮扶资金发展特色产业。

组织支部书记述职，进一步传导压力，整顿后进支部，强化指导、提升中间支部，深化拓展、增加先进支部，一体推进基层党建工作由“努力建好”向“全面建强”迈进。有效发挥党建引领作用，组建党员先锋突击队，成立临时党支部，圆满完成外事包机、劳务包机检疫监管任务，顺利完成贵州省委改革重大调研课题等重点任务。制定《贵阳海关2021—2023年全国文明单位巩固工作规划》，进一步完善巩固体系，加强分类指导、重点培育，组织3个督导组深入关区各部门各单位开展专项指导检查，进一步夯实基础、补足短板、深化提升。

▲2021年11月2日，包机临时党支部授旗仪式（陈健　摄）

【党风廉政工作】 2021年，贵阳海关坚决扛起“两个责任”，以强化党委自身建设为发力点，制定“三重一大”决策制度实施办法，健全“四责协同”机制，推动关区从严管党治党责任贯通联动、一体落实。把加强对关区“一把手”和各级领导班子监督作为重要政治任务抓紧抓实，细化监督清单39项，层层压实责任。坚持带着问题检查、带着目的督导，对各级领导班子全面从严治党制度执行情况开展“大检查”，聚焦责任落实、日常监督等4类13项重点内容，既查基础工作完成情况，也看主责领导如何推动工作，既指出具体问题，也发掘和推广好的经验做法，推动从严治党各项工作落实到位。严格干部政治监督，深入治理违规兼职等问题。严格落实领导干部有关事项报告等制度，扎实开展个人有关事项报告随机抽查及重点查核，加强领导干部配偶、子女及其配偶从业行为检查力度。

扎实开展警示教育月活动，聚焦领导班子讲责任、“关键少数”讲规矩、党员干部讲“底线”，关党委委员下沉至分管部门、基层一线开展“面对面”廉政宣讲27次，各级党组织开展廉政主题党日活动52次，推动警示教育进机关、进基层、进支部。全覆盖开展政治家访，组织“基层书记谈责任”视频访谈。坚持以案释纪，在关区党风廉政建设工作会议上通报“身边事”，在“廉政警示教育”专栏发布违法违纪典型案例，通过正面引导和反面警示树立鲜明导向、划定行为底线，在关区营造出见贤思齐、敬畏纪法的良好氛围。全年对关区各级“一把手”和领导班子成员开展约谈20余人次；狠抓疫情防控常态化监督，发现问题97个并督促完成整改；开展关区“现场监管与外勤执法权力寻租”专项整治工作，查找廉政风险点47个；全年下发监督建议书7份、监督提醒函13份，上报监督分析报告12篇。

【群团工作】2021年，贵阳海关工会以“三八”妇女节、“五四”青年节、世界读书日、端午节等重要节日为抓手，充分调动全体干部职工的积极性和参与性，营造爱国、好学、互助的人文氛围。“三八”妇女节，为女干部职工送上鲜花，体现人文关怀；“五四”青年节，带领长期帮扶的振华小学师生到省档案馆联合开展党史学习教育活动，弘扬建党精神，传承红色基因；世界读书日，开展“我是海关朗读者”线上读书分享活动，营造人人讲、人人学的学习氛围；端午节，开展“永远跟党走——粽情黔关、众飨端午”活动，聚焦传统节日，厚植家国情怀。在干部职工结婚、生育、住院、退休等重要节点及时开展慰问工作，体现党委的关心关怀关爱。组织开展观影学党史活动，通过观影深刻领悟伟大建党精神。举办“‘共奋进·健康行’，喜迎建党100周年”健步走活动，共256名干部职工参加此次活动。经省直机关女工委批准，召开贵阳海关第一届妇女代表大会，选举产生第一届妇女委员会，为充分发挥联系女职工的桥梁、纽带作用和展现妇女职工“半边天”的智慧力量打下坚实基础。

团工委在关区成立10个青年理论学习小组，以习近平新时代中国特色社会主义思想、“四史”宣传教育、海关改革发展和促进贵州开放型经济发展相关知识为主要内容，通过每月部署1次集中或自学活动、每季度组织开展1次实践或研讨活动的方式，进一步加强贵阳海关青年理论武装，全面提升关区干部职工理论学习质量，强化群团组织政治性，切实引导广大干部职工听党话、感党恩、跟党走。持续深化“关爱天使”志愿服务品牌，先后开展“关爱天使、真情六一”“关爱花朵、青春向党”“青春追梦者、点亮微心愿”等志愿服务活动，积极组织关区志愿者融入文明城市创建工作。10月30日，贵阳海关学雷锋志愿者服务队被团省委、省文明办、省民政厅评为“2018—2020年度贵州省优秀志愿服务组织”，刘伟同志获评“全国优秀共青团干部”，张冰雪同志获评“贵州省优秀志愿者”。

▲2021年4月28日，贵阳海关志愿者参加“青春向党·奋斗强国”主题团日活动，向同学捐赠旱冰鞋（曾玲珑　摄）

（撰稿单位：机关党委）

准军事化纪律部队建设

【内务管理】2021年，贵阳海关强化内务规范管理，常态化开展视频监控检查，坚持抓在日常、严在经常，着力打造精神振奋的关容关貌，锤炼令行禁止的过硬作风。聚焦个人防护、作业规范、着装仪容等7个重点方面，开展内务检查、实地督查和联合视频检查，通报存在问题，责令立行立改。突出业务实训，强化应急演练，抓好岗位练兵，充分展现关区广大关警员勤学苦练、奋勇争先的精神风貌，营造“比学赶超”良好氛围。

▲2021年4月12日，贵阳海关开展队列训练（李韬 摄）

【作风养成】2021年，贵阳海关持续优化行风政风，用好12360服务热线，及时回应社会关切，主动接受群众监督，开辟“我为群众办实事”宣讲专栏，积极为企业解决问题，取消2项行政审批事项，进一步深化“放管服”改革。组织关区特邀监督员开展现场监督，提出的5个方面意见建议全部落实到位。严格上交礼品礼金登记管理，扎实开展外出执法廉政监督抽查，海关政务服务“好差评”系统主动评价率大幅提升。深入推进节约型机关建设，厉行勤俭节约、反对餐饮浪费的意识深入人心；开展形式主义官僚主义问题专项整治，统筹规范基层报送数据材料，优化督办检查调研方式，保持对精文简会的刚性约束。

【制度执行】2021年，贵阳海关推进源头治理，常态化开展制度“废改立”，全年制修订制度20项。建立健全重点任务落实机制，及时将上级决策部署、工作任务分解到部门、落实到岗位、量化到个人，层层传导抓落实的压力。健全完善工作督办机制，强化跟踪督促检查，不断增强干部职工时限意识，提高工作效能。统筹推进巡察监督、纪律监督、干部监督、派驻监督、审计监督以及巡回指导等贯通衔接，各类监督向“一把手”和领导班子聚焦、向“关键少数”和一线岗位聚焦、向非执法领域和事业单位改革聚焦，逐步形成齐抓共管的监督合力。加强正向激励，制定落实关心关爱抗疫一线人员20条措施，聘请专业心理服务机构为干部职工提供心理咨询辅导服务，有效解决干部职工身心健康方面存在的问题，持续提升队伍凝聚力和战斗力。

（撰稿单位：机关党委）

巡视巡察

【概况】2021年，贵阳海关党委深入学习贯彻习近平总书记关于巡视工作重要论述和党中央关于巡视巡察工作新精神新部署，认真落实全国海关巡察工作推进会议精神，紧密结合党史学习教育，学党史、悟思想、办实事、开新局，坚持把高质量开展政治巡察工作作为落实全面从严治党主体责任的重要抓手，提高政治站位，围绕“三个聚焦”，加强自身建设，扎实抓好巡察工作，推进巡察监督全覆盖，充分发挥巡察利剑作用。

【巡视整改工作】2021年1月26日，广州分署党委召开巡视整改工作视频会议，听取了贵阳海关党委巡视整改工作情况专题汇报，要求贵阳海关在转入中长期整改阶段后，进一步建立健全整改长效机制，确立中长期整改事项，持续推进巡视整改常态化、长效化。2月，贵阳海关党委从管根本、利长远、重实效角度出发，在前期制定立行立改措施解决具体问题的基础上，确立4个方面10大项26小项中长期整改措施，进一步细化任务台账，通过建立“一措施一台账”持续抓好中长期整改工作。通过整改，涉及落实强化监管要求、健全准军事化纪律部队建设管理机制、强化监督执纪问责力度、持续推进党建工作高质量发展、规范完善选人用人工作机制、探索建立巡视整改“四个融入”机制、持续巩固形式主义和官僚主义专项整治成果等7大项共11小项中期整改事项已全部整改完成，涉及9大项共15小项长期整改事项正在推进并将长期坚持。

【巡察工作】2021年，贵阳海关坚守巡察定位，落实政治巡察要求。按照中央要求，深入贯彻巡视工作方针，认真落实总署党委工作部署，围绕“三个聚焦”开展监督，精准落实政治巡察要求，始终把着力点放在“两个维护”的实际行动和具体工作中，确保“十四五”规划实施、落实常态化疫情防控、打击“洋垃圾”走私入境、打击象牙等濒危动植物及其制品走私、优化口岸营商环境、推动外贸高质量发展等各项重点工作落实到位。进一步完善配合巡视工作制度和关区巡察工作制度体系，围绕总署党委提出的重点任务，一体推进巡察工作和巡视整改落实。坚持把巡视巡察上下联动融入日常工作、融入深化改革、融入全面从严治党、融入班子队伍建设，着力用好巡视巡察成果。

深化制度建设，压实巡察主体责任。制订《关于强化巡视巡察上下联动的实施方案》，编写《贵阳海关巡察监督工作手册》等巡察工作指引；印发《中共贵阳海关委员会2021年度巡察工作要点》，高质量推进关区巡察工作。组织对巡视巡察队伍库的干部进行专题学习培训，74人次参训。高质量完成对12个部门（单位）的巡察，共发现“三个聚焦”方面的问题83个，向被巡察单位提出意见建议56条，向党委有关职能部门提出意见建议11条，形成12份巡察工作报告，被巡察部门（单位）的巡察问题到期整改完成率达到100%。心贴心办实事，实打实解难题。将巡察反馈问题整改作为“我为群众办实事”实践活动的重要内容，以“我为群众办实事”实践活动来检验巡察整改成果和党史学习教育成果。在巡察工作中，以解决群众“急难愁盼”问题为着力点，当好企业的贴心人，以群众的期盼诉求为窗口，主动到企业和群众中征求意见，下沉基层与干部群众交流，针对巡察发现的推动高质量发展有差距、服务意识有待提高、职能指导力度不够等共性问题，强化整改督办和监督检查，一以贯之为民办事、解难题，将“我为群众办实事”实践活动融入巡察日常、抓在经常，督促指导被巡察单位制定12条整改措施，有力助推关党委67项、隶属海关85项重点项目和重点民生项目清单所列实事落实落地。

（撰稿单位：巡察办）

监督执纪

【概况】2021年，贵阳海关党委纪检组在驻署纪检监察组和贵阳海关党委的领导下，坚持以习近平新时代中国特色社会主义思想为指导，立足监督首责，强化执纪问责，有效发挥监督保障执行、促进完善发展作用，有力协助关党委落实全面从严治党责任，一体推进“三不腐”建设，坚定不移推进党风廉政建设和反腐败斗争，推动清廉黔关建设再上新台阶。

【监督检查】2021年，贵阳海关狠抓疫情防控监督。成立由党委纪检组组长担任组长的疫情防控监督领导小组，建立常态化监督领导机制和工作机制，定期通报监督情况，共出（列）席相关会议94个（次），赴现场一线检查83次，开展视频监督36次，查看调阅资料525份，开展个别谈话57人次，协同开展系统数据应用分析监督6次，其他形式监督35次，发现问题98个；强化进境包机疫情防控监督，开展实地、视频等检查，指出问题和隐患并督促整改；指导派驻纪检组开展事前、事中、事后闭环监督。

加强对事业单位监督。针对自机构改革以来关区信访举报、问题线索较多反映事业单位相关人员的情况，助推关党委对综合技术中心全面从严治党责任和疫情防控责任落实情况开展专项监督检查，牵头组织开展专项监督检查，共发现问题6个，提出建议8条。推动关党委调整3个党委派驻纪检组监督职责，建立“3+1”监督模式，把事业单位纳入派驻监督范围。

加强对“一把手”和领导班子的监督。充分运用监督执纪“四种形态”的第一种形态，就全面从严治党、疫情防控等主体责任落实加强监督，敦促关党委委员全年对相关人员开展约谈20余人次；推动关党委制定对“一把手”和领导班子的监督实施意见，党委纪检组制定监督具体措施，以“具体措施+任务清单”形式，从5个方面22条具体措施细化对关区各级“一把手”和领导班子的监督。

持之以恒纠治“四风”。狠抓中央八项规定及其实施细则精神落实，对关区处级及以上领导干部使用公有住房、办公用房及公务用车情况开展上、下半年监督检查；在年节假日前下发廉洁过节纠治“四风”的提醒通知，节日期间及节后开展问题线索排查，坚决防止“四风”问题反弹。

加强选人用人监督。对新任职处科级领导干部和事业单位领导干部开展任前廉政谈话，强化廉政教育，对干部选拔任用进行廉政审核，全年共回复党风廉政意见171人（次）。

以监督促发展。把打击象牙等濒危野生动植物及其制品、固体废物、“洋垃圾”走私作为监督重点，扎实推动“六稳”“六保”工作任务落到实处；以监督全力保障贵州种猪进境和贵州供港澳蔬菜、茶叶、猪肉等农特、肉类产品出口，助力贵州融入粤港澳大湾区经济圈；统筹推进疫情防控、促进外贸和乡村振兴监督工作，巩固拓展脱贫攻坚成果。

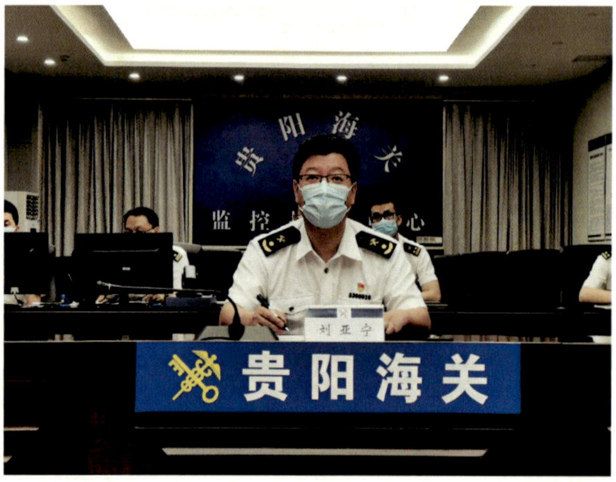

▲2021 年 8 月 26 日，党委纪检组组长刘亚宁在二级监控指挥中心开展“四位一体”疫情防控视频监督检查（孟洪洲　摄）

【执纪惩处】2021 年，贵阳海关严格规范处置问题线索。强化与巡察、审计、缉私等单位的联系配合机制，坚持“一案双查”，拓展线索来源；结合专项整治工作，全面起底 2012 年以来“现场监管与外勤执法权力寻租”专项整治工作领域的问题线索，认真梳理排查存在的问题；严查快处新受理的问题线索；严肃规范推进审查、审理工作，坚决查处腐败案件，强化执纪震慑。强化“关地”等联系配合机制。积极协助兄弟海关开展本地调查工作，积极配合地方纪委监委开展对涉及海关业务相关情况的调查工作。定期走访地方纪委监委，通报相关工作情况，强化双方的日常沟通联系，进一步加强协作配合；在问题线索移交、问题线索协查、纪检干部业务培训提升等方面主动寻求地方纪委监委支持，形成联动监督执纪合力，提升关区纪检工作质效。坚持做到“三个区分开来”。坚持做到正确把握和处理监督执纪与改革发展的关系，以服务改革发展为己任，在严格监督执纪的同时，始终把监督保障执行、促进完善发展作为关区纪检工作的首要目标。首次办理机构改革以来的党纪案件，针对当事人的具体情况给予不同的处分处理，做到正确的给予支持、错误的及时纠正，使关区纪检工作体现出强烈的政治属性。严格落实执纪审查安全责任。坚持执纪者必先守纪，以更高的标准、更严的要求约束纪检干部，严格工作程序，严守保密制度等各项工作纪律，严格在授权范围内依纪依规开展工作；强化“走读式”谈话事前、事中、事后全链条监管，首次启用自建的“走读式”谈话室，确保审查调查谈话安全，坚决守住不发生安全事故的底线。

【“现场监管与外勤执法权力寻租”专项整治】2021年，贵阳海关坚持以上率下狠抓工作落实。关党委建立三项定期报告机制，专题听取专项整治工作进展情况汇报，对重点任务督办落实，并对下步工作提出要求，确保专项整治工作方向不偏、力度不减、进度不缓、成效不降。为贯彻落实“再动员、再部署、再教育”等8项工作措施，第一时间下发通知，对相关工作提出要求，纵深推进专项整治工作。制定关党委委员专项整治工作调研企业计划表，6名关党委成员带头分别到辖区重点企业走访调研。党委纪检组、党委各派驻纪检组在走访企业的同时与企业相关人员开展“二对一”谈话。其中，纪检组长以实地调研、走访座谈等形式与共计23家企业负责人开展谈话调研。各隶属海关党委、各职能部门结合工作实际，积极对辖区内企业开展调研，累计调研企业175家。监察室联合人教处等多部门加强联动配合，对现场监管和外勤执法部门领导干部个人事项报告、领导干部配偶及子女从业情况，以及干部离岗离职后就业情况进行抽查。第一时间在管理网“廉政警示教育”专栏发布违纪违法典型案例，统一印发100套《海关工作人员廉洁从政法律法规制度选编》，按照全覆盖的要求组织全体干部职工深入开展纪法、警示教育，部分单位、部门还结合党史学习教育、“三会一课”、主题党日等活动教育所属干部职工，持续强化底线思维、筑牢“红线”意识。组织现场监管与外勤执法相关人员开展个人违规事项申报，在此基础上，关区各级纪检部门对申报人员开展“一对一”谈话。通过以点带面确保入脑入心。结合关区实际，采取“两步走”的形式开展廉政风险排查，即先从关区选取7个部门的9个科室先行开展廉政风险自查试点，总结好的经验做法，制定廉政风险清单模板，再全面推动自查工作深入开展。各单位（部门）积极梳理排查廉政风险点，经纪检部门与职能部门联合专题会商后，按照职能条线进行合并、整理、提炼后，建立关区廉政风险清单。同时，根据各单位（部门）报送廉政风险点的自评风险等级，结合“一对一”谈话等情况，将部分岗位确定为重点关注岗位。党委纪检组组长带队深入关区9个隶属海关，对专项整治工作开展情况进行全覆盖督导检查；走访3个市（地州）纪委、监委，与主要领导面对面交流，宣传专项整治工作，交换工作意见，在加强对海关工作人员监督方面争取地方更大的支持。同时，关整治办、各派驻纪检组通过电话抽查、个别谈话等方式，深入了解现场监管与外勤执法人员对专项整治工作的认识和感受以及对应知应会内容的熟悉程度，并将抽查结果及时反馈相关单位和部门。

（撰稿单位：监察室）

队伍管理

【概况】2021 年，在总署党委的正确领导下，贵阳海关坚持以习近平新时代中国特色社会主要思想为指导，贯彻落实新时代党的组织路线，聚焦“两个齿轮”“两个导向”，以系统推进干部工作五大体系建设为着力点，致力建设一支能担重任、可堪大用的高素质专业化海关干部队伍，抓好海关事业后继有人这个根本大计。完成 2021 年机构编制核查，制修订干部人事工作规范性文件 8 个，表彰奖励 102 人次，完成专业技术类公务员任职资格评定和专业技术类公务员职级套改，开展各类教育培训共计 30 余期。

【机构编制管理】贵阳海关设 11 个正处级内设机构、9 个正处级隶属海关，另设 3 个正处级机构、4 个正处级事业单位，下设 57 个行政科级机构及 14 个事业科级机构，贵阳海关党委向隶属海关党委派驻 3 个纪检组。核定行政编制数 283 名、事业编制数 69 名，截至 2021 年 12 月 31 日，实有行政编制 276 人、事业编制 54 人。贵阳海关坚持将党管机构编制作为基本原则，严格执行机构编制相关规定，坚持集中管理、严格审批把关，确保将相关工作要求落到实处。全面推进贵阳海关机构编制核查工作顺利完成。按照总署统一安排部署，在贵阳海关全关范围开展机构编制核查，并对遵义海关、贵阳龙洞堡机场海关、六盘水海关 3 个隶属海关及贵阳海关综合技术中心（贵州国际旅行卫生保健中心、贵阳海关口岸门诊部）、贵阳海关后勤管理中心 2 个事业单位开展实地核查。全年未出现擅自变更、调整或增减机构情况，挂牌机构名称规范；财政供养人员与批准的编制相对应，不存在超职数配备干部的情况。精简机构，推进精细化、集约化管理。在确保职责全覆盖的前提下整合优化关区事业单位内设机构，印发《贵阳海关关于调整综合技术中心（贵州国际旅行卫生保健中心、贵阳海关口岸门诊部）内设机构、职责及领导职数的通知》。根据工作需要，严格按照党委议事规则、决策程序讨论决定将综合业务二处综合业务科更名为综合业务二处商品检验科。

【干部人事管理】2021 年，贵阳海关

加强制度建设，坚持守正创新，坚持严管厚爱，激励干部担当作为。制修订《贵阳海关领导干部选拔任用工作办法》《贵阳海关事业单位领导人员选拔任用工作实施细则（试行）》《贵阳海关干部交流工作管理办法》等8个规范性文件，提升干部人事工作规范性和科学性；探索公务员分类管理，撰写《贵阳海关探索分类管理机制激励职级干部干事有为》综合信息；从严从紧，为干部成长保驾护航。对干部人事档案进行任前审核，坚决防止“带病提拔”。强化正向激励，落实关心关爱。制作退休人员相关手续办理指引，为5名退休干部颁发退休纪念品及感谢信；印发《贵阳海关关于进一步建立完善保护关心爱护疫情防控一线人员长效机制的20条措施》，将关心关爱长效机制落到实处；结合关区重点工作、专项工作和年度考核情况，分别对5个集体进行通报表扬、对9个集体授予嘉奖、对12人记三等功、对90人授予个人嘉奖。

▲2021年3月，贵阳海关新招录公务员资格复审现场（韦凌　摄）

▲2021年12月，贵阳海关组织新提任领导干部进行宪法宣誓（王豪　摄）

【人才队伍建设】2021年，贵阳海关明确用人导向、拓宽成长渠道，建立高素质、专业化海关人才队伍。树立正确选人用人导向，加强领导班子建设。开展处、科级领导干部以及事业单位科级领导人员的选拔任用工作。突出干部成长多样化，注重职务与职级齐头并进。开展干部职级晋升；深入推进专业技术类公务员分类管理改革，完成专业技术类公务员任职资格评定和专业技术类公务员职级套改，21人获评高级任职资格、5人获评中级任职资格；制定出台《中共贵阳海关委员会关于进一步加强职级干部管理的指导意见（试行）》，明确择优选拔任用、职级晋升倾斜、培树示范典型、强化理论培训、搭建履职平台、鼓励发挥专长、加强交流轮岗、加大关心力度以及强化纪律管理要求等方面共12条具体措施，进一步激励职级干部担当作为，为职级干部培养成长提供制度保障。加大对年轻干部的培养力度，充实后备力量，党委书记、关长组织召开关区青年座谈会，听取青年干部对贵阳海关建设和发展提出的意见建议。严格执行总署规定，促进事业单位良性发展，完成贵阳海关后勤管理中心、贵阳海关综合技术中心（贵州国际旅行卫生保健中心、贵阳海关口岸门诊部）及中国电子口岸数据中心贵阳分中心3家事业单位领导班子任职，组织开展事业单位人员岗位交流，完成事业单位人员岗位聘任及合同签订，推荐事业编制人员获评副高级职称。盘活存量，强化疫情防控人力资源保障。全面摸清关区具有医学背景、具备医疗和卫生检疫相关工作经历的人员，建立医学背景人才库、外语人才库，库内人才共计44人，将有外语特长的10名干部纳入疫情防控外语志愿者队伍，建立一线、预备、应急三个疫情防控梯队，研究出台《贵阳海关入境人员卫生检疫岗位工作人员封闭管理人力资源保障方案》，结合疫情防控实际及人员变动，及时对疫情防控梯队进行动态调整。招才引智，充实干部队伍力量。新增6名考录公务员及1名军队转业干部；启动2022年公务员和事业单位公开招考工作，组织开展6个公务员职位、3个事业岗位的公开招考。

【教育培训】2021年，贵阳海关教育培训工作始终坚持联系实际、从严管理，精准确定培训方式，优化培训考核评价机制，切实为社会主义现代化海关建设提供思想政治保证、人才保证和智力支持。制订印发《贵阳海关2021年度干部自主培训计划》，开展党的理论武装和党性教育专题培训、晋升关衔培训和海关专业化能力培训等3大类培训，共30余期，培训1,000余人次。一是强化政治素质提升。深入开展党史学习教育，分2期举办贵阳海关处级干部学习贯彻党的十九届五中全会精神暨党史学习教育专题培训班，关区共119名学员参训；依托“钉钉”学习平台，先后开展执法一线科长（基层党支部书记）网上专题班、学习贯彻党的十九届五中全会精神暨党史学习教育专题培训班、党史学习教育网上专题班、学习宣传贯彻习近平法治思想网上专题培训班等10余期网上专题培训班。二是持续推进岗位实训。为全面提升执法一线人员法律素养、法治思维和执法能力，从6月起共分3批次有针对性地选派18名干部到上海海关跟班学习；组织40人参加进出口危险货物及其包装检验监管资质考试；组织关区52人参加2021年总署岗位练兵和技能比武。

（撰稿单位：人教处）

离退休干部管理

【概况】截至2021年年底，贵阳海关共有退休人员136人，其中退休人员厅局级待遇22人（含事业编制2人）、退休干部104人、行政工人10人。退休干部党支部2个，退休干部党员91人。

【离退休干部党建工作】2021年，贵阳海关创建退休第一党支部“‘党建驿站’放光彩，夕阳党建别样红”党建品牌。全面推进离退休干部职工党支部标准化规范化建设，协调将离退休干部党建纳入党委书记抓党建述职评议内容、纳入目标考核，将离退休干部党支部书记培训纳入组织培训计划，年内参加关区支部书记骨干培训1次。在线上开展老干部警示教育3次，每天在老干部工作群推送政治学习类文章。做好党龄达到50年的老党员纪念章发放和慰问工作，共走访慰问14人次。积极组织退休人员开展“学党史、忆征程、看成就”党史教育活动；在遵义会议会址开展“我看建党百年新成就”专题调研活动；开展“海关史宣讲”主题活动。深入挖掘退休干部狄兆全同志在助力脱贫攻坚和推进乡村振兴中彰显的精神品格和思想境界，总署首次融媒体全息宣传报道狄兆全同志助力脱贫攻坚事迹，在《中国国门时报》以及《中国海关》《金钥匙》杂志等媒体集中累计刊发消息、视频、图片、专题等16篇（次）。在中国共产党成立100周年之际，狄兆全荣获贵州省“全省优秀共产党员”“贵州省直机关优秀共产党员”“贵阳海关优秀共产党员”等荣誉称号。

【退休老同志服务管理】2021年，贵阳海关依托“智慧银海”平台，积极探索“互联网+老干部服务”新模式。召开退休干部工作领导小组会议1次，召开通报会2次，全面落实好退休老同志政治生活待遇。贯彻落实《贵阳海关关于进一步加强和改进离退休干部工作的实施意见》，制定发布《贵阳海关缉私部门退休干部服务管理工作实施细则（试行）》，为实现高质量推进离退休老干部工作提供强有力保障。开展退休老同志年度健康体检，加强对独居、久病等特殊情况退休干部的人文关怀和精神慰藉，开展走访慰问18人次。组织退休老同志参加“永远跟党走——粽情海关、众飨端午”端午节系列活动；组织退休老同志开展“青山秀水时尚行　重阳登高敬老情”重阳节主题活动。加强退休人员疫情防控宣传教育，建立风险排查机制，做好疫情防控台账，统筹推进退休人员常态化疫情防控工作。

【老年文化教育】2021年，贵阳海关充分发挥退休老同志文化养老作用，鼓励老同志成为贵阳海关展示单位文化的窗口，为弘扬中国特色社会主义文化唱响好声音。组织老同志参加“百年风华　同心同唱”主题红歌微视频录制；组织老同志参加总署“翰墨光影颂百年——建党百年百幅书画摄影展”作品征集活动，张霖老同志的书画作品、朱进老同志的摄影作品均入围参展；组织老同志参加“学悟百年风雨史　颂赞海关新篇章”主题访谈录制和主题征文活动，张霖、狄兆全、尹曦涛的作品入围《全国海关离退休干部庆祝建党百年主题征文集》。

（撰稿单位：离退办）

第四篇

业务建设

法治建设

【概况】2021 年，贵阳海关从推进制度建设、强化法治保障、规范法治实施、深入普法宣传等方面推进法治建设工作。

【参与全国海关法治建设】2021 年，贵阳海关派员参加总署《中华人民共和国海关法》修订专班，参与《中华人民共和国国境卫生检疫法》及其实施细则、《中华人民共和国进出境动植物检疫法》及其实施条例、《中华人民共和国关税法》等法律法规规章制修订工作。参与总署组织的 24 个规章的后评估专项工作，对 18 个规章的“立改废”提出评估意见和建议。参加海关系统贯彻落实《法治政府建设实施纲要（2020—2025）》实施方案编写制订、2021 年全国海关法治工作会会议材料撰写以及 2021 年海关法治建设工作要点撰写工作。参与海关行政应诉协作区线上新修订《中华人民共和国行政处罚法》专题学习研讨，组织公职律师代表结合《中华人民共和国行政处罚法》修订对海关行政处罚自由裁量的影响展示研究成果。

【推进制度建设】2021 年，贵阳海关严格依照法定程序制发规范性文件，制订贵阳海关 2021 年度制度立项计划，制定新制度 13 项，对 7 项制度进行修改，进一步完善关区制度体系。制定贵阳海关贯彻落实《党政主要负责人履行推进法治建设第一责任人职责规定》的实施办法，有效落实法治建设第一责任人职责。制定贵阳海关关于做好第八个五年（2021—2025 年）时期法治宣传教育工作的意见，确保“十四五”时期关区法治建设开好局、起好步。制订贵阳海关 2021 年普法工作考核实施方案、普法工作考核指标体系，严格落实“谁执法谁普法”普法责任制。

【强化法治保障】2021 年，贵阳海关助力优化法治化口岸营商环境，稳步推进“放管服”改革工作落实落地，印发贵阳海关行政审批事项审查工作细则，进一步规范关区行政审批工作。落实“证照分离”改革，对 13 项行政许可事项的改革内容、改革范围、设定依据和改革依据等内容进行梳理并形成操作指引供业务一线关员参照执行，13 项行政审批事项均可全程网上办理，真正实现行政审批事项办理过程中“数据多跑路、百姓少跑腿”。充分发挥公职律师和外聘律师在重要工作中的作用，新增公职律师2名，为关区案件办理、业务问题处置、事业单位运转等事宜提供法律意见；审核民事合同361份，为关区民事活动的合法、有序开展提供坚实保障。

【规范法治实施】2021年，贵阳海关持续推进“马上办、网上办、就近办、一次办、自助办”，保持行政许可“零超时”“零差评”。落实案件审理委员会制度，建立提前介入讨论案情、提前研究认定违规事实、提前商议确定建议处罚幅度的“三提前”工作机制，提升案审会实效。持续更新完善“三项制度”相关事项清单。规范行政执法证管理，行政执法人员全面实现持证上岗。严格按照规定开展司法协助工作，协助公安调取刑事案件涉案企业相关数据，协助人民法院执行。

【深入普法宣传】2021年，贵阳海关深入推进学习宣传贯彻习近平法治思想，把习近平法治思想作为党委理论学习中心组（扩大）学习重点内容，纳入干部教育培训体系，邀请贵州省委党校教授为关党委理论学习中心组（扩大）专题讲授习近平法治思想，通过微信公众号推送党内法规体系普法专题，对中国共产党成立100年来建章立制的重大成果进行宣传。突出普法重点，在“4·26”“8·8”“12·4”等时间开展主题普法宣传活动，制作宣传册《美好生活·民法典相伴　跨境通关应注意10要点》、微刊《海关说“法”〈民法典〉与跨境通关》；组织开展2021年“全民国家安全教育日”暨“海关口岸生物安全日”宣传教育活动和“贵阳海关实验室开放日”活动；制作微刊《知识产权海关保护知多少》，对知识产权海关备案进行宣讲；“6·26”国际禁毒日活动期间，联合省打私办开展禁毒宣传工作；制作2021年海关法治宣传日宣传资料，在“12·4”国家宪法宣传周期间送法进校园，向同学和家长普法。创设线上普法栏目“黔关云普法”，在“贵阳海关发布”平台上进行普法推送。贵阳海关被评为“2016—2020年贵州省普法工作先进单位”。

▲2021年12月3日，贵阳海关开展“国家宪法宣传日”宣传进校园活动（郑义生摄）

（撰稿单位：法规处）

业务改革与发展

【概况】2021 年，贵阳海关全面深化海关业务改革，大幅提升跨境贸易便利化水平。

【精简监管证件】2021 年，贵阳海关严格落实国务院“放管服”、持续改善营商环境等部署要求，精简进出口环节监管证件，推进监管证件联网核查，截至 2021 年年末，进出口环节监管证件精简至 41 项，其中 38 项监管证件实现联网核查。

【通关便利化】2021 年，贵阳海关加大对关区企业的政策宣传力度，鼓励引导关区企业采用“提前申报”“两步申报”等便捷通关模式，持续推广通关一体化、新一代税费电子支付、自报自缴、税费自助打印、原产地证自助打印、原产地证智能审核等无纸化、电子化改革措施，进一步提高通关效率。“两步申报”“提前申报”应用率分别为 42.93%、66.36%。

【“单一窗口”建设】2021 年，贵阳海关加强与省口岸办联系配合，联合开展“单一窗口”业务知识培训，联合到关区重点企业开展业务调研，现场听取并解决企业实际需求。配合省口岸办进行“单一窗口”年度安全检查。优化企业办事手续，大力推广“单一窗口”应用，实现资质办理、货物申报、证书打印、税费缴纳等 17 项主要进出口业务一站式办理，主要申报业务应用率达到 100%。

【通关运行管理】2021 年，贵阳海关持续压缩整体通关时间，提高货物通关效率，建立完善贵阳海关压缩整体通关时间常态化监控分析工作机制，加强监控分析，强化通关情况监控处置，定期组织排查处置超长报关单，2021 年贵阳海关进、出口货物整体通关时间分别为 9.62 小时、0.56 小时，较 2017 年分别压缩 89.16%、92.88%。

【“双随机、一公开”】2021 年，贵阳海关加强与省市场监管局沟通联系，积极维护省“双随机、一公开”监管平台贵阳海关所属各隶属海关二级账户、执法人员库，以及检查对象库，检查对象覆盖全省食品生产等相关企业 400 余家。牵头市场监管、税务等部门共同完成“对出口商品生产企业的检查”部门联合“双随机”监管事项工作。结合业务工作实际，制定

《贵阳海关2021年度行政执法检查“双随机、一公开”监管抽查事项清单》，推进工作按时实施。

【知识产权海关保护】2021年，贵阳海关加强知识产权海关保护，推进规范市场秩序。印发2021年贵阳海关知识产权保护专项行动方案，制发《贵阳海关关于开展2022年寄递渠道知识产权保护专项执法行动的通知》，组织开展“龙腾行动2021”和“蓝网行动2021”专项行动，赴遵义市湄潭县对40余家茶企进行知识产权政策宣讲，组织开展“4·26”世界知识产权日宣传工作，协同省商务厅等相关部门对全省9个市州和80余家外贸企业集中开展知识产权保护业务培训。积极做好知识产权宣传工作，围绕“4·26”世界知识产权日，通过在业务现场张贴海报、发放宣传手册等开展知识产权海关保护宣传工作。在“贵阳海关发布”微信公众号发布《知识产权海关保护知多少》《日签 | 名词小百科——知识产权海关保护》《日签 | 知识产权日》等宣传文章，有效提升知识产权海关保护的影响力，增强贵州企业的品牌保护意识。坚持打促结合，对贵州重点企业实施对口培塑，提供业务指导。深化多方合作，提出风险布控指令建议14条。积极开展跨关区知识产权保护执法合作，针对贵州省重点民营企业出口货物被侵权线索，迅速开展数据分析摸排，及时协调通报宁波海关强化布控拦截。在邮递渠道查获侵权商品1,853件，涉及阿迪达斯、施华洛世奇等品牌，实现关区侵权案件实质性查获零的突破。积极开展跨关区知识产权保护执法合作，帮助贵州省重点企业“老干妈”维权并取得良好成效，为贵州省自主品牌商品走出国门保驾护航。4月，2批次侵犯“老干妈”知识产权的调味品连续在出口货运渠道被查获，共计8,054瓶，案值6万余元。

▲2021年5月10日，贵阳龙洞堡机场海关查获侵犯阿迪达斯商标专用权商品（次仁欧珠　摄）

（撰稿单位：综合一处）

特殊监管区域管理

【概况】2021年，贵阳关区共有贵阳、贵安、遵义3个综合保税区。其中，贵阳综合保税区于2013年9月获批，规划面积3.01平方千米，2014年9月通过验收，于2014年12月封关运行；贵安综合保税区于2015年1月获批，规划面积2.20平方千米，2015年12月通过验收，于2016年3月封关运行；遵义综合保税区于2017年7月获批，规划面积1.11平方千米，2018年4月通过验收，于2018年5月封关运行。3个综合保税区全年进出口总额114.69亿元，同比增长54.4%。其中，贵阳综合保税区进出口总额56.77亿元，同比增长84.4%；贵安综合保税区进出口总额31.52亿元，同比增长29.5%；遵义综合保税区进出口总额26.40亿元，同比增长37.8%。

【自贸试验区制度复制推广】2021年，贵阳关区共有“全球维修产业检验检疫监管”“中转货物产地来源证管理”“检验检疫通关无纸化”等47项创新制度相关业务已落地实施。较有代表性的复制推广制度如下：

分类仓储。仓储货物按状态分类监管，允许非保税货物进入海关特殊监管区域储存，与保税货物一同参与集拼、分拨，根据国内外采购订单最终确定货物实际离境出口或返回境内区外。目前贵阳、贵安、遵义3个综合保税区皆开展该业务，参与企业4家，主要涉及商品有基带处理芯片、半导体传感器、eMCP等。

保税维修。贵安、贵阳综合保税区已开展此项业务，参与企业4家，主要从事手机、平板电脑、笔记本电脑等产品维修。2019年，贵安综合保税区率先在贵州省内综合保税区开展保税维修业务，目前已发展成为贵州省内保税维修规模最大的综合保税区，2021年进出口业务规模达3.05亿元。

跨境电商零售进口退货中心仓。贵阳海关配套制订监管方案，安排专人“一对一”指导企业逐步完善退货中心仓的设置，梳理细化退货业务流程，引导企业按要求规范设立退货中心仓。2021年11月4日，贵州省首个跨境电商零售进口退货中心仓在贵安综合保税区建成。

货物贸易一保多用管理模式。贵阳海关第一时间在贵州省3个综合保税区对企业进行政策宣传，积极引导企业采用货物贸易一保多用管理模式，推进以企业为单元的税款担保改革，实现一份担保可以用于多项税款担保业务。截至2021年年底，贵州省共有含综合保税区内企业在内的14家企业申请一保多用模式担保43单，政策推广成效明显。

【特殊监管区域管理】 2021年6月2日和7月1日，贵阳海关会同省发展改革委、省财政厅、省自然资源厅、省商务厅、省税务局、省市场监管局分别对贵安综合保税区和贵安综合保税区整改项目开展验收。

（撰稿单位：综合二处）

风险管理

【概况】2021 年，贵阳海关贯彻落实总体国家安全观，加强风险“全面防控+精准防控”，坚持情报驱动与大数据同向发力，风险工作取得多个首次突破。围绕落实习近平总书记重要指示批示精神开展安全准入风险防控。

【口岸风险联合防控】2021 年，贵阳海关加强内外协作强化风险联防联控，对外加强与地方公安、国安等部门联系配合，深化情报信息共享和协同处置，合作开展“清邮”等专项行动 5 次。对内加强与缉私局、综合二处、企管处、动植食处及隶属海关协作配合，有针对性地开展高风险企业和商品、固体废物、禁限物品分析研判。布控查获毒品、精神药物、濒危等情事 279 批次，其中危险化学品、固体废物、知识产权布控查获为关区首次。

【风险信息情报】2021 年，贵阳海关圆满完成中国共产党成立 100 周年重大节点保卫任务，拓展开源情报、秘源情报来源，牵头建立关区风险、监管、缉私“情报队”。围绕打击濒危物种及其制品走私开展风险分析，先后布控查获象牙、红珊瑚等濒危物种及其制品 6 批次，联合风控局（上海）有效促成广州、成都等海关相继查获多起涉濒危物种及其制品情事。协助缉私局开展打击雪茄走私专项行动。

【大数据应用】2021 年，贵阳海关结合应用大数据综合手段，提升人工精准布控效能。实施精准查发。按期完成新一代风险防控非贸模块邮递应用上线；推动海关风险管理系统 HF2020 上线，指派专人参与总署风险管理司集中工作；结合关区重点发布平台级“云擎”大数据特色模型 10 个。

【风险分析处置】2021 年，贵阳海关坚决落实习近平总书记重要指示批示精神，针对濒危物种及其制品、“洋垃圾”、枪支、毒品、危险化学品等走私违法行为开展风险分析和风险布控，优化调整关区布控规则 100 余条。先后布控查获象牙、红珊瑚等濒危物种及其制品 6 批次。协同企管处开展关区出口企业涉及濒危风险调研，及时下达关区首个濒危稽查指令。开展再生塑料、再生金属涉固体废物风险分析研判，联同稽查部门对 5 家企业开展固体废物排查；加强进出境毒品、涉枪爆物品等风险防控，实施精准打击5次。

【风险政研】2021年，贵阳海关参与风险政策研究工作取得新成效。深入研究风险管理国际规则，理论联系实践，承担总署各类专项工作。参与总署风险管理司西部陆海新通道区域一体化风险防控课题研究；首次应邀参与全国风险态势分析报告撰稿；首次参与世界海关组织（WCO）外事翻译专项工作；全年获总署风险管理司、省委省政府各载体采用各类风险政务信息12篇。

（撰稿单位：综合一处）

关税征管

【概况】2021年，贵阳海关以属地纳税人管理为抓手，强化综合治税，全年税收入库6.92亿元，同比增长32.31%，圆满完成总署下达的税收目标，关税征管工作量、质、效并举。

【税则税政】2021年，贵阳海关结合疫情防控等要求，通过“线上+线下”创新多种途径的方式面向关区重点行业、产业广泛开展建议征集，关区重点企业覆盖率达到100%，积极上报企业合理诉求，通过建议筛选、审核等流程最终确定上报降低“混合橡胶”进口暂定税率、调整“口罩”税则号、提高“食品级磷酸”出口退税率等15项税政调整建议，其中4项建议被总署采纳，撰写4篇税政调研报告，报送量和采纳量均实现历史突破，对服务地方经济、加强防疫物资管理、促进畜牧业健康发展等起到了积极作用。积极争取参与总署专项工作，派员参加关税司RCEP原产地管理信息化应用项目1.0和2.0版业务测试集中工作4次，提出系统优化建议、制定系统操作手册和操作示范视频；加强政策理论研究，撰写署级课题论文。

【估价管理】2021年，贵阳海关加强估价管理、强化审价作业规范性监控，指导关区企业开展价格预裁定和航空运输业清单管理，针对其他进出口免费、货样广告品等无实际成交价格的贸易方式和已估价但未有估价作业记录等情况进行每周定期监控，确保开展价格磋商、录入估价作业等规范操作。同时加强向税管局的沟通、请示工作，充分发挥与税管局对口联络机制作用，持续加强与税管局的信息互通和协同配合，加强对关区的风险研判，做到守土担责；结合总署下发的价格风险组织开展价格专项核查，共制发审价作业文书99份，同比增长4倍，审价作业规范度达到100%。

【税收征管】2021年，贵阳海关充分发挥综合治税领导小组机制，深入推进属地纳税人管理，通过不断强化综合治税，推进税收征管改革，从稳固已有税源、挖掘新税源等方面下功夫，全年税收入库6.92亿元，同比增长32.31%。

发挥关税技术优势，做好关税技术支持，审核关区重点企业上报的航空零部件锻件归类专业认定，加强与总署的沟通，争取得到税管局专家的支持，助力企业健康发展，归类专业认定通过审核后预计每年可为企业节约成本1,000万元；深入推进属地纳税人管理，制订管理实施方案，建立企业底账30份、制定“双特”企业台账1份，积极开展合规引导、税收风险协同防控、纳税服务等工作，定期开展规范申报自查，从源头规范管理企业申报；强化非贸税收征管，加强非贸渠道税收风险研判，向总署报送非贸渠道税收风险防控建议3条，获总署采纳1条；积极落实“国门利剑2021”行动方案，全力保障缉私局案件税款计核工作，对缉私部门在查办案件过程中遇到的估价、原产地、归类疑难问题提供专业技术支持，全年共提供专业技术支持近40次，完成14次缉私局案件税款计核工作，涉及货值7,361万元，同比增长38倍；积极做好滞纳金减免等惠企政策的宣传，审批减免滞纳金10.9万元。

【减免税管理】2021年，贵阳海关聚焦贯彻落实好新《进出口货物减免税管理办法》和“十四五”各项税收优惠政策，强化业务基础，加强业务研究，做好减免税风险防控，服务地方经济发展，落实减免税政策，促进政策红利释放。强化政策研究，积极提出对新《进出口货物减免税管理办法》修订建议，并被总署采纳1条；与成都海关联合开展对“调味品、发酵制品的生产”产业调研，主动对接“老干妈”等本地特色企业、行业协会，力争将相关产业列入《产业结构调整指导目录》，获得国家政策支持。积极贯彻落实各项税收优惠政策，扎实开展业务培训、政策宣讲，帮助属地企业用好用足政策，推动新一代减免税管理子系统和减免税抽样考核系统上线。

【税收风险防控】2021年，贵阳海关加强涉税风险分析、强化税收风险防控，税收风险防控取得成效，定期组织对总署发布的税收风险提示、预警信息等各类风险信息开展排查，依托内控节点开展风险防控，通过事件管理平台下发监控处置单50余单，通过综评系统下发联系单70余单开展业务核查。强化税收风险信息提炼，向总署上报税收风险防控建议16条，获总署采纳12条，上报量和采纳率均实现历史突破。积极配合开展2021年专项审计及审计署对海关的专项审计自查工作，开展进出口原产地管理规范率等自查，及时排查风险、做好整改，不断提升税收征管水平。

【原产地管理】2021年，贵阳海关深入推进原产地改革，助力贵州省企业享惠，推进RCEP原产地规则和关税减让宣传培训工作，组织参加线上培训，在“贵阳海关发布”发布宣传稿《带你了解RCEP政策》，对全省约150家外贸企业进行2次RCEP专题培训，实现省内重点企业全覆盖，做好RCEP生效前各类系统参数维护和授权工作，为RCEP生效打下基础。深入推进原产地证自助打印、原产地证智能审核改革。共签发各类原产地证书6,321份，同比增长6.8%；涉及货值11.16亿美元，同比增长44.4%，可为贵州省出口企业获得进口方关税减免约5,600万美元。共审核优惠贸易协定安排项下进口货值6.54亿元，同比增长30%；企业享受税款减让5,562.6万元，同比增长84%。

（撰稿单位：综合二处）

卫生检疫

【概况】2021 年，贵阳海关坚决贯彻习近平总书记关于疫情防控重要指示批示精神，把抓好口岸疫情防控作为拥护“两个确立”、做到“两个维护”的最根本政治要求，严格落实总署、省委省政府决策部署，围绕“两个齿轮”发力，坚持“两个导向”，坚决克服麻痹思想、厌战情绪、侥幸心理、松劲心态，持续抓紧抓实抓细“外防输入、内防反弹”工作，坚决筑牢口岸检疫防线。

【检疫管理】2021 年，贵阳海关做好口岸疫情防控，坚守“外防输入”主阵地，严格落实“三查三排一转运”“7 个 100%”等卫生检疫措施，严格落实一线疫情防控人员封闭管理措施，毫不放松抓好口岸疫情防控工作。全年，贵阳龙洞堡机场口岸共检疫出入境航班 38 架次。

圆满完成重要外事保障工作，有效服务外交工作大局。充分认识“主场外交”的重要意义，在重要外事保障工作中，严格落实总署口岸监管司、卫生检疫司要求，制订外事包机卫生检疫工作方案，科学合理安排现场检疫流程，细化防控流程，实施闭环管控。多措并举抓好口岸疫情防控的各个环节，围绕强化前期准备、强化现场保障、强化联防联控，开展疫情风险研判，做好“三查三排一转运”，协调、督促贵州机场集团设置专用区域，创新实施健康申报查验、二次体温筛查和流行病学排查“三岗合一”模式，与省卫健委建立“分样同步核酸检测”工作机制，免除阳性结果检出后的复核流程，压缩检疫时长，确保结果及时精准。积极参与总体防控方案制订，邀请省疾控专家到现场指导，优化配置现场流程，并与省卫健委、外事办多次召开现场协调会，明确任务分工及入境人员后续管理。整个保障工作“通得快”“检得准”“零感染”，既全力促成外事活动顺利举行，又圆满实现守卫国门的海关职责。

顺利完成劳务包机检疫监管，助力“一廊两站”疫情防控模式取得阶段性成效。成立劳务包机监管工作领导小组，召开 6 次关指挥部会议研究部署，制订工作方案，细化 13 项工作任务，设立 9 个工作小组。成立临时党支部和卫生检疫工作党员突击队，举行授旗仪式，充分发挥党员先锋模范作用和支部战斗堡垒作用，举全关之力保障监管工作。严格执行风控指令，开展航空器登临检疫查验，完成航空器及其固液体废弃物终末消毒监管；严格口岸卫生检疫，完成旅客“三查三排一转运”工作，新冠病毒核酸检测结果均为阴性，全部移交地方后续处置；严格信息报送，梳理汇总24项报送材料，明确各部门职责，坚决避免迟报、漏报、错报；严格安全防护检查，成立“联合视频检查工作组”全程监督检查。全面总结包机监管工作经验并形成纪实材料，为进一步做好口岸卫生检疫工作提供指导，切实提升疫情应对能力。监管工作准备充分，全程组织严密、流程顺畅、秩序井然，有效落实省委、省政府“绝不带回一例阳性病例”的要求，获得社会各方一致好评，为我国采取“一廊两站”疫情防控模式接回境外滞留人员贡献了贵州方案。

【生物安全】2021年，贵阳海关强化特殊物品监管，制定关区特殊物品卫生检疫审批作业指引，进一步规范特殊物品检疫审批，制定关区新冠病毒疫苗出境监管工作流程，严格实行新冠病毒疫苗出境审批“三级审批”责任制，规范新冠病毒疫苗出境监管流程，组织专家组对机构改革以来首次入境的1批次B级特殊物品开展风险评估，严格检疫审批，切实防范生物安全风险。

【疾病监测】2021年，贵阳海关强化实验室生物安全监管，开展督导检查2次，开展实验室样本溢洒应急演练1次。加强口岸传染病监测，全年开展出入境人员传染病体检监测2,421人次，检出传染病17例，完成各类预防接种1,770剂次，签发国际旅行健康证2,375本、预防接种证书1,054本、预防接种禁忌证明178份。

【卫生监督】2021年，贵阳海关强化重点监督任务部署，印发《贵阳海关2021年度口岸食品安全抽检工作方案》《贵阳海关2021年国境口岸卫生监督工作方案》，及时安排关区口岸卫生监督工作。严格履行口岸卫生行政许可职责，全年受理卫生行政许可申请50件，办结50件，无逾期办结情况。从严抓好口岸卫生监督，监管口岸从业人员15,038人次，航空器卫生监督26架次，未发现卫生评定存在关键项目问题以及病媒生物输入问题。日常卫生监督食品饮用水单位128次、口岸公共场所单位121次，食品安全监督抽检227批次、快检219批次，检出不合格8批次，开展口岸公共场所空气质量及微小气候监测62批次。强化鼠类、蚊类及蜚蠊等口岸病媒生物监测，全年共捕获鼠形动物1只、成蚊182只、蜚蠊428只，监测伊蚊阳性诱蚊诱卵器44个，未发现病媒生物密度超过参考控制标准情况，未检出相关病原体，未截获输入性病媒生物。

▲2021 年 7 月 22 日，贵阳海关组织开展关区新冠肺炎疫情防控个人安全防护培训（金坤　摄）

【业务培训】 2021 年，贵阳海关根据总署技术方案、操作指南及相关文件的新要求，对关区卫生检疫业务条线开展流行病学调查、采样、安全防护监督、口岸终末消毒监管、个人防护装备穿脱、职业暴露、人员晕厥等重点内容新知识、新要求培训和演练，不断提高防控能力。累计开展培训 17 次，应急演练 9 次，培训及演练人数近 700 人次。关区 21 人参加省卫健委、省临床检验中心组织的病原微生物实验室生物安全培训，并取得病原微生物实验室生物安全岗位培训证书。

（撰稿单位：卫检处）

动植物检疫

【概况】2021 年，贵阳海关关区新增出境动植物及其产品生产加工存放企业 20 家、进出境检疫处理单位 1 家、进境粮食加工企业 21 家、进口粮食储备库 4 家。全年未发生重大动植物疫情。

【进出境动物检疫】2021 年，贵阳海关围绕防范化解重大风险、简化通关手续、降低通关成本，不断完善全链条合成监管模式，帮助企业从境外引进种猪，带动生猪加快恢复生产和养殖业复工复产。全年共完成 3 批次、5,860 头进境法国、美国种猪监管工作，放行 5,755 头。

强化监管、优化服务，帮助企业完成养殖场备案、风险监控等工作，实现供港活猪首次出口，安全顺畅供港 3 批次、合计 360 头。帮助鲟鱼养殖企业应对疫情和贸易壁垒影响，出台专项帮扶措施，全力助推贵州水生动物出口，完成 5 家鲟鱼养殖企业登记注册，贵州鲟鱼出口 36 批次、463.6 吨，货值 222.06 万美元。

对供港澳活猪、活牛及出口鲟鱼采集 28 个样品开展药残、重金属等安全风险监控共 411 项次，采集 508 个样品开展非洲猪瘟等动物传染病监测 741 项次。

【进出境植物检疫】2021 年，贵阳海关持续加强进境粮食调运监管，督促企业落实主体责任，采取有效防疫措施，做好外来有害杂草监测。针对进境粮食监管提出着力“三个优化”、补齐“三块短板”，支持综合保税区开展进境粮食加工业务，指导 2 家区内企业完成备案，及时帮助解决资质和粮食调运等困难，为企业挽回高达 105 万美元的滞港费及 100 余万元的仓储费，全年调运进口粮食 34.8 万吨。对出境水果果园的柚子、猕猴桃、苹果共采集 9 个样品开展农残、重金属等安全风险监控 171 项次，检测结果均为合格。

【筑牢口岸检疫防线】2021 年，贵阳海关印发《贵阳海关进一步加强外来入侵物种口岸防控工作实施方案》，细化 7 个方面、16 项防控措施要求，建立“贵阳海关外来入侵物种防控技术工作组”，加强协调配合，定期组织专题研讨，全年通过非贸渠道截获外来物种 21 批次。

组织开展进出境疫情信息、动物疫病

和植物有害生物监测，在全省180个监测点开展实蝇监测，诱捕实蝇样本3万余头，全年开展外来有害杂草监测踏查12次。

组织开展打击非法引进外来物种和种子苗木“国门绿盾2021”行动，严厉打击非法寄递种子苗木行为，全年通过国际邮件渠道累计截获种子苗木18批次。

严格做好进境种猪疫情防控及监测工作，全年引进种猪2批共4,068头，剔除阳性检出种猪10头、其他原因死亡猪只53头，放行种猪4,005头。

【完善动植物检验检疫基础设施】 2021年，贵阳海关投入资金63万元，为贵阳龙洞堡、遵义新舟及铜仁凤凰3个机场口岸购置现场查验执法装备及动植物检疫初筛鉴定室相关设备33台/套。

【强化岗位资质管理】 2021年，贵阳海关新增动植检岗位资质80余人次，确保动植检岗位专家查验岗资质人员实现9个隶属海关全覆盖，解决了业务发展同岗位资质人员不足的矛盾。

（撰稿单位：动植食处）

食品检验检疫

【概况】2021 年，贵阳海关严格落实食品安全“四个最严”要求，持续提升进出口食品安全治理体系和治理能力，密切联系地方部门，协同推进进口冷链食品新冠肺炎疫情防控。

【食品检验检疫】2021 年，贵阳海关支持地方外贸高质量发展成效明显，出台便利化工作措施，对出口企业开展业务知识培训，加大出口食品农产品技术性贸易措施研究、评议、应用，指导帮助贵州省出口企业走出国门，促进和扩大贵州食品农产品出口。全年进出口食品化妆品 1.9 万吨、货值 23.8 亿元，同比分别增长 26.7%和 30.8%。

【食品安全宣传】2021 年，贵阳海关在贵州省食品安全宣传周启动仪式上围绕事前、事中和事后 3 个环节为公众介绍了海关在加强进口食品安全监管所采取的做法和措施，增进了消费者对海关监管工作的了解。全关累计组织食品安全口岸行、进企业、进社区、进校园等活动 34 场次，发放宣传资料 1,560 余份，参与人数 1,599 人次，接受群众咨询 607 人次。

▲2021 年 6 月，贵阳海关派员参加贵州省食品安全宣传周启动仪式（张毅　摄）

【监督抽检和风险监测】2021 年，贵阳海关印发进出口食品化妆品安全监督抽检及风险监测计划实施方案和贵阳海关供港蔬菜专项检查计划实施方案。全年共计完成进出口食品监督抽检样品 39 个。其中，出口样品 31 个，包括茶叶 10 个、调味品 15 个、蒸馏酒 6 个；进口样品 8 个，均为茶叶。完成跨境电商进口食品化妆品风险监测样品 9 个，包括乳制品 4 个、面膜 5 个。完成供港蔬菜风险监测样品 12 个。

【“国门守护”行动】2021 年，贵阳海关按照《贵阳海关进口食品“国门守护”行动实施方案（2020—2025年）》安排，持续做好“国门守护”专项行动。一是严格落实境外输华食品准入制度和生产加工企业注册制度，进一步加强对进口食品随附卫生证书的审核力度。二是加强对国内外非洲猪瘟、疯牛病、高致病性禽流感等重大动物疫病信息和境内外食品安全事件的分析研判，严防疫情通过未经准入的肉制品、含肉产品等动物源性产品传入传出。三是发挥反走私综合治理作用，组织开展“国门利剑”联合专项行动，开展反走私综合治理普法宣传活动和严厉打击食品农副产品走私情报收集及分析，全力查发走私违法行为。

【进口冷链食品口岸新冠肺炎疫情防控】2021年，贵阳海关组织召开专题研究部署会议，成立关区进口商品风险监测工作组，承担严防新冠肺炎疫情通过进口冷链食品传入相关工作，建立关领导、处长、科长三级值班值守制度。严格规范操作程序。按照总署最新要求，及时制修订《贵阳海关进口冷链及进口高风险非冷链食品（农产品）新型冠状病毒采样、查验和处置等操作指引》《贵阳海关严防新型冠状病毒污染进口冷链食品和农产品输入应急处置预案》等文件，对进口冷链食品风险监测所涉及的个人防护、采样、送样、实验室样品处理和检测、结果复核上报、预防性消毒等各环节操作进行规范，确保全流程全链条规范标准。组织培训演练。在全关范围组织开展个人防护、采样送样和预防性消毒等理论培训3次、现场实操培训3次，并进行岗前培训考核，开展进口冷链食品及包装新冠病毒核酸检测采样作业应急演练2次。加强联防联控。加强同地方疫情防控相关部门协同配合，建立沟通协调机制，共同做好进口冷链食品新冠肺炎疫情防控工作。

【夯实基础保障水平】2021年，贵阳海关进一步强化实验室能力建设。综合技术中心实验室认可能力扩项1,275项；检验检测机构资质认定扩项1,292项。参加权威机构组织的能力验证项目35项，为提高检测服务水平奠定良好基础。专业人才队伍得到充实。组织开展加工食品签证官资质培训及考试1次，累计新增加工食品签证官10名，关区具备加工食品签证官资质人员达52人，已覆盖全部9个隶属海关，可满足关区进出口食品安全监管工作需要。

（撰稿单位：动植食处）

商品检验

【概况】2021年，贵阳海关认真落实国家宏观调控政策，按照总署统一部署，强化重点敏感商品及新增出口法检商品监管，严把进出口商品质量安全关，进出口商品质量检出不合格28批。强化商检制度和指令的执行刚性，加强日常业务指导和监督检查，适时组织开展全面检查，及时、全面、准确掌握商品检验指令执行情况、初检和终检检出情况、不合格项目等信息数据，确保商检工作统一规范、令行禁止。

【队伍建设】2021年，贵阳海关加强检验监管执法队伍能力建设，开展进出口危险货物及其包装检验监管、出口打火机检验监管、进出口烟花爆竹检验监管3项岗位资质培训考核，通过37人次。组织开展商检领域岗位练兵与技能比武，推动职能部门组训集训、业务带头人示范领训、现场专业实操演练等，切实提升履职能力和水平，营造出“比学赶超”良好氛围。

【服务外贸发展】2021年，贵阳海关大力支持贵州内陆开放试验区建设，积极推进商检改革措施，加强对新技术、新材料、新产品的质量安全风险以及国外技术性贸易措施监测，支持跨境电商、保税维修等新兴产业发展。持续做好重点商品质量安全状况分析和商检业务风险评估，开展出口商品质量退运追溯调查2次，进一步完善商检工作过程监控、结果反馈，实现全链条闭环管理，做到情况明、数字准、责任清、工作实。坚决贯彻落实国家政策要求，严格执行出口化肥法定检验工作要求，统筹做好出口化肥产地检验监管，协调解决相关问题。

【进口商品检验】2021年，贵阳海关全力做好新冠肺炎疫情防控工作，按照总署统一部署，加强疫情形势分析研判，落实总署关于高风险非冷链集装箱货物口岸环节新冠病毒检测和预防性消毒有关工作要求。深入贯彻落实习近平总书记关于打击“洋垃圾”走私重要指示批示精神，积极运用境外装运前检验、固体废物属性鉴别等方式加强监管，防范“洋垃圾”伪瞒报、以废充旧入境，持续防范固体废物借道再制造入境，进一步强化事前、事中、事后全链条监管，查获处置夹带压力容器进口旧机电产品1批。聚焦“安全卫生健康环保”要求，加强进口家用电器、婴童用品、食品接触产品等重点敏感工业品的风险监测和质量安全检验监管，持续关注邮递渠道入境货物，配合完成邮递渠道查获禁止寄递危险化学品处置1起。持续开展“清风行动”，严厉打击进出口防疫物资、电池、灯具、服装箱包、儿童玩具、体育用品等商品假冒伪劣和贸易欺诈行为，在国际邮件渠道查获侵权商品1,555件。密切跟踪总署对进口危险化学品检验模式调整情况，加强业务指导、监督检查、技能培训，及时研究解决执行中存在的困难和问题，不断优化检验监管模式和指令要求。

【出口商品检验】2021年，贵阳海关坚决贯彻落实党中央国务院关于安全生产工作要求和总署工作部署，加强出口危险品及其包装安全监管，进一步提高思想认识、厘清责任边界、夯实工作责任、细化工作措施。成立贵阳海关进出口危险品检验监管工作领导小组，将进出口危险品检验监管纳入关区安全生产工作重点内容，作为贵州省安全生产专项整治三年行动危险化学品专项组成员单位，积极加强与地方开展危险品监管领域协作配合。密切跟踪、实时监控危险品检验监管情况并及时调整优化，修订检验监管操作指引，引导企业规范完整申报，坚决防范错填错报造成漏控漏检，确保危险品检验监管“零风险”。扎实开展危险品产地检验，对危险货物及其包装实施100%产地检验，新增4家出口打火机生产企业、5家危包生产企业，监管出口打火机、点火枪类商品2,080批，货值111,195万元，同比分别增长6.3%、0.7%。严格落实代码登记管理要求，做好对涉及出口化肥的29个10位海关商品编码增设海关监管条件“B”相关商品的检验监管，对出口产品硝酸铵按照“化肥+危险化学品”检测项目进行检验监管，并联系国家级进出口商品质量安全风险评估中心（上海）增加1条固有风险项目（国家标准GB/T 2945—2017规定的游离水质量分数）。

（撰稿单位：综合二处）

口岸开放与监管

【概况】贵阳关区共有 2 个航空口岸，分别是贵阳龙洞堡机场航空口岸、遵义新舟机场航空口岸。贵阳龙洞堡机场航空口岸于 1992 年 6 月获批正式对外开放。遵义新舟机场航空口岸于 2014 年 12 月获批临时对外开放，2019 年 12 月获批正式对外开放。

【货物监管】2021 年，贵阳海关监管进出口货物 285.68 万吨，同比增长 41.60%。其中，进口货物 281.91 万吨，同比增长 42.12%；出口货物 3.77 万吨，同比增长 11.38%。

【运输工具监管】2021 年，贵阳海关因新冠肺炎疫情影响，全年仅贵阳龙洞堡机场口岸有运输工具监管业务。共监管进出境运输工具（飞机）38 架次，同比减少 93.18%。

【邮件快件监管】2021 年，贵阳海关全年共监管国际邮件 59.42 万票，货值 5,196 万元。持续强化濒危动植物及其制品监管，在邮检渠道多次查获象牙、红珊瑚等濒危物种及其制品。持续强化扫黄打非工作，与国安部门建立协作机制，维护中国共产党成立 100 周年良好政治生态环境。持续做好反恐防暴工作，查获多起枪支、仿真枪零部件。持续强化毒品、国家管制类精神药品查缉，查获多起毒品大麻种子、“蓝胖子”减肥药等管制药品。

【跨境电商】2021 年 6 月 22 日，《海关总署关于在全国海关复制推广跨境电子商务企业对企业出口监管试点的公告》（海关总署公告 2021 年第 47 号）正式公布，明确自 2021 年 7 月 1 日起，在现有试点海关基础上，在全国海关复制推广跨境电商 B2B 出口监管试点。贵阳海关高度重视，第一时间组织在全省开展跨境电商 B2B 出口业务摸底调研。6 月 29 日，在开展问卷调查的基础上，贵阳海关召集 19 家跨境电商相关企业开展座谈，充分了解相关业务需求，并就相关政策进行解答。8 月 2 日，成立由分管关领导任组长的贵阳关区跨境电商 B2B 出口监管工作试点专项领导小组，就适用范围、职责分工、工作任务予以明确，结合贵州省实际对具体业务流程进行详细说明，建立工作进展月报制度予以推动。贵阳海关还针对性地根据企业情况开展“一对一”指导，积极帮助企业开展跨境电商企业注册备案及海外仓备案，并根据货物实际情况，从集货、运输方式、出境口岸、规范申报等各个环节提出指导性意见。8月3日，贵阳海关隶属遵义海关成功审核放行贵州省首票跨境电商出口海外仓（“9810”业务模式）报关单。8月19日，贵阳海关隶属筑城海关成功审核放行贵州省首票跨境电商企业对企业一般出口（“9710”业务模式）报关单。10月29日，跨境电商一般出口（“9610”业务模式）业务依托贵阳龙洞堡机场国际货运跨境电商监管作业场所成功落地。贵州生产的马桶盖首次通过跨境电商特殊区域出口（“1210”业务模式）出口到美国海外仓；贵州特色产品“老干妈”首次通过跨境电商出口到缅甸海外仓。

为严厉打击跨境电商进口走私违法活动，按照总署统一部署，贵阳海关高度重视，各部门协同配合，认真组织开展打击跨境电商进口走私“断链刨根”专项行动。制订实施方案，细化各部门任务分工，有序推进多条线专项整治。全面梳理跨境电商企业备案情况，对47家跨境电商平台企业开展核实，共取消企业备案资质16家，注销1家。对全省5家仓储企业设立的21本账册进行全覆盖式盘库核查，加强跨境电商企业管理，开展核查作业16起，查发12起。组织开展4起贸易调查作业，完成对43家跨境电商企业、2家物流企业的现场摸排，发现28家电商企业未正常运营。通过专项整治，进一步完善跨境电商正面监管体系，构建打击跨境电商走私长效机制，健全多部门、多维度联动风险防控机制，形成监管合力，进一步规范行业秩序。

【场所场地监管】2021年，贵阳关区共有海关监管作业场所3家（贵阳改貌铁路海关监管作业场所、贵阳龙洞堡机场国际货运海关监管作业场所、贵阳龙洞堡机场国际货运快件监管场所），集中作业场地4家（贵阳龙洞堡机场海关旅检现场、贵阳国际邮件互换局邮检作业场所、遵义新舟机场旅检现场、铜仁凤凰机场旅检现场）。应监管作业场所运营人申请，依法注销六盘水石桥物流园（四期）海关监管作业场所；依法对贵阳龙洞堡机场跨境电商监管作业场所予以注册登记。

2021年6月，贵阳关区各海关监管作业场所（场地）主管海关依据《中华人民共和国海关监管区管理暂行办法》等规定，开展“双随机、一公开”巡查工作。

【安全生产监管】2021年，贵阳海关深入贯彻习近平总书记关于安全生产的一系列重要论述，坚持统筹好发展和安全两件大事，积极履行海关监管职责，全力推动安全生产专项整治三年行动攻坚任务。贵阳海关党委高度重视安全生产工作，多次在党委会、党委理论学习中心组集中学习习近平总书记关于安全生产工作重要论述。成立由关长任组长的安全生产工作领导小组，切实压紧压实安全生产领导责任。关领导靠前指挥、深度参与，全面推动贵阳关区安全生产专项整治三年行动“攻坚年”各项工作任务开展。第一时间传达学习新修订《中华人民共和国安全生产法》(以下简称“《安全生产法》”)，充分利用新媒体、微信群等宣传方式多角度、全方位进行广泛宣传。扎实开展“安全生产月”“安全生产万里行”系列宣传教育活动，牢固树立安全意识。全面开展安全生产风险隐患排查整治，全年组织开展安全隐患排查16次，形成覆盖8个领域、涉及38项排查内容的责任清单，动态更新问题隐患与制度措施“两个清单”，确保形成闭环。安全形势总体良好，各监管业务现场、办公场所、实验室均未发生安全事故。

(撰稿单位：综合二处)

统计分析及政策研究

【概况】2021 年，贵阳海关扎实推进统计分析和政策研究工作，紧盯宏观热点服务经济决策。首次承担总署重点商品调研任务，获署领导肯定；参与署级、关级课题研究工作，承接省委重大改革调研课题，取得较好成绩；多篇分析被总署、省委省政府采用；贵州省异动商品监测预警研究报告获省领导批示。

【统计调查】2021 年，贵阳海关加强统计调查，全年完成《出口先导指数网络调查》12 期，样本填报及时率和数据有效率均为 100%。完成 2021 年上半年跨境电商统计调查、2021 年上半年跨境电商重点监测企业统计调查、2021 年上半年跨境电商地区统计调查、2020 年进口货物使用去向调查工作情况调研等专项统计调查任务，填报及时率均为 100%。

【统计监督和数据质量管控】2021 年，贵阳海关着力提升统计监督效能，针对关区出口数据波动异常、虚假贸易风险较高的情况，统计部门加大关区出口异动数据监测分析力度，并与风险、缉私等部门联合开展风险研判，通过多篇统计监督报告及时向总署、省领导及相关部门反映虚假贸易风险，其中手机专题被省政府信息专报采用并获主要省领导批示，为政府决策提供了辅助依据。加强统计数据质量管控，运用大数据手段提升系统应用能力，通过职能部门筛、隶属海关核的形式开展报关单数据核查，全年制发核查处置单 15 份，有效命中 11 份，撰写统计监督信息 5 篇。报关单数据质量控制效果较好。

【政策研究】2021 年，贵阳海关积极开展政策研究，组织编写完成《贵阳海关贯彻落实〈‘十四五’海关发展规划〉实施方案》。加强重大课题政策研究，开展贵州省外贸物流通道课题和贵州省内陆开放型经济试验区课题研究；“RCEP 对贵州外贸产业影响分析研究”课题在 2021 年度贵州省委全面深化改革重大调研课题评选中获得三等奖，获省领导批示肯定，并作为优秀课题在“贵州改革”微信公众号推送，在《贵州改革情况交流》刊载，供各地各部门学习参考，同时被收录到《聚焦“四新”推改革——2021 年度中共贵州省委全面深化改革重大调研课题优秀成果汇编》中，由贵州出版集团贵州人民出版社出版发行。

【统计服务】2021年，贵阳海关紧盯宏观热点服务经济决策。开展对铁矿砂、肥料等重点商品的研究工作，3篇大宗商品专题分析报告被总署采用；针对贵州省特殊商品开展分析研判，分析报告获得省领导批示。全年共撰写各类统计分析报告25篇，报送省委省政府10篇、总署18篇，获省委省政府采用10篇、总署采用3篇。2021年贵阳海关主要数据统计情况见表4-1。

表4-1 2021年贵阳海关主要数据统计情况一览表

项目		2021年	同比±%
进出口货运量	合计（万吨）	286	41.60
	进口	282	42.12
	出口	4	11.38
进出口贸易总值	合计（万美元）	1,012,403	27.98
	进口	258,426	53.46
	水路运输	123,815	98.37
	铁路运输	807	388.21
	公路运输	53,290	-9.04
	航空运输	80,241	70.82
	邮件运输	270	43.20
	其他运输	3	-94.46
	出口	753,977	21.09
	水路运输	424,108	49.36
	铁路运输	3,487	-52.26
	公路运输	230,773	8.13
	航空运输	83,110	-3.60
	邮件运输	457	44.95
	其他运输	12,041	-61.72
税收	实际入库税收（万元）	69,224	32.47
	入库关税	8,207	26.63
	入库进口环节税	61,017	33.30

续表1

项目		2021 年	同比±%
货物检验检疫	货物检验检疫（批次）	12, 167	-13. 41
	出境	11, 207	13. 11
	入境	960	-76. 83
	货物检验检疫金额（万美元）	84, 336	27. 54
	出境	77, 634	36. 38
	入境	6, 701	-27. 15

（撰稿单位：综合一处）

企业管理和稽查

【概况】2021年，贵阳海关强化监管、优化服务，充分发挥职能管理作用，全面提升关区企管、稽查、加贸业务水平。

【企业管理】2021年，贵阳海关持续深化“放管服”改革，简化报关单位备案流程，取消报关企业注册行政许可审批，报关单位实现全程网办，企业备案时间大幅缩短。全年共办理报关单位备案登记618家，企业变更291家。“多报合一”“多证合一”“注销便利化”等改革红利持续释放，“多报合一”报送企业数同比增长13.91%，“多证合一”备案企业数同比增长80%，通过“注销便利化”注销企业实现了关区零的突破，切实降低企业成本，为进出口企业营造便利环境。坚持“放”“管”并重，加强报关单位注销管理，主动对295家已在市场监管部门注销或吊销的企业进行清理，加快无效低效市场主体退出，严格把控注销作业时效，全年共办理报关单位注销336家。加强对企业备案信息的综合分析，选取“一址多企”“一人多企”等企业开展注册信息核对，深度排查失信企业状态，共开展注册信息核对121家。成功备案首家出口水产品养殖场，取消进口肉类收货人备案事项和进口化妆品境内收货人备案，全年共新增出口食品生产企业106家，出口食品原料种植、养殖基地备案56家，供港澳蔬菜种植基地14家，进口食品境内进口商备案企业14家。以海关信用管理改革为契机，强化政策宣贯，通过“贵阳海关发布”、举办现场培训会等“线上+线下”方式加强政策宣传，紧抓信用培育，以国家和地方重点扶持企业、与“一带一路”沿线国家（地区）有贸易往来企业、海关特殊监管区域内企业、制造业民营企业、产业链供应链中龙头企业等为重点，引导企业守法自律，共开展企业信用培育53家次。服务企业发展，加快新申请企业认证工作进程，顺利认证通过第一家贸易型高级认证企业。充分发挥企业协调员作用，落实“问题清零”，助力企业纾难解困，全年共接受企业咨询500余次，解决企业问题30余个。强化企业动态监管，全年共上调企业信用等级54家，下调企业信用等级12家。

【保税监管】2021年，贵阳海关认真落实各项政策措施，积极推动加工贸易发展。支持符合条件的企业开展以企业为单元加工贸易监管模式，结合手册、账册管理，逐步构建以合同、企业为单元的多层次加工贸易监管模式，全年新设立手册29本、账册4本，核销手册40本、账册11本；规范重点加工贸易企业管理，成立专班推动贵州轮胎股份有限公司完善加工贸易管理，支持企业完成信息化系统改造，提升经营管理水平；坚持创新驱动和产业升级，推动海关特殊监管区域保税加工业务发展，认真落实分类仓储、一般纳税人试点、“四自一简”等优惠措施和政策，支持综合保税区开展保税维修、粮食加工等新业态。

推动保税监管场所业务取得突破。全年保税监管场所货物入库量达到9.3万吨，再创入库量新高。保税航油实现首次加注，为重要外事活动提供服务保障。支持跨境电商“1210”业务发展。组织开展专项调研并撰写“贵州省跨境电商‘1210’业务调研报告”供决策参考；贵安综合保税区、遵义综合保税区正式开展跨境电商“1210”进口业务，目前贵阳关区3个综合保税区已全部开展该项业务；复制推广跨境电商退货中心仓模式，在3个综合保税区均设立跨境电商零售退货中心仓，进一步便利跨境电商零售进口商品退货。

全年加工贸易进出口总值115.6亿元，同比增长53.9%；保税物流进出口总值54.2亿元，同比增长94.4%。

【稽查核查】2021年，贵阳海关认真贯彻落实习近平总书记关于禁止“洋垃圾”入境的重要指示批示精神，充分认识禁止“洋垃圾”入境工作的长期性、艰巨性、复杂性，进一步强化禁止“洋垃圾”入境立体防控措施。组织开展进口固体废物企业专项稽查行动，对1家涉嫌存在固体废物风险的企业开展专项稽查；制订关区2021年度进口再生金属专项稽查行动工作方案，从风险摸排、研判、形成稽查指令到处置移交等各环节进行安排部署，保持打击“洋垃圾”走私入境的高压态势。牢固树立总体国家安全观，不断拓宽稽查范围，对出口含濒危材质吉他企业开展行业性贸易调查，对其中3家高风险企业开展专项稽查，查处了关区某企业因税号申报不实，将含有濒危木材（阔叶黄檀木）的吉他申报为普通材质的吉他，影响国家出口退税管理、逃避濒危物种允许出口证明书管理的违法违规行为，有力维护了国门安全。加大海关服务与监管并举力度，扩大主动披露受益范围，利用“点线面”相结合的方式扩大主动披露政策宣传范围，帮助企业加强自律管理和建立自查自纠的内控机制。认真落实全国海关企业管理和稽查工作会议精神，聚焦重大税收风险，以全国海关稽查改革为契机，进一步优化稽核查队伍建设，推荐关区稽查骨干进入总署稽查专家人才库的同时，选拔建立关区机动稽查队伍，打造关区专家人才库，形成以专家为领头雁的“雁阵格局”，同时通过优化作业模式、深化运用中介机构等方式不断提升稽查查发效能。针对涉及固体废物、濒危物种、大宗散货、飞机租赁和特许权使用费等企业开展专项稽查，全年办结稽查作业18起，查发问题10起，其中涉及主动披露6起。办结核查作业199起。

【属地查检】2021年，贵阳海关推进属地查检业务改革，制订工作方案，统筹安排、循序渐进推进属地查检业务改革，做好属地查检业务外勤执法执行管理职责的调整工作；明确关区属地查检工作涉及部门职责，各业务职能管理部门从有效落实各自业务领域的监督管理职责出发，加强对查检工作的业务监督和专业技术指导，提升海关查检工作管理水平、规范隶属海关查检人员现场作业、加强属地查检监管力度；组织开展属地查检业务领域安全生产和疫情防控工作监督检查，对发现的问题及时整改，提升属地查检业务工作质量。

【优化口岸营商环境】2021年，贵阳海关实施优化营商环境若干措施，更好服务市场主体。严格落实提前24小时预约通关要求，实施贵州口岸预约通关；大力推广“提前申报”，引导企业提前办理单证审核和货物运输作业，进、出口提前申报率分别为55.43%、78.28%；除企业自理报送外，进出口单证全面实现电子数据上传和零费用。依法压减进出口环节验核的监管证件，除安全保密需要等特殊情况外全部实现通关环节联网比对核查。进出口环节监管证件精简至41种，精简幅度超过50%。其中，38种监管证件已实现联网核查，企业无须前往海关递交纸质证书；推行口岸作业单证电子化流转，推进实施两用物项和技术进出口许可证申领和适用货物及技术通关无纸化业务；持续深化“单一窗口”推广应用，推进完善功能拓展，主要申报业务应用率达到100%；持续巩固压缩整体通关时间成效，强化报关单运行监控和异常处置。2021年，贵阳海关进、出口货物整体通关时间分别为9.62小时、0.56小时，较2017年分别压缩89.16%、92.88%。

（撰稿单位：企管处）

查缉走私

【概况】2021年，贵阳海关坚决贯彻落实习近平总书记关于打击“洋垃圾”走私、打击濒危动植物走私等有关重要指示批示精神，保持打击走私高压态势，围绕关区打私重点，精准打击，推动“国门利剑2021”联合专项行动取得新战果，共立案查办案件45起，案值约13,163.38万元。其中，刑事立案7起，案值747.55万元；移送起诉刑事案件7起；行政立案38起，案值约12,415.83万元；行政结案42起，结案案值19,780.74万元。办理协查案件55起。

【打击走私工作】2021年，贵阳海关开展“国门勇士”集中缉枪行动，查获疑似仿真枪支1支、水弹枪44支及零配件1批、仿真气动力手枪3支及零配件1批；严厉打击“水客”走私，破获1起利用“水客”走私普通货物案件，抓获嫌疑人1名，案值66万元，涉税11万元，现场查扣疑似涉案GUCCI、LV、CHANEL、BVLGARI、PRADA等国际知名品牌奢侈品包、围巾、鞋、衣服、皮带等物品300余件。严厉打击毒品走私，首次查获新型毒品，成功缴获疑似LSD毒品“邮票”10张，净重0.2克，抓获嫌疑人2名；在兴义市抓获涉嫌走私毒品的犯罪嫌疑人1名，现场缴获疑似毒品大麻花10余克。严厉打击重点商品走私，成功破获3起利用国际邮寄渠道走私雪茄香烟案件，成功抓获嫌疑人3名，案值175余万元，现场查扣疑似走私雪茄香烟2,600余支；侦办走私苹果手机案件1起，并在地方公安及兄弟海关缉私局的支持下，在贵阳、厦门、深圳3地出动警力50余人，抓获犯罪嫌疑人13名，案值520万元，现场查获大量电子证据及书证。严密防范象牙等濒危物种及其制品走私。查获象牙制品11件，查获濒危愈创木制品6个。

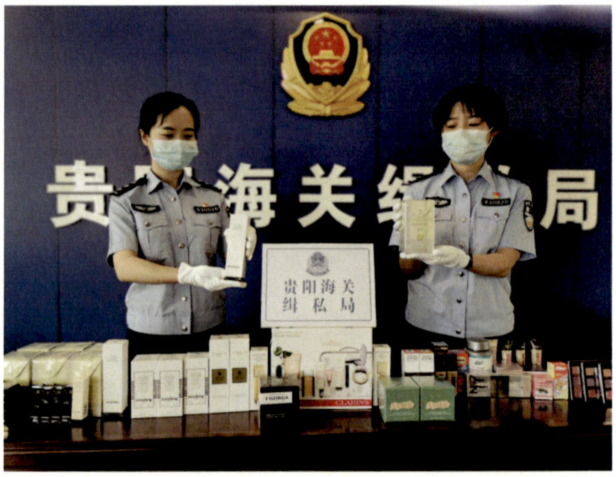

▲2021年7月，贵阳海关缉私局破获一起“水客”走私行为案件（熊冰晶　摄）

【执法合作】2021年，贵阳海关坚持“1+N”执法合作理念，深入推进与地方多方执法资源务实合作，积极探索内陆缉私工作模式。统筹用好优势，在合成联动上拓展深度，与省公安厅刑侦总队草拟联系配合办法；与市公安局禁毒支队、民航公安局签订《协作配合工作机制》；建立全省打击枪爆走私联络员制度，畅通枪爆物品、毒品快速鉴定通道，形成警力调派支援机制；加强与省公安厅禁毒总队合作，把“国门利剑2021”行动与禁毒“大扫除”、“净边”专项行动结合起来，推动实现对国际物流渠道走私毒品及禁限精神药品案件的情报共享、联合打击；加强与省邮政主管部门配合，逐步实现邮政渠道“国际+国内”全环节物流链掌控；探索建立联合情报研判工作室，从进出口企业和进出口商品数据入手，推动建立国家安全和缉私工作协同配合机制；加强与中国检验认证集团合作，提高涉案物品价值及真伪等鉴定工作效率；加强与兄弟海关缉私局和贵阳海关业务部门业务交流合作，实现关区间对案件线索的联合研判，提高情报线索研判质量，加强对贵阳海关案件及情报线索移交标准管理，提高海关业务部门对相关线索前期分析研判意识，提高贵阳海关线索移交成案率。

【法制建设】2021年，贵阳海关围绕“抓制度、强基础、促规范”，制修订工作制度，组织警员学习应用执法办案平台、案管系统、海关缉私协查系统、H2010海关情报信息系统，开展针对性法律知识培训与测试，纠正缉私执法错误，夯实业务基础，提升办案规范化水平；完成新办案区设备验收工作，开展在用执法办案区检查，上报对执法办案区规范执法“四个一律”等规定执行情况和执法场所设置建议意见；加强执法监督，发挥案管中心的专业监督作用，逐步实现执法全流程进系统、可追溯，防范化解执法风险；提高关案审会运作效率，紧盯办案期限，采取每月通报、预警提示、落实责任等措施，提高办案效率。规范案件流转，全面实施刑事案件“统一审核、统一出口”机制；加强协调沟通，与检察院、法院建立联系机制，提高移送起诉工作水平；加强积案清理和涉案财物处置工作。开展执法回访和普法进校园宣传活动5次。

▲2021年1月，贵阳海关缉私局、贵阳市公安局支队“净边2021”专项行动工作协作会现场（燕子乐　摄）

【反走私综合治理】2021年，贵阳海关强化反走私综合治理，构建“打防管控”治理体系，做到打击有力、防范有方、监管有策、控制有效。聚焦“洋垃圾”、象牙等濒危物种及其制品走私和“水客”走私等突出问题，深化专项打击和综合整治，坚决遏制走私势头。强化省打私办的机构和人员设置，向上级部门呈报建议，经省政府领导同意，更新省打私领导小组领导和成员。争取省政府大力支持，推动各地持续完善打击走私综合治理领导小组和打私办设置。制发相关工作通知，派员到重点市（自治州），实地督导检查各地对重点商品、重点领域反走私综合治理情况、平安建设推进情况、开展打击走私“国门利剑 2021”联合专项行动、打击冻品走私、禁止“洋垃圾”入境和打击野生动物及其产品走私等工作情况，以有力督导压实工作责任，切实加强整改，解决实际问题；建立海关查获走私冻品由地方归口处置工作机制，得到全国打私办肯定。制发打击冻肉走私相关通知，细化打击冻品走私的主要分工、配套措施，全面加强对冻品走私的综合治理。开展打击和预防水果走私综合治理宣传。

▲2021 年 3 月，贵阳海关开展“世界野生动植物日”宣传活动（黄哲　摄）

【“国门利剑 2021”联合专项行动】 2021 年，贵阳海关结合贵州省经济社会发展和地域位置等特点，科学研判贵州具备“走私通道、走私货物集散地和消费地”的走私总体态势，把“国门利剑”行动聚焦到打击“水客”走私、濒危物种及其制品走私、毒品和枪支走私、重点涉税商品走私上，坚持“专项+联合”，立足于专项打击，着眼推动建立“打防管控”的反走私立体防控打击体系，有针对性地开展情报经营、案件侦办和深挖扩线，综合施策，持续用力，打出实效。领导重视，高位推动。为加强组织领导，贵阳海关明确关长是关区打击走私工作的第一责任人，对关区打私工作和“国门利剑 2021”行动负总责；缉私局履行专业打私职责，做好行动的牵头、组织、协调、推动工作；办公室、综合业务一处、综合业务二处、卫生检疫处、动植物和食品检验检疫处、企业管理和稽查处、缉私局、财务处、科技处、督察内审处、人事教育处、各隶属海关充分发挥各自作用，紧密配合，共同推进“国门利剑 2021”专项行动。制订方案，细化分工。在认真分析研判贵阳关区走私态势的基础上，制订贵阳海关打击走私“国门利剑 2021”联合行动工作方案，明确行动目标、打击重点、职责分工、工作步骤、时限要求，要求全关各部门（单位）认真贯彻抓落实，切实打出成效；要求关行动办和督察内审部门厉行督导检查，深入基层一线，督导各部门（单位）

专项行动有力推进，切实做到“部署有计划，推进有力度，落实有成效”。精准打击，收效明显。开展打击走私“忠诚保华诞”活动。持续开展“国门勇士”集中缉枪行动，连续查获疑似仿真枪支、水弹枪、仿真气动力手枪及零配件一批，为庆祝中国共产党成立100周年营造和谐稳定的社会环境。严厉打击“水客”走私。破获1起利用“水客”走私普通货物案件，抓获嫌疑人1名。严厉打击毒品走私。在贵阳龙洞堡机场海关关区内首次查获新型毒品LSD“邮票”，成功缴获疑似LSD“邮票”毒品、疑似毒品大麻花。严厉打击重点商品走私。成功破获3起利用国际邮寄渠道走私雪茄香烟案件，侦办走私苹果手机案件。正面监管、防控堵截。贵阳海关各部门和各隶属海关继续发挥打击走私的基础性作用，积极参与和协助查私办案，各隶属海关结合关区实际，主动推进打私工作。如贵阳龙洞堡机场海关全年在邮寄渠道查获疑似淫秽书籍482本（套）、疑似淫秽光碟11张、疑似淫秽制品（抱枕、画册）40件；毕节海关结合“双打”“清风行动”等专项工作，派员到大型超市、农贸市场、花鸟市场开展调研，同步进行走私线索摸排；铜仁海关利用赴企业调研的契机，持续向皮毛制品生产企业宣传反走私法律法规知识，要求企业通过合法合规途径采购原料；综合业务一处根据监管现场提出的风险布控需求和自主分析风险情况，新增及优化布控指令规则，在邮递渠道经风险布控113条指令等等。广泛宣传，扩大影响。及时向总署、地方党委和政府、省打私办报告反馈专项行动开展的情况和取得的成效，争取得到各方关注和支持。贵州电视台、《贵州日报》、新华网、人民网、多彩贵州网、“动静贵州”等多家媒体和网站分别发布或转载《贵阳海关缉私局开展打击“水客”走私行动查扣涉嫌走私国际奢侈品300余件》《贵阳海关缉私局开展普法进校园》等新闻26篇，宣传海关加强正面监管和严厉打击走私对促进地方外向型经济健康稳步发展的意义，营造良好的舆论氛围，取得较好的社会效应。强化督导，推动工作。为确保关区专项行动工作扎实有力推进，关行动办和监审、督察部门主动继续深入基层、下到一线，督导各业务部门贯彻落实好总署和关区制定的专项行动任务要求；缉私局督察处对案件侦办工作及时进行随案督察，法制处利用案管系统进行监督，确保案件侦办各项工作程序合法、质量过硬。

▲2021年7月，贵阳海关缉私局参加全国缉私会战（黄哲　摄）

【队伍教育整顿】2021年，贵阳海关在中央督导组的有力督导和总署缉私局的正确领导下，坚决扛起政治责任，坚持高标准、高起点，突出政治建设、突出表率作用、突出建章立制，努力做到学习教育出新出彩、查纠整改落地落实、顽疾整治有力有效、建章立制抓源治本，取得了应有成效。高位推动部署。紧紧对标党中央决策部署、中央第十三督导组要求，积极学习第一批教育整顿优秀经验，部署推动第二批教育整顿工作。以最大努力抓责任落实，抽调24名民警和辅警组成工作专班，占警力总数70%。以最实作风抓组织推动，认真制订教育整顿工作方案，同时对重点工作制订21个“子方案”，确保查细查全。以最积极的态度主动作为。对照必做动作先走一步，制订工作方案、提前组建专班、召开部署会、开展“政治家访”、开展全员谈心谈话、选树先进典型等，为开好局打牢基础。扎实组织学习教育。将学习教育贯穿教育整顿工作始终，共制定122项学习任务，组织全员集中学习25次，党委理论学习中心组（扩大）学习10次，举办习近平新时代中国特色社会主义思想读书班7次，党支部集中学习4次，“一把手”讲党课2次，开展重温习近平总书记训词、入警誓词活动1次，集体唱警歌6次。以“四个更加”聚焦“动真”，扎实推进查纠整改。紧紧围绕中央政法委、中央第十三督导组以及公安部、总署缉私局部署，通过宣讲宽严政策，广泛收集问题建议，开展运用监督执纪“四种形态”兑现宽严政策，召开党组民主生活会及组织生活会等，将教育整顿工作不断引向深入。紧盯“五个清单”“八个短板弱项”等要求，深刻剖析问题成因，制定整改措施，所有问题和建议全部处置整改。立足主责主业，提升为民办实事能力。针对群众“急难愁盼”问题，从微处、精处、需处深入推进“为群众办实事、为基层解难题”活动。积极协调贵阳市中级人民法院，协同建立判决生效后冻结款项及时解冻机制，得到群众好评。建立案件回访工作机制，对2家涉案企业进行回访，协助解决困难与问题，受到企业好评。到乡村振兴重点帮扶村狮山村进行“双联双促”，捐口罩抗疫情，送法进校园，协助总署缉私局开展公安部定点帮扶贵州省兴仁市、普安县爱心捐赠活动。由缉私局领导带队，对民警家庭开展政治家访19次，了解警员家庭困难，征求意见建议，签署《贵阳海关缉私局家庭助廉倡议书》，建立“警属助廉联络群”，构建起单位、社会、家庭“三位一体”的廉政建设格局。以“三个抓实十个提升”聚焦“较真”，认真抓好总结提升。一方面，围绕“七看”标准做好自我评估，扎实开展教育整顿“回头看”工作，重点总结经验成果。另一方面，积极集成、运用教育整顿的成功经验，突出问题整改与建章立制结合、猛药治疴与抓源治本贯通，坚决破除制约严格执法、影响队伍形象的堵点难点。通过“三个抓实”，切实做好教育整顿“后半篇文章”，抓实问题清仓见底，所有问题和建议经去重、整合、筛查初审后，按照“报总署缉私局审核、本局内部转办、组织核查”程序，运用“清单式+跟踪式+销号式”闭环工作法，强化问题“建督改”管理。对照“回头看”评估验收标准，逐条细化举措、逐一明确责任，确保整改工作不留死角、不留盲区。基本实现顽瘴痼疾整治清仓见底、督导反馈问题全面整改、队伍能力素质明显提升的工作目标，圆满完成教育整顿各项任务，队伍面貌焕然一新。

（撰稿单位：缉私局）

“三智”工作及技术性贸易措施研究

【概况】2021年，贵阳海关推动“三智”工作全面发展，加强对技术性贸易措施研究评议基地建设督促指导。

【“三智”工作】2021年，贵阳海关以“智慧航空口岸”为引领，建立“统一指挥、执法联动、管控到位、信息共享、方便顺畅”的贵州航空口岸智慧监管体系，推动“三智”工作全面发展。联合地方各口岸单位发起项目建设，并积极与贵安华为云数据中心加强沟通交流。通过物联网、大数据、人工智能等技术手段，打造“强化疫情防控、旅客无感通关、货物高效查验、风险智能预判、口岸精准执法”的一体化服务平台，将疫情防控与高效监管结合起来，实现口岸海关监管执法由低层级的信息化向高水平、高智能的智慧化方向转变，为贵州省外向型经济发展提供更高效的监管、更优质的服务。

【技术性贸易措施研究】2021年，贵阳海关加强对遵义绿茶、白酒产品技术性贸易措施研究评议基地建设督促指导，积极协调相关地方政府及行业主管部门、行业协会，形成工作合力，不断提升贵阳海关技术性贸易措施研究、应用水平，促进贵州省白酒、茶叶、鲟鱼等产业健康发展。

以技术性贸易措施为驱动，推动贵阳海关国际合作交流上台阶。成立分管副关长任组长的贵阳海关技术性贸易措施工作组，积极推动遵义白酒、绿茶技术性贸易措施研究评议基地（全国唯一）建设。及时关注贵州省鲟鱼养殖企业出口越南困难，第一时间组织编译越南方文件，深入开展分析，向总署、省委省政府进行反馈，获得高度关注并及时与越南政府沟通反馈相关情况，成功促使贵州省鲟鱼顺利出口越南，为企业避免了损失，推进了贵阳海关的国际交流合作。

（撰稿单位：办公室、综合一处）

第五篇

政务及后勤保障

政务管理

【概况】2021年，贵阳海关认真落实全国海关工作会议和全面从严治党工作会议部署，落实关党委工作要求，充分发挥“上传下达”中枢功能，持续推进各项工作再上新台阶。结合党史教育活动，策划并组织实施“我下基层办实事”活动，详细了解基层工作现状，帮助基层发现和解决实际问题。从细、从严、从实抓好疫情内部防控，制订闭环管理工作方案，组织开展疫苗接种工作，切实保障干部职工的身体健康和生命安全。持续加强关区信息队伍建设，成立关区信息宣传小组，围绕中央决策部署，按照总署关于信息工作的最新要求，进一步提高信息报送的数量和质量。将高质量做好海关12360热线与地方12345热线归并工作纳入党委“我为群众办实事”实践活动重点民生项目清单，扎实推进海关12360热线与地方12345热线归并。贯彻落实中央八项规定，制定为基层减负措施，持续解决形式主义问题。进一步加强应急值班工作，保密、档案等专项工作多头并进、取得成效，全年无泄密情事发生。

【疫情内部防控】2021年，贵阳海关持续做好疫情内部防控工作，制定内部防控指南，细化关区10个内部防控措施，下发28次工作通知，对地方公布的疫情和病例轨迹开展排查处置，从紧、从细、从严、从实抓好疫情内部防控，切实保障干部职工的身体健康和生命安全。坚持每日收集国内疫情数据、中高风险地区、口岸疫情防控、关区人员体温检测等情况，整理形成办公室疫情防控汇总日报、总值班室日报告，全年分别编写706、705期。牵头制订并重新细化《贵阳海关入境人员卫生检疫岗位工作人员封闭管理工作方案》，专门制订《圭亚那包机封闭管理工作方案》，组建工作专班和沟通联系机制，及时了解封闭管理工作人员生活和心理状态，协调解决封闭管理期间遇到的各类问题。

【应急值守】2021年，贵阳海关严格按照总署要求落实全年“7×24小时”值班工作，做好节假日、重要会议活动等重要时间节点的值带班工作。加强对机关和隶属海关值班员值班培训，制作“应急值班明白卡”，明晰应急值班应知应会知识和值班工作要求。联合相关部门持续改善应急值班室条件，提高应急值班后勤保障水平。全年实现应急值班工作“零纰漏”。

【政务信息】2021 年，贵阳海关持续加强关区信息队伍建设，成立关区信息宣传小组，围绕中央决策部署，按照总署关于信息工作的最新要求，在“细化”“深化”上下足功夫，结合贵阳海关工作重点，进一步提高信息报送的数量和质量。全年共计上报各类信息 110 篇次，获得采用 85 篇次；6 篇要情采用数创造了贵阳海关历史最好水平；及时上报的跨境电商、打火机产业发展等信息获得批示。首次顺利承办总署办公厅互联网信息能力提升行动班。

【会议管理】2021 年，贵阳海关守住精简会议硬杠杠，进一步压缩会议数量，全年召开会议 17 次，同比有所下降；进一步提升会议质量，不解决实际问题、准备不充分的会议一律不开，高质量组织开展贵阳海关年度工作会议、形势分析及工作督查例会等重要会议。

【公文处理】2021 年，贵阳海关严格落实精简文件要求，年初即制订全年发文计划，建立总体调度台账，对各部门发文数量情况进行适时调配，每季度公布各部门发文数量及占比情况，实时进行调度。建立贵阳海关公文收发工作群，规范部门收发人员办文职责，规范收发文办理流程，进一步明确流程和时效性要求；建立急办件提醒机制，全年编发 4 期《贵阳海关收发文办理情况质效评估分析报告》，每季度对各部门发文错情、办件数量、流转效率、办理结果等相关情况进行通报。全年发文数量持续下降，获全省公文处理考核优秀等次。

【督查督办】2021 年，贵阳海关坚持“第一议题”制度，在每月形势分析及工作督查例会上听取贯彻落实习近平总书记重要指示批示精神工作进展情况汇报，对贯彻落实习近平总书记视察贵州重要讲话精神开展专项督查；严格督办主要负责同志批示文件落实完成情况，汇编领导参阅材料 14 期。以目标为导向，紧盯综合考核工作开展督查，建立新的目标绩效管理模式，强化监督力度和落实情况过程管理，加强审核把关，确保各项指标高质量完成，在 2021 年度贵州省综合考核中，贵阳海关分获特等奖和改革创新项目一等奖。

【建议提案办理】2021 年，贵阳海关通过建章立制、密切沟通、严格办理时限等措施提高建议提案办理质效。3 件人大建议和 4 件政协提案均高效按时完成办理并答复，满意率 100%，其中第 705 号建议《关于在安顺市设立海关机构的建议》为贵阳海关历史上首次独办件，并被列为 2021 年省人大常委会主任会议督办建议。

【保密管理】2021 年，贵阳海关不断完善管理机制，及时调整关保密工作领导小组及其办公室成员，重新明确工作职责，落实保密主体责任；建立健全关保密工作管理机制，分类整理79项保密工作制度，进一步规范管理要求。召开年度保密工作会议，传达学习全国保密工作座谈会会议精神、省领导关于保密工作的批示要求，对泄密违规案例通报进行学习，回顾总结上年度关区保密工作情况并对下一阶段工作进行安排部署；加强设备管理，开展非涉密计算机专项保密检查，抽查关区200余台非涉密计算机逾3万份文件，无存储处理国家秘密等情况。开展社交媒体保密管理，全关共679人完成自查，组织签订专项保密承诺书。印发微信工作群管理规范，建立微信等社交媒体保密管理长效机制。开展保密年度自查自评，逐项梳理检查并改进完善，确保各项保密要求落实到位。加强涉密人员管理，定期开展教育培训，开展准入保密审核，建立台账，做好动态管理。办公室崔宇同志被评为全国海关系统机要保密先进工作者。

【档案管理】2021年，贵阳海关将学习贯彻习近平总书记关于档案工作重要批示精神纳入关区形势分析会“第一议题”及月度政治理论学习重点，组织档案员专题学习，开展线上研讨，就提高关区档案工作质量和服务水平提出措施；撰写分析报告提出改进措施，从基础业务建设、信息化建设、专项工作等方面入手，全面复盘关区档案工作现状，立足长远，提出下一步工作目标和要求。组织红色档案故事征文活动，先后两次开展“讲好海关红色档案故事”主题征文，共收集基础稿件25篇，其中《无悔奉献续华章——贵阳海关干部驻村扶贫侧记》一文被总署《追寻红色记忆 传承红色基因——海关档案故事100篇》一书采用。做好档案日常管理，开展年度归档工作，按时完成上年度文书档案的归档和整理，完善归档文件电子目录数据库，确保文件资料收集齐全完整、保管期限界定准确；做好档案利用，规范执行借阅审批和登记制度等。做好档案安全管理，制定《贵阳海关档案库房检查情况记录表》并严格开展每日巡查；全年开展汛期档案安全检查和库房安全专项检查共3次，针对各隶属海关、业务档案管理部门安全管理现状进行深入细致检查，填写《贵阳海关安全专项检查记录表》14张，根据排查情况及时落实整改，筑牢档案安全防线。开展国际档案日宣传活动，结合习近平总书记关于档案工作重要批示精神，延续国际档案日“档案话百年”主题，在关区举办1次电子图片展，设计制作多张不同内容风格的档案宣传图，通过关区大厅LED电子屏滚动播放。

【政务公开】2021年，贵阳海关修订印发贵阳海关政府信息公开工作规程、审查规程和依申请公开工作规程，新增政务公开子栏目11个，优化升级4个；对原有10个办事指南修订完善，新增14个办事指南。多渠道主动公开信息共计830余条，上传动态信息及重点工作、会议、活动等相关图文信息共计260余条，发布各类政策解读14条。开展隶属海关政务公开能力提升工作，组成工作组赴贵阳龙洞堡机场海关、六盘水海关、毕节海关3个隶属海关开展政务公开工作实地调研和业务培训3次，现场了解困难问题，收集需求建议13条，确定工作提升思路。以门户网站为平台，开设依申请公开栏目，详细说明依申请公开程序、邮寄地址、电子信箱、传真号码等，全年收到12条以邮件（信件）形式依申请公开事项，并在法定期限内办结，无因政府信息公开而被提起行政诉讼、投诉举报及申请行政复议情事。

▲2021年7月20日，贵阳海关召开贵州省上半年外贸数据新闻发布会（宋双秀　摄）

【信访工作】2021年，贵阳海关印发依法分类处理信访诉求清单，进一步加强信访工作法治化、规范化建设。全年受理信访举报及各类问题线索反映8件（均为12360热线渠道反映），均按规定要求及时办理，办结率和满意率均达100%。

【新闻宣传】2021年，贵阳海关在总署计分平台发稿153篇次，外贸案例首次获中央电视台《新闻联播》采用，全年获中央级媒体报道11篇，全年新闻宣传工作成效明显。“贵阳海关发布”微信公众号坚持发现身边先进事迹，展现职工风貌，记录黔关历史，不断创新发布形式，累计更新703期，成为贵阳海关重要宣传载体。

（撰稿单位：办公室）

财务管理

【概况】2021 年，贵阳海关广泛调研基层单位保障难题，持续挖掘财务保障工作“金点子”，坚持“过紧日子”。

【税费财务管理】2021 年，贵阳海关“两税”收入合计 6.92 亿元，同比增长 32.5%。其中，关税入库同比增长 26.6%，增值税入库同比增长 32.7%。印发贵阳海关持续贯彻落实“过紧日子”的 12 条细化措施，从严从紧控制预算资金。

【预决算管理】2021 年，贵阳海关坚决落实总署“过紧日子”要求，建立健全厉行节约长效机制。11 月，总署新增贵阳海关艰苦地区边关生活设施保障能力提升工程中心海关改造项目立项。完成各三级预算单位 2020 年部门决算批复并报送贵阳海关 2020 年政府财务报告。

【企事业财务管理】2021 年，贵阳海关制订《贵阳海关事业单位所属企业脱钩工作方案》，严格按照决策程序和执行报批流程，依法依规开展脱钩企业清理，完成注销工作。按照国企改革三年行动方案要求，督促所属企业完善“四会一层”权责工作制度和议事规则，并将党建工作总体要求纳入企业章程。

【装备资产管理】2021 年，贵阳海关全面推广资产合理化、规范化、精细化管理。与省税务局、财政部贵州监管局、黔东南州税务局等单位沟通协调，于 2021 年 11 月完成凯里海关办公楼土地划转和变更手续。提升采购管理效能，发布《贵阳海关关于印发〈贵阳海关采购实施细则〉〈贵阳海关采购操作规程（2021 年版）〉的通知》，完善采购制度，建立采购约谈机制，对采购进度缓慢的单位、部门进行约谈，提高采购效率，防范采购风险。全力做好关区防疫物资保障，共审核发放疫情物资 58 批次。

【涉案财物管理】2021 年，贵阳海关完善涉案财物管理，理顺移交处置机制。修订《贵阳海关涉案财物管理实施细则（试行）》，联合下发《贵阳海关　贵州省生态环境厅　贵州省财政厅关于查获非法入境固体废物移交地方处理工作的通知》，完成非法入境固体废物移交地方处理工作联动机制建立。拟制印发《贵州省打私办关于规范海关查获走私冻品归口地方处置程序的通知》，进一步明确贵阳海关查获的走私冻品归口处置流程、经费保障等相关内容。对库存涉案财物进行清理，在贵阳中电环保发电有限公司采取无害化焚烧处理方式对2019年年底入库的涉案卷烟进行集中销毁。

▲2021年5月18日，机关财务处在贵阳中电环保发电有限公司控制中心查看焚烧销毁过程（夏洪毅　摄）

【节能管理】2021年，贵阳海关以“节能降碳，绿色发展”“低碳生活，绿建未来”为主题，开展全国节能宣传周和全国低碳日系列活动。参加贵州省公共机构能耗定额等业务培训暨贵州生态日节能宣传活动和节能培训，交流公共机构绿色办公节能经验及节能创新成果应用。在关区内开展“我为群众办实事”暨绿色兑换活动，回收废旧的墨盒、电子产品、电池、灯管等废旧物品，进行有害垃圾统一无害化处置，夯实职工分类处理垃圾、践行环保生活的意识，打造绿色环保机关。

▲2021年8月25日，机关财务处在机关食堂开展绿色兑换活动（田拓　摄）

（撰稿单位：财务处　基建小组）

科技发展

【概况】2021 年，贵阳海关深入学习贯彻习近平新时代中国特色社会主义思想，认真落实关区工作会议部署，全力推进科技兴关，秉持“快实好安”的工作标准，不断推进科技工作取得实效。

【智慧航空口岸建设】智慧航空口岸大数据项目于 2021 年 12 月 30 日取得上线确认函。已完成智慧口岸大数据项目海关侧初验工作。关区内首次实现总署旅检、卫生处置相关增量业务数据落地，首次实现个人健康申报查询接口调用，为项目建设奠定重要基础。首次引入行李分级管控的理念，引进多种智能化监管设备，实现对出入境人员、行李 100% 查验，切实做到管得住、管得好。同时通过搭建统一的航空口岸平台，提供便捷的报关、查验、通关功能，实现口岸智能化管理，全面提升旅客通关体验和通关效率，进一步提高贵州对外开放竞争力。

▲2021 年 11 月 26 日，贵阳海关预验收贵阳龙洞堡国际机场 T3 航站楼项目出境设备检查现场（陈军　摄）

【网络安全】2021 年，贵阳海关严格落实网络安全工作责任制，成功召开贵阳海关 2021 年度网络安全和信息化领导小组工作会议。在 2021 年度国家网络攻防演习中圆满完成网络保卫任务，连续 3 年有效保障关区核心网络与信息系统未被攻击队攻破。切实做好庆祝中国共产党成立 100 周年等重大敏感时期关区网络安全保障，相关时间节点关区核心网络及信息系统可用率均为 100%，全关区未发生一起网络安全事件。多措并举组织开展 2021 年国家网络安全宣传周活动，1 名同志获评贵州省国家网络安全宣传周活动先进个人。

【数据安全防护】2021 年，贵阳海关

落实中央决策部署，开展关区国产化替代工作，完成61台管理网办公终端的国产化替代。印发关区信息系统异常业务数据处理细则，开展海关业务数据安全专项行动，封禁关区522台业务网办公终端的数据导出端口，部署数据防泄漏系统加强监管。全面清理应用系统账号授权台账，清理停用账号525个，全面提升数据安全防护水平。

【系统运维】2021年，贵阳海关查缺补漏，全年完成内网主页、移动办公系统、H2010系统等系统补丁升级50余次。优化提升，完成关区域控服务器的升级换代，增强全关区网络环境的安全管控能力和可靠性。推广普及，完成海关新政务公开信息管理系统、H2018通关管理系统事件订阅服务等8个政务及业务应用的分布式部署运行，完成智慧财务系统开发运行，首次通过信息化手段实现财务经费报销、合同审批等业务办理。强基固本，持续推进资源整合，采用虚拟化技术，有效缓解服务器资源紧张的状况，降低机房能源消耗。

【信息化保障】2021年，贵阳海关完成监控指挥中心机房优化整改，保障监控指挥体系高效畅通，关区摄像头联网在线率达到97%以上。深化健康申报移动端和健康码应用，推动智慧卫生检疫系统整合升级，全面推广旅客通关子系统卫生处置应用。部署智能审图信息化平台，更新智能审图算法，有效提升口岸一线监管能力。做好包机入境航班检疫监管技术保障。严格落实“过紧日子”要求，实施耗材申领清单化管理，通过“交旧领新”方式盘活库存耗材。

【实验室管理】2021年，贵阳海关制发关区实验室管理办法，不断完善管理制度建设。开展危险化学品检测实验室安全专项检查，强化安全管理措施，补齐防爆冰箱等硬件短板。建立完善新冠病毒检测实验室生物安全每日巡查机制，持续加强实验室运行监督检查和问题整改，确保实验室生物安全。会同技术中心组织实验室通过中国合格评定国家认可委员会（CNAS）认可扩项（扩地点）现场评审和中国计量认证（CMA）线上评审，关区实验室获认可检测能力突破3,000项大关，达到3,400余项。不断提升技术装备水平，完成医用CT、超景深显微镜购置，加快实施全自动分杯系统、核酸提取仪等新冠病毒核酸检测所需设备采购，着力保障业务发展急需、能力提升急用的设备配置需求。全面提升实验室信息化建设和应用水平，部署上线新版海关实验室管理系统，建设关区智慧实验室管理系统，精准支撑实验室法检和市场业务开展，有效提升实验室运行效能。

【科研管理】2021年，贵阳海关高质量完成项目研究任务，组织5项总署科研项目通过验收；实施总署科研项目预申报机制，严格形式审查和专家评审，新获得项目立项 1 项；通过“科技人员跟班作业”渠道参与 10 项署级项目研究，搭建科研创新协作渠道，提升创新研究能力。

（撰稿单位：科技处）

督察内审

【概况】2021 年，贵阳海关聚焦贯彻落实情况，全年开展督察审计项目覆盖关区工作的各个方面，切实发挥督审服务保障作用。

【督察监督】2021 年，贵阳海关围绕上级重大决策部署做好署级督察，服务关区中心工作大局开展关级督察，对重大政策措施落实情况持续开展跟踪督察，实行督察项目“三单”管理，紧盯问题整改，确保督察实效。全年开展督察项目涉及重大决策部署贯彻落实、危险化学品监管措施落实、严防重大疫情疫病传入传出及外来物种入侵、促进外贸高质量发展、禁止“洋垃圾”入境及综合打私等多个方面，督察发现问题已全部完成整改，督察任务完成率 100%。督察的同时协助基层单位解决遇到的问题和困难，有力促进重大决策部署在关区落到实处，有效促进关区工作高质量开展。

【内部审计】2021 年，贵阳海关开展总署专项审计“百日自查”和“实验室建设专项审计调研”，制订自查和现场核查工作方案，重点关注推动重大决策部署贯彻落实、强化监管优化服务、实验室检测能力、易制毒试剂保管等重点领域；选取部分单位（部门）开展实地核查，督促自查核查发现问题整改。根据关区干部调整情况，落实“凡离必审”要求，按照有关审计规定对需开展离任审计单位开展离任经济责任审计，指导督促被审计单位切实整改审计查发问题。同时，在关区首次启动审计查发问题职能部门和隶属海关“联动整改”，努力实现“审计一个单位、整改一类问题、规范一个条线”的目标。同时，采取“四不两直”方式对 2020 年审计查发的问题整改情况开展“回头看”，督促被审计单位落实审计整改主体责任，充分发挥内部审计监督保障作用，助力贵阳海关治理能力提升。

【工程结算审核】2021 年，贵阳海关通过工程结算审核监督“过紧日子”要求贯彻落实。采用“双随机”方式委托有资质的工程造价咨询机构对需开展工程结算审核的项目开展结算审核。项目建设单位全程见证，职能部门全程监督造价咨询机构选取，确保造价咨询机构选取公平、公正。强化结算审核质量管控，所有项目均要求造价咨询机构采用全面审核法，实行100%开展现场勘查。切实把好关区工程结算审核关，有效节约财政资金。

【内控建设】2021 年，贵阳海关制定内部风险重点评估事项清单，建立隶属海关、职能部门、督审部门三方内控良性互动，形成业务风险“排查—反馈”完整闭环。持续强化内控前置审核，加强风险源头管控，注重权力监督制约，不断提升改革措施的可行性、规章制度的严密性、科技应用项目的科学性，内控前置审核工作获总署绩效加分肯定。突出内控节点在“三道防线”中的适用性，完善内控节点，提高风险覆盖率，发挥内控“免疫系统”功能。发挥 HLS2017 内控主平台作用，深化科技监督应用，开展常态化远程监督，抵御系统性、区域性问题风险。对风险易发高发、问题屡查屡犯的节点开展专项内控评价，推动作业流程更加合理、对外执法更加规范、内部管理风险更加可控。

【执法评估】2021 年，贵阳海关服务海关工作大局，组织开展危险化学品监管状况和综合保税区运行状况等专题执法评估项目，发挥执法评估综合评价、服务决策的作用，为业务常态化监督打下良好基础，《贵阳海关综合保税区业务运行状况专题评估报告》获评全国海关年度优秀执法评估报告。深化“数据+指标+调研+分析”工作模式，主动研究“云擎”系统功能，拓宽数据来源，孵化监控分析模型，提高评估工作效能。加强执法评估与督察、审计、内控等监督方式的融合发展，探索评估项目与督察项目条线协作，错位监督，优势互补，联动形成监督合力。

（撰稿单位：督审处）

第六篇

隶属海关

贵阳龙洞堡机场海关

【概况】贵阳龙洞堡机场海关（以下简称“机场海关”）于2018年12月经总署批准成立（正处级），前身为贵阳海关驻机场办事处，2002年8月总署批复同意设立为科级机构，2003年4月批复调整为处级机构，原贵州出入境检验检疫局机场办事处管理职责和队伍因中央机构改革于2018年4月划入。业务管辖范围为贵阳龙洞堡国际机场空港口岸和双龙临空经济试验区范围内海关各类管理工作，承担关区征税、监管、缉私、出入境检验检疫、统计等工作职责。

2021年，机场海关内设7个科室。截至2021年年底，实有行政人员36名、事业人员6名。机场海关党委于2019年12月获贵阳海关党委批复设立。机场海关第一、第二、第三党支部于2020年11月获贵阳海关机关党委批复设立，有正式党员28人，支部品牌名称分别为“筑梦蓝”“黔堡先锋”“黔关哨兵”，其中“筑梦蓝”为全国海关基层党建示范品牌。

2021年，机场海关在贵阳海关党委坚强领导下，坚持以习近平新时代中国特色社会主义思想为指导，深入贯彻党的十九大和十九届历次全会精神，认真落实上级党委各项要求，扎实推进“五关”建设，找准“两个齿轮”，树立“两个导向”，持续巩固拓展口岸疫情防控和促进外贸稳增长成效，圆满完成外事包机、劳务包机、种猪入境包机、租赁飞机监管保障工作，扎实推进跨境电商“9610”和保税航油监管新业态全面落地，监管国际邮件同比增长20%，坚决筑牢国门安全防线，获总署通报表扬为全国海关系统新冠肺炎疫情防控工作表现突出集体、贵州省抗击新冠肺炎疫情先进集体。

【基层党建】2021年，机场海关以党的政治建设为统领，以马上就办、真抓实干的务实作风，着力深化理论武装，强化班子建设，扎实开展党史学习教育，深化基层党建“强基提质工程”，不断增强“四个意识”、坚定“四个自信”，坚决做到“两个维护”，确保政治过硬、绝对忠诚。党委把学习贯彻习近平新时代中国特色社会主义思想和党的十九大、十九届五中、六中全会精神作为政治理论学习主线，坚持将学习贯彻习近平总书记重要指示批示精神作为党委会、形势分析及工作督查例会的“第一议题”，组织召开党委会14次、党委理论学习中心组学习会12次；深入学习习近平总书记在庆祝中国共产党成立100周年大会上的重要讲话精神，推动各项重点工作落实落地，喜迎中国共产党成立100周年；第一时间传达学习党的十九届六中全会精神，把六中全会精神作为下一步工作的行动指南，贡献基层海关力量。

强化统筹安排和周密部署，印发机场海关党史学习教育方案，制定党史学习教育路线图、时间表，第一时间组织全体干部职工深入学习贯彻习近平总书记在党史学习教育动员大会上的重要讲话，掀起学习热潮。党委、各支部及青年理论小组累计开展党史学习教育专题学习会29次、专题研讨10次、读书班13次、宣讲会（含专题党课）15次，实现政治理论学习入脑入心。积极开展“我为群众办实事”实践活动，组织党员干部“送政策、送服务、送技能”进企业、社区24次，组织海关知识和党史教育进校园2次；组织“学党史　感党恩”诗歌朗诵汇演，举办“奋斗百年路，忠诚守国门”篮球比赛等内容丰富、形式多样、知行合一的学习教育活动。

深入实施基层党建“强基提质工程”。以支部标准化规范化建设为抓手，不断提升3个新成立党支部基层党建水平，发挥支部在新冠肺炎疫情防控、国门安全等重点工作中的堡垒作用，发挥全国海关基层党建示范品牌“筑梦蓝”示范带动作用，组织申报“书记项目”，3个党支部均完成党建品牌建设。在政治理论联学、优势资源联享、实践活动联办、党员队伍联建、中心工作联促、优化环境联抓、严密口岸联创方面，机场海关2个党支部与武警贵阳支队、贵州出入境边检总站、机场公安局3家单位党支部签订支部共建协议书，建立“军警关”国门党建圈，齐力打造国门党建圈“金字招牌”，开展寻访红色足迹等支部共建活动4次。积极开展“比忠诚、比能力、比服务”支部评比工作，探索创建旗帜鲜明支部品牌，第一党支部“筑梦蓝”筑梦蓝天、坚守国门；第二党支部“黔堡先锋、一路同行”一手抓防疫、一手抓监管，两轮驱动，并驾齐驱；第三党支部“黔关哨兵，心筑国门”，一颗红心向党、党建业务服务双融、国门放哨巡逻监督三岗，全体党员干部迎难而上、团结拼搏、拼争抢创、干劲十足。以支部为单位组织干部职工参加队列训练，强化纪律作风建设。

组建劳务包机入境航班检疫监管临时党支部，在航班监管及封闭管理期间开展2次集中学习、1次主题党课、1次线上座谈、1次业务讨论，更好地发挥党员在一线攻坚的先锋模范作用和支部的战斗堡垒作用，确保11月劳务包机航班及租赁飞机检疫监管任务、关区首次封闭管理工作顺利完成，让党旗在疫情防控一线高高飘扬。

▲2021 年 11 月 4 日，劳务包机入境航班检疫监管临时党支部授旗仪式现场（陈健摄）

【专项整治】2021 年，机场海关把“现场监管与外勤执法权力寻租”专项整治作为党风廉政建设和反腐败工作的重点任务，确保全面从严治党要求落地落实，成立领导小组，制定专项整治工作推进细化表，在办公场所和一线监管场所张贴海报 9 张，公示三级举报渠道。

拓宽意见建议收集覆盖面。将与海关联系紧密的“非注册”重点企业纳入意见建议征求范围，将现场监管卫生监督企业纳入专项整治范围，将地方商务部门、联检单位、物流企业等特约监督员对海关的意见建议作为征求意见范围，开门搞整改，向关区企业全覆盖寄送告知书，接受企业和群众监督，关党委深入走访调研企业 23 家，召开座谈会 28 次，掌握一线廉政情况。

拓宽廉政风险点排查范围。认真开展廉政风险排查，对认领的整改条目全部落实整改，制定工作指引及管理办法 15 条。接受总署及贵阳海关专项整治实地检查，进一步做好全员纪法教育，并结合口岸及疫情防控实际，将非执法领域“疫情防控设备和耗材物资管理岗位”可能存在的风险也纳入廉政风险范畴，进一步提升非执法领域廉政风险防范意识。全年无违法违纪事件发生，扎实推进清廉海关建设。

拓宽个人申报人员范畴。积极开展集中学习研讨，在此基础上确定现场监管与外勤执法个人申报名单 70 人；同时，针对纪法教育相关要求及典型案例通报，将非执法领域 7 人同时也纳入申报范围，确保应申尽申、不漏一人。

拓展警示教育形式。营造“不敢腐、不能腐、不想腐”的风清气正氛围，机场海关第一党支部自编自导自演微视频《开关》，以案例教育形式传递崇廉尚廉的价值观念，并获得在总署办公厅视频网站展播，进一步强化一线人员警示教育效果；编制应知应会小册子，将领导讲话、工作方案、典型案例、纪法教育题目收纳入册，编制成“掌中宝”，让每一位一线同志时时看、掌上学，强化专项整治效能；发放《海关工作人员廉洁从政法律法规制度选编》电子版，强化日常学习，便于经常查阅；组织关员“钉钉”开卷考试、协勤人员开卷考试、各科室内部自测、全关干部职工闭卷考试，通过多种形式强化专项整治纪法教育、警示教育、应知应会教育成果。

【税收征管】2021 年，机场海关推动税收征管量质效并举。与华夏航空、泰宏、轨道交通集团等多家纳税企业开展座谈，提供预约通关、税收担保等多项通关便利措施。增税源，不断强化飞机租金税收监管，保证租金税收应征尽征；稳税源，防控税收风险，持续提高行邮税征管质量；促担保，深化税款担保改革，大力推广关税保证保险，涵养税源。

夯实进出境邮递物品监管水平。强化进出境邮递物品正面监管，积极防范邮递物品国门安全准入风险及税收风险，加强邮递物品数据风险排查，深入分析筛查并上报邮递物品风险数据，提出具体风险参数建议，与风控部门配合精准布控。强化风险研判，针对潜在的风险问题、重点收件人及重点商品开展研判分析，及时上报风险信息。狠抓源头控制，加强对邮局及收件人的宣传引导，强化首次申报、二次申报科学、规范操作，力求从源头确保邮件申报的真实性、准确性。加强数据审核，持续开展每日邮递物品数据审核、每日邮递物品数据复核复查、每周风险数据筛查分析、每月重点风险数据建档、分析研判工作。

强化 RCEP 政策宣讲。积极响应 RCEP 关税培训通知要求，组织机场范围内海丰、商储、环宇等共计 5 家报关企业开展线上宣传 4 次，举办现场培训 1 次，邀请贵州双龙航空港经济区经济发展贸易局及海信电子、多彩航空等 12 家企业共计 56 人参加，重点围绕 RCEP 概况、原产地规则、企业享惠等内容进行宣讲，取得良好宣传培训效果。结合贵州产业展开 RCEP 政策分析，撰写分析文章《疫情防控下 RCEP 对贵州外向型经济发展的影响》。

强化属地纳税风险防控。按照《贵阳海关属地纳税人管理实施方案》要求，机场海关为重点企业精准画像，引导规范企业申报、守法自律。向总署提交有关航空器税政税则建议 4 条。

规范进出口货物减免税管理。全力做好贵阳地铁一号线车辆制动系统担保、延期审批业务，实时关注国家相关政策发布，及时向贵阳轨道交通集团宣传国家最新重大技术装备进口税收政策，1 月为企业办结进口设备担保，释放大量银行保函额度，为企业节约建设资金，助推贵阳轨道交通发展。

【检验检疫】2021 年，机场海关严格落实“外防输入，内防反弹”，检疫监管出入境航班 38 架次。

圆满完成外交包机入境监管。全力以赴保障外事活动，精细化做好远端防控、现场采样、外交礼遇等工作，高效完成外事专机口岸疫情防控和监管任务。认真总结工作经验，并与外事部门合作建立“一廊两站”疫情防控模式，为重要外事活动自贵阳机场入境的航班监管工作打下基础。

首次完成劳务包机入境监管。不折不扣落实国务院联防联控机制、海关总署、地方联防联控机制关于疫情防控各项制度措施及工作要求，从严从紧优化监管流程，圆满完成劳务人员入境包机监管工作。拟定封闭管理工作方案，顺利完成首次封闭管理工作，现场检疫监管人员按要求实施封闭管理。

全力做好种猪包机入境监管。制订进境种猪口岸检疫查验通关放行实施方案和进境种猪口岸检疫查验通关放行应急处置预案，多次与企业和机场众多联检单位进行现场推演，及时发现和解决各单位各环节衔接、沟通等问题，助力2家贵州企业引进种猪，累计监管6架次包机、4,068头优质种猪入境，保障地方生猪产业稳产供保。

▲2021年4月21日，机场海关对引进种猪开展口岸监管工作（王政　摄）

加强口岸公共卫生监督。对贵阳机场范围内取得口岸卫生许可的59家食品经营单位、66家公共场所等按计划进行卫生监督和抽样送检。对口岸食品生产经营单位开展日常卫生监督163次，签发卫生监督意见书2份，发现问题8起并督促企业按时完成整改；开展口岸食品抽检175次、食品快速检测205次，抽检工作中签发卫生监督意见书3份，发现问题9起并督促企业按时完成整改。对公共场所开展日常卫生监督132次，抽取公共用品用具120份送检，签发卫生监督意见书1份，发现问题1起；进行微小气候及空气质量检测80次，未发现相关问题；抽取机场集中空调通风系统以及冷凝水样品207份，发现问题2起并签发监督意见书并提出整改要求。对固液体废弃物处理单位开展日常卫生监督12次；对1个二次供水站和1个航空器供水站开展日常性卫生监督4次、饮用水抽检27次，发现问题1起，签发卫生监督意见书1份，督促企业按要求落实整改。进行口岸病媒生物监测28次，均完成相关的病原体微生物检测项目，结果均为阴性。为严防秋冬季节口岸疫情反弹，拟定加强秋冬季疫情防控卫生监督专项工作方案，全力保障机场口岸公共卫生“零风险”。

【监管业务】2021年，机场海关坚持系统观念，以总署决策部署和地方党委、政府关注重点为“两个齿轮”，以目标、问题为“两个导向”，强化监管优化服务，推动关区各项业务高质量发展，促进贵州高水平对外开放。

顺利完成租赁飞机通关监管。定期进行规范性审核，严格按照国家政策和租期表对租赁飞机租金进行征税及担保管理，确保应收尽收；组织开展座谈会，及时向多彩航空、华夏航空宣传相关税收优惠政策，解读飞机租赁监管要求；通过电话、微信等方式，对企业目前存在的困难进行调研，积极协调解决存在的问题，服务贵州民航事业发展。就异地联合监管问题赴天津东疆海关调研并签订合作备忘录，畅通租赁飞机跨关区联动监管新模式在贵阳机场口岸落地生效。加强与天津、重庆等海关的沟通联系，创新监管模式，8 月 25 日，首次以“天津—重庆—贵阳”三地联合监管模式完成租赁飞机进境监管，助推本土民航事业发展。

持续压缩整体通关时间。建立“7×24 小时”预约通关制度，大幅压缩进出口整体通关时间。充分运用新一代通关管理系统等进行跟踪分析，完善每日核查、每周倒查、每月自查、经办负责等工作机制，建立每日报关单流程台账，及时收集处理异常数据信息，做到早发现、早处理，加强日常监控。加强与物流公司、报关公司等的联系沟通，建立政企线上线下实时沟通机制，通过微信群等实时跟进每票报关单进程，对非工作时间通关业务实行预约办理，以满足企业急需供应生产料件的需求，为企业生产和压缩整体通关时间提供有力保障。结合关区出口产品特点，积极为企业提供政策咨询、预约通关等便民服务措施，保障进出口“零延时”，推动贵州对外贸易转型升级，做好政策宣贯。坚持以目标为导向，结合各类通关模式特点及企业实际需求，继续大力推广“提前申报”“两步申报”，不断优化通关模式、流程再造，针对性提出通关模式申报建议，提高整体通关效率，助力关区贸易便利化水平不断提升。

筑牢口岸监管服务能力。积极支持跨境电商、双龙保税物流中心（B 型）建设，指导经营海关监管作业场所企业变更申请，完善保税物流中心建设评估体系，助推“一局四中心”项目建设。坚持“线上+线下”两线并行，完善事前审批，对海关监管场所名称变更审批受理环节的单证提前审核，为跨境电商首单业务开通打下坚实基础；积极开展线上试单测试，打通跨境电商 B2C 出口监管通道。

【业务改革与发展】2021 年，机场海关积极推动跨境电商“9610”业务落地。在跨境电商监管现场加快推进新型智能审图 CT 机应用，推动非侵入式查验落地生效；在监管现场设置动植物产品、食品查验区，优化查验模式，提升验放速度；多次与贵阳国际邮件互换局、双龙航空港经济发展贸易局、双龙航空港供应链管理有限公司宣讲跨境电商“9610”业务；制作海关监管操作规程培训课件，对相关企业开展培训，为企业解答办理备案、场所变更、获得资质等方面遇到的问题，制订通关监管方案，顺利完成关区首单跨境电商“9610”模式出口报关单申报，丰富外贸业态，为“黔货出海”开辟新通道。

保税航油业务全流程贯通。研究制定细化保税航油加注监管方案措施，积极加强与地方政府、航油公司的联系沟通，建立保税航油事宜定期会晤磋商机制，加强保税航油监管。统筹考虑疫情影响，切实为群众办实事，受理企业第二次保税货物延期，将保税航油期限延至2022年12月。采取“一对一”精准辅导模式，积极服务重大外事活动、入境劳务包机保障工作，派员现场指导企业完成保税航油加注前准备，运用预约通关、集中申报制度，规范申报方式及申报内容，实现保税航油即到即放，推动保税航油完成首次加注，实现关区保税航油加注监管零的突破。

积极推进“一局四中心”建设。为营造贵州良好的外贸环境、打造对外开放的新形象，在机场海关分管领导带领下，组建“一局四中心”机场业务专班，严格对照“有效监管、高效运行”建设目标，紧紧按照“一个平台、一次理货、一次查验、一次提离、一次办结、一网通办”思路，积极与双龙管委会、邮政公司、设计单位等相关部门就“一局四中心”项目的区域布局、业务流程等问题座谈13次，深入项目建设现场进行实地调研18次，研讨20余次，初步形成业务流程图、物流规划图、功能布局草图58份及184页的《“一局四中心”海关监管建设项目指导方案》，为“一局四中心”场地设置和硬件设施提供技术指导，为后期智慧口岸的建设打下坚实基础。

成立智慧卫检建设等8个专项工作组，成立转场工作专班4个，加强与T3建设指挥部、口岸办、大数据局沟通联系，不断优化T3航站楼国际区域功能布局、流程设置、设备需求、技术方案、数据服务方案，深入工地查看40余次，完成CT机、毫米波等6台大型设备搬迁，积极组织参与T3航站楼智慧航空口岸演练2次，完成旅检集中作业场地、智慧口岸项目预验收。

持续深化“证照分离”改革。积极向职能部门请示，进一步明确贵阳龙洞堡国际机场国境口岸卫生许可职责范围。不断优化口岸卫生许可审批程序，完善管理方式，制定操作性强、简洁易行的操作指引，强化事中事后监管；畅通政企线上沟通，及时更新发布相关文件和材料模板，随时对企业的疑惑进行解答；严格落实守信激励和失信惩戒机制，建立诚信档案；创新培训方式，通过上门服务方式，解读审批模式、办事流程、管理措施的要求，帮助企业尽快适应新的审批要求。全年共受理口岸卫生许可业务47起，办结47起。

深化海关业务改革。推进海关税款担保管理系统和行邮征管系统电子签章系统上线运行，做好电子印章上传及征管系统参数维护工作，提升贸易便利化水平。推广旅客通关管理子系统卫生处置应用，派员参加系统使用培训，并组织一线关员进行二次培训，完成旅检各科室关员系统授权，在4月21日美国种猪入境航班监管中，首次启用旅客通关管理子系统卫生处置模块，顺利完成入境种猪包机机组人员口岸卫生检疫查验工作。

【查缉走私】2021 年，机场海关保持打私高压态势。扎实开展“国门利剑 2021”专项行动，严厉打击象牙等濒危动植物及其制品走私，查获象牙、红珊瑚、花旗参、濒危愈创木、朱迪思瓶子草等濒危动植物及其制品；严厉打击涉枪涉毒、重点涉税商品、农产品等走私，查获精神类药品、枪支零部件、疑似大麻种子等，按要求移交缉私案件线索，推动走私案件办理。

▲2021 年 3 月 16 日，机场海关在邮递渠道查获草地滚球（象牙制品）（王政　摄）

强化侵权打击力度。深入开展“龙腾行动 2021”和“蓝网行动 2021”专项行动，在邮递渠道查获知识产权侵权案 4 起，先后查获侵权商品 298 件，涉及阿迪达斯等多个知名品牌，实现关区知识产权案件实质性查获零的突破；查获侵犯施华洛世奇知识产权商品 1,555 件，开出关区首份侵权案件行政处罚决定书，不断加强知识产权海关保护。

【常态化新冠肺炎疫情防控】2021 年，机场海关坚持“三个同防”。在出入境航班监管、进出口货物查验和国际邮件监管工作中坚持“内外同防、人物同防、多病同防”。

牵头组织开展口岸新冠肺炎疫情防控应急演练，模拟新冠肺炎疫情期间国际航班入境监管全流程，包括防护服破损、样品溢洒和人员晕厥 3 种突发情况的应急处置，进一步提升口岸一线海关工作人员在新冠肺炎疫情中的应急处置能力，努力提高时刻保持“临战”状态、做好“应战”准备的能力和水平。

开展进口冷链食品口岸环节新冠病毒检测采样及预防性消毒作业实操及应急处置演练。根据总署对进口冷链食品及高风险非冷链集装箱货物采样及预防性消毒工作的最新要求，编写进口冷链食品口岸环节预防性消毒实操演练脚本，包括新冠病毒核酸检测采样、预防性消毒、现场查验、采样人员防护手套破损等环节。通过演练进一步提高进口食品监管人员新冠病毒检测采样和预防性消毒工作的规范性和熟练度，积累实操经验的同时检验应对突发事件和协同作战的能力，提高严防新冠病毒通过进口冷链食品传入风险的责任意识和全局意识。

强化内部防控。严格办公区域准入管理、坚持“日报告、零报告”、规范出差出行管理、落实办公场所和车辆消毒等各项内部疫情防控措施，组织 1,811 人次完成“应检尽检”新冠病毒核酸检测。组织机场海关、边检以及机场集团等现场一线工作人员开展疫情防控、个人防护等培训10余次，进一步提高思想认识，强化防护要求。

【队伍建设】2021年，机场海关加强队伍人才培养，抽调2名关员至总署卫生检疫司参加专项集中工作，组织10人到贵阳海关业务处室跟班学习，全年共获各类个人嘉奖6人次、集体表彰或表扬4次。

牢固树立总体国家安全观，分管关领导带队，组织机场海关党委理论学习中心组及全体党员赴贵州省国家安全教育基地开展安全教育活动，进一步牢固树立底线思维，深化将国家安全观融入海关监管工作，将重大风险防控要求落实到海关口岸一线监管工作。

▲2021年12月3日，贵阳海关副关长詹水旭带队机场海关赴贵州国家安全教育馆参观学习（王政　摄）

强化宣传，提升政务信息质效，上报各类信息181篇次，在关区记分平台供稿、参与编辑96篇次，其中获总署平台采用32篇次，举行新闻发布会1次。在相关主题日，分别与市卫健委、机场公安、机场集团等单位联合开展全国疟疾日宣传活动、国际禁毒日宣传活动、食品安全周宣传活动等，在贵阳机场口岸营造良好氛围。

▲2021年6月25日，机场海关联合机场公安在航站楼开展国际禁毒日宣传活动（王政　摄）

【拆还建楼建设】2021年，机场海关持续推进拆还建楼建设。原贵州出入境检验检疫局机场办事处办公楼位于三期工程征拆范围，为促进临空经济发展，经充分论证并报请原质检总局，同意采用“拆还建”方式补偿征拆办公用房。还建楼位于机场跑道北头与跨越大道交界处，已初步具备交付条件，待工程、消防验收后移交。根据贵阳海关“机场海关要充分论证还建楼与原国检试验区综合实验用房作为机场海关下一步综合办公地点可行性”工作要求，机场海关第一时间对接机场三期扩建指挥部及双龙经济区管委会，赴现场查看项目情况，组织分析论证，撰写机场海关综合办公楼选址调研材料，后续将积极推动交付、搬迁等工作。

（撰稿单位：贵阳龙洞堡机场海关）

筑城海关

【概况】筑城海关于2018年12月14日经总署批准成立，2019年1月16日揭牌成立，2019年12月12日经贵阳海关党委批准设立筑城海关党委。筑城海关是受贵阳海关直接领导，按授权负责指定口岸和区域范围内海关各类管理工作的执行机构，是贵阳海关所属属地综合型隶属海关，负责贵阳市、贵阳综合保税区和贵阳高新技术产业开发区范围内海关各类管理工作的执行机构，主要负责党的基层组织建设和干部队伍建设，以及办理具体海关业务，反馈执法作业结果等工作。筑城海关是贵阳关区唯一开展跨境电商监管业务的隶属海关。

2021年，筑城海关内设3个科级机构。截至2021年年底，实有干部职工共计42人，其中在编公务员18人。2021年1月18日，落实“支部建在科上”，经贵阳海关机关党委批复成立筑城海关第一、第二党支部2个支部，共有党员17人，创建“心火聚力　匠心筑梦”“聚力筑城”等支部品牌。

【强化党建引领】2021年，筑城海关认真贯彻落实“学党史、悟思想、办实事、开新局”要求，以学党史、忆初心为目的，积极开展联学共建、主题宣讲等形式多样的学习，掀起“读史、学史、讲史、懂史”学习热潮，开展“学史·铸魂”海关红色讲坛活动。学习贯彻党的十九届六中全会精神，第一时间组织各级干部多形式全覆盖认真学习。党委班子带头通过党委会、党委理论学习中心组开展学习，共组织召开党委会学习15次、党委中心组暨党史学习教育专题学习12次、专题研讨3次、读书班1次、宣讲会（含专题党课）4次。依托支部“三会一课”、主题党日等，通过支部书记带头学、支部委员组织学、普通党员轮流领学3种学习模式有机结合，组织全体党员干部学习全会精神。筑城海关2个支部全年共开展党史学习24次，支部书记上党课2次，宣讲2次。将学习党史与传承优良传统相结合。组织观看红色影片，组织赴革命烈士林青就义处开展“学党史回望来时路　铸信仰走好新征程”等主题党日活动，体悟革命传统的孕育，2个支部共开展各类主题党日活动12次。

【支部建设】2021年，筑城海关以品牌聚力，激发党员干事创业热情。一是落实“支部建在科上”，成立第一、第二党支部，配齐配强支部班子，全力推动党建工作。同时以支部规范化标准化建设为契机，打造支部品牌，开展实地参观、专题学习等形式多样、内容丰富的主题党日活动，增强支部活力。在2021年关区支部规范化标准化验收中，2个支部均以高分通过。二是加强支部阵地建设，提升党建工作质效，本着标准、节俭、实用的原则，充分利用现有办公场所，因地制宜对党员活动室进行升级改造，使党员活动室成为党支部的坚强阵地和温馨的党员之家。三是筑牢基层战斗堡垒，坚持正确舆论导向，掌控意识形态主导权。

【信息新闻宣传】2021年，筑城海关用好信息宣传“传声筒”，推动党建与业务相融相长。原产地证书签发、跨境电商新模式开通等业务工作信息频获总署及媒体采用，中欧班列首发仪式信息获中央电视台《朝闻天下》《新闻联播》采用。全年获总署门户网站采用信息2篇，《中国国门时报》采用1篇，《贵州日报》采用2篇，《贵州新闻联播》报道2次。

【文明单位建设】2021年，筑城海关紧紧围绕意识形态工作，以创建文明单位为契机，发挥政治思想工作优势，坚持以人为本，通过道德讲堂和参观苟坝会址、省直工委旧址等用红色故事塑造人，通过清明节祭奠缅怀革命先烈等鼓舞人，以完善党建活动室、图书室、职工活动室，开展“我们的节日·端午”及党建帮扶关爱活动温暖人，用先进的文化感染熏陶人，让社会主义的理想信念占领全体党员干部职工的思想阵地，让歪理邪说无机可乘，极大地增强了凝聚力和战斗力。

【党内法规学习宣传】2021年，筑城海关以党章为根本遵循，坚决维护党章权威。大力宣传《中国共产党廉洁自律准则》《中国共产党纪律处分条例》等各项党内法规，注重党内法规宣传与国家法律宣传的衔接和协调，坚持纪在法前、纪严于法，把纪律和规矩挺在前面，教育引导广大党员做党章党规党纪和国家法律的自觉尊崇者、模范遵守者、坚定捍卫者。把党内法规作为学习型党组织建设的重要内容，充分发挥正面典型倡导和反面案例警示作用，为党内法规的贯彻实施营造良好氛围。

【建章立制情况及其实效】2021年，筑城海关认真落实上级部门在专项整治工作上的要求，针对全面自查梳理出来的廉政风险隐患，结合59个廉政风险清单内容，认真梳理业务条线的薄弱环节，制定风险防控措施，探索建立长效机制。建立《筑城海关现场监管“双随机”工作机制》《筑城海关综合业务科政治理论和业务学习制度》《筑城海关综合业务科警示提醒谈话制度》，进一步提高专项整治工作整改质效。截至11月4日，筑城海关共建立工作机制3个，均在严格执行中，并积极发挥廉政风险防范作用。

在专项整治工作开始后，对新调整到执法一线的相关同志及时开展针对性的纪法教育，进行纪法教育答题、纪法教育案例学习等。组织党员干部通过“三会一课”形式学习《海关工作人员处分办法》。为关区23名协管员印发《海关工作人员廉洁从政法律法规制度选编》，不定期组织学习。

【加强社会主义法治文化建设】2021年，筑城海关以落实关员学法用法专题活动为手段，将关员学法用法纳入部门教育培训总体规划，同时严格执行法制专题学习宣传活动要求。以推动法治海关建设为目标，以牢固树立广大干部的法治信仰、提高干部运用法治思维和法律手段解决问题的能力为目的，以明确学习计划、考核途径和建立长效自学机制为手段，提高关员学法用法的自觉性，促进关员由“要我学”向“我要学”转变。

【业务发展】2021年，筑城海关累计接受各类报关单申报2,720单，同比增长16%；征收各类税款2.08亿元，同比增长18.41%；接受出入境各类货物检验检疫4,108批次，同比增长65%，其中检验危险化学品包装265批次；签发原产地证书4,850份，同比增长4.90%；新增进境粮食加工、储存企业7家，实现粮食调运70批，共计19.70万吨；跨境电商清单接受申报4,407票，共计征税34.80万元；企业注册208家，变更139家，注销209家；减免税货物货值2,680.85美元，减免关税和进口环节增值税共计1,542.10万元，办理税款担保等减免税后续管理事项237份；办理留学回国人员购车手续124份，同比增长21%。

【打击走私综合治理】2021年，筑城海关落实打私工作“1+6”文件、打击濒危物种、打击野生动物走私、“蓝天2021”等工作要求，构筑监管打私的闭合链条，积极配合相关部门开展专题政策宣传，与贵阳市打私办推进打击走私联防联控机制，在贵阳市筑城广场开展联合宣传活动，堵住管辖范围濒危物种、野生动物及其制品走私渠道。开展跨境电商贸易调查，查获1家企业涉嫌违反海关监管规定，全年办理“两简”案件4起。

【强化综合治税】2021年，筑城海关从稳固已有税源、挖掘新税源出发，深入推进属地纳税人管理，多渠道推广汇总申报、关税保证保险，实现税收征管高效、高质，第一时间部署上线担保管理系统。持续压缩整体通关时间效果显著。持续加强报关单申报跟踪力度，逐单指导，保持进口通关时长8小时以内、出口通关时长2小时以内。加强“提前申报”“两步申报”宣贯，为稳定贵阳海关关区整体通关时效奠定坚实基础。积极推动国家最新税收优惠政策有效实施，办理贵阳关区首票航材减免税审核手续，保证关区首单民用航空维修用航空航材减免税审核手续《海关进出口货物征免税确认通知书》签发。实现一般纳税人资格试点企业和分类仓储企业入区落户，2021年，贵阳综合保税区内已有28家企业申请一般纳税人试点。支持贵阳综合保税区创新业态发展，实现保税检测业务试点落地，为境外客户提供检测服务，首批100万个晶圆顺利入区检测。

【优化营商环境】2021年，筑城海关积极促进贵阳市外贸进出口业务持续增长，推进中欧班列顺利运行，融入“一带一路”及西部陆海新通道建设，指导综合保税区用好政策优势，积极配合保障贵州首列中欧班列顺利开行。促进辖区特色产业发展，贵阳市进出口总额372.70亿元，同比增长17.20%，其中进口总额同比增长43.70%、出口总额同比增长11.50%。培育支持磷化工企业发展，持续做好锰矿进口通关服务保障工作，重点产品磷酸出口货值5.10亿元，重量10.28万吨；贵阳市企业进口锰矿货值9亿元，进口重量80万吨。指导粮食企业落户综合保税区，积极搭建与口岸兄弟海关业务一线联系沟通渠道，跨关区区港联动，实现一体化粮食调运。协助综合保税区成功引进进境粮食指定加工企业3家，完成备案2家，其中1家实现贵州省转基因大豆加工资质零的突破，1家首次实现贵州省在区内开展进口玉米保税加工业务。走访调研解决企业难题，有效解决综合保税区粮食加工企业2批次5万吨进境玉米靠港卸货问题，助力该公司粮食保税加工项目在第三季度顺利投产。

【辖区口岸及跨境电商发展】2021年，筑城海关持续申建改貌铁路口岸。筑城海关党委高度重视贵阳铁路海关监管作业场所建设工作，关长及分管副关长多次赴贵阳改貌、都拉物流园调研推动相关工作并开展业务指导。依托都拉营国际陆海通物流港和贵阳综合保税区，筑城海关积极配合综合保税区管委会推进进境粮食加工基地建设。

推动贵阳改貌铁路海关监管作业场所产业生态链建设和通道物流一体化发展。筑城海关结合监管工作实际，对贵阳市政府《推进改貌铁路海关监管区运营发展的工作方案》提出相关优化意见。

成立贵阳海关支持“强省会”五年行动工作专班，对相关工作进行细化部署。召开专题关长办公会，对试行“离境退税”政策进行全面梳理。组织省财政厅、省税务局、省商务厅、省文旅厅、省机场公司、贵阳市财政局、贵阳市商务局就实施“离境退税”政策相关工作任务进行研讨。起草口岸试行“离境退税”实施细则和方案，已送贵阳市相关部门组织论证完善。

加快中国（贵阳）跨境电子商务综合试验区建设。筑城海关复制推广跨境电子商务综合试验区成熟经验做法，坚持进口与出口并重的原则，推动特色产品通过跨境电商平台扩大出口规模，引导企业触网开展跨境贸易。跨境电商“9610”“9710”

“9810”出口业务均已走通，但由于缺乏贸易主体，综合保税区内暂未开展相关业务，筑城海关也将配合管委会加大力度推进各类监管模式。

【培育新业态发展】2021年，筑城海关实现跨境电商通道及平台建设新突破。根据企业情况开展针对性“一对一”指导，助力企业通过“9710”模式申报出口，通过跨境电商企业对企业（B2B）出口实现新跨越。同时引导企业贸易转型升级，积极协助贵州本土辣椒企业通过跨境电商B2B模式出口至东盟地区，顺利完成全省首单跨境电商B2B出口海外仓（“9810”）业务单证申报和现场手续办理，推动贵阳综合保税区跨境电商B2B出口业务全面开通。积极协助企业完成贵阳综合保税区跨境电商退货中心仓落地。全年，“9710”“9810”出口跨境电商业务累计申报66票，货值达467万美元。

【推行智慧稽核查】2021年，筑城海关积极调整传统作业方式，借助“互联网+核查”通过远程视频与企业人员实时连线开展云验核。在提升海关核查科技应用水平、强化监管的同时，为企业提供最大便利，让企业切实享受海关科技改革红利。

【重点工作任务落实】2021年，筑城海关稽核查业务实现质和量双突破，全年共反馈办结核查作业63起。实现进境粮食调运零的突破。新增进境粮食存放、加工企业4家，初审进口玉米、大豆、大麦等粮食9.91万吨，实现粮食调运进境2.14万吨。切实加强危险化学品进出口安全监管，7名关员参加危险化学品及其包装资质考试并全部一次通过；积极帮扶辖区危险化学品进出口企业复工复产，短期内将出口磷酸检验检疫全流程时长从5~12天压缩至2天以内，企业出口量同比增加12倍。持续加强动植食检疫监管。对全市重点超市开展进口粮、油、肉、液态奶等生活商品抽样检测工作。开展进出口食品化妆品安全监督抽检及风险监测，完成白酒、茶叶、调味品等企业摸底建档和风险排查工作，均无异常。

【监管效能提升】2021年，筑城海关完成贵阳关区首起“互联网+稽查”作业。通过数据传输对企业实施稽查，实现“让数据多跑路，让企业少跑腿”，“多查合一”深入推进。所有作业均按时按规反馈，全关人员取得动植物检疫现场查验岗位资质，推进重点工作任务攻坚突破。

【安全生产工作】2021年，筑城海关全面贯彻落实贵阳海关国庆节安全生产专题工作会会议精神，进一步压实生产安全主体责任，重部署、强宣传、细排查，对办公场所、监管场所等重点部位开展检查，全关上下紧绷安全生产弦，确保安全生产不出问题。

通过微信工作群、专题工作会等形式，加强关区安全生产教育，积极宣传贯彻安全生产工作的重要性，组织学习习近平总书记关于安全生产的重要论述和指示，强化职工安全意识，强调节日期间自身安全防护，不折不扣执行疫情内部防控各项措施，严格落实“谁审批谁负责”外出审批报备制度，强调不允许前往中高风险地区，严格落实出发前、返回后返岗前各进行 1 次新冠病毒核酸检测的要求。

开展细致的节前安全生产大检查，做到检查不走过场、查找隐患不留死角。一是对办公区域的消防器材及设施、机房、办公室、楼道、库房等办公区域的用水、用电、设备安全问题隐患进行大排查，对全关在岗干部职工进行节前安全提醒，强调关闭大功率电器，下班前关闭电脑电源，对关区公务用车进行及时封存。二是加强监管业务现场安全生产风险防控工作，对特殊监管区、进境粮食加工企业、危险化学品及其包装生产企业开展安全检查。分管关领导带队检查卡口机房、监控，赴贵阳综合保税区进境粮食加工企业、跨境电商仓库、仓储物流等企业现场开展安全检查和政策宣讲，提高企业安全生产意识，卡口保持 24 小时专人值班制度和园区巡查制度，确保区内业务正常安全运转。三是赴贵阳改貌海关监管场所现场检查，改貌海关监管场所暂未实际开展业务，监管仓库未存放危险化学品和易燃易爆物品，监管设施设备齐全，视频监管正常。四是严格按照贵阳海关安全生产专项整治三年行动开展相关工作，严格落实进出口危险货物（含危险化学品）及其包装检验监管工作要求，通过现场监管和电话提醒的方式，加强对辖区危险化学品及其包装生产企业的安全生产政策宣讲。

【普法工作】2021 年，筑城海关加强法律法规学习宣传，制发《关于组织开展学习重点法律法规增强全员法治观念专题宣传教育活动的通知》，组织党委中心组扩大学习活动（法治专题），派员参与贵阳海关举办的各类法治讲座，做到法律法规学习全员覆盖，最大限度扩大学习的影响力。加强学法用法，关领导率先垂范，开展法律学习。通过领导干部任前法律知识考试、宪法法律知识竞赛、国家工作人员旁听庭审等活动，全面提高全体关警员特别是领导干部运用法治思维和法治方式处理问题的能力和水平。积极派员参加贵阳海关机关组织的“模拟法庭”工作团队，精选案例制作台本，在全关进行专题展示，形成由点及面、多向辐射的普法新格局。结合工作实际，充分利用宣传月、宣传周、宣传日等重要节点，深入持久开展法治宣传活动，形成了多形式、多层次、多渠道、立体化的法治宣传教育格局。

构建关普法依法行政工作领导小组、普法依法行政工作办公室和各部门普法联络员“三位一体”的普法机构，统筹推动关普法工作实施。普法依法行政工作领导小组不定期召开专题工作会议，听取法治宣传教育工作汇报，认真分析全关普法工作形势，对普法重要工作亲自部署、重大问题亲自过问、重点环节亲自协调、重要任务亲自督办，为推动“七五”普法提供强有力的组织领导保证。制发普法责任清单，把责任分解到部门，把责任落实到个人，细化普法清单，使普法工作得到更有效的落实。一是围绕海关稳增长、促外贸各项措施，及时准确将海关中心工作、重大改革意图、涉及的政策法规传递给企业，按时向贵阳海关机关和有需要的单位和企业提供海关统计数据。二是及时对外公开海关权责清单，在业务现场大厅公开海关执法依据、执法程序以及咨询救济途径，及时在门户网站公示行政许可和行政处罚信息，增强执法透明度。三是认真落实“谁执法谁普法”普法责任制，把法治宣传教育嵌入具体的执法活动，积极主动向行政相对人、社会公众宣传有关法律规定，增进其对海关法律规范的理解与认同，实现法治宣讲与规范执法相结合。

（撰稿单位：筑城海关）

贵安新区海关

【概况】贵安新区海关于2019年1月经总署批准成立，前身为驻贵安新区办事处，是贵阳海关9个隶属海关之一，办公地址是贵安综合保税区政务中心办公大楼，负责贵安综合保税区、贵安新区和安顺市范围内各类海关工作，承担关区征税、监管、缉私、检验检疫、统计等工作职责。

2021年，贵安新区海关在贵阳海关党委的正确领导下，认真贯彻落实总署和贵阳海关机关工作部署，找准“两个齿轮”，树立“两个导向”，围绕职能质效指标有效推动各项工作顺利开展。

2021年，贵安新区海关内设办公室(党委组织宣传部)、综合业务科、稽(核)查科，实有行政人员14名。1月18日，贵阳海关机关党委会批复同意贵安新区海关建立第一、第二党支部，支部品牌分别为“贵星梦”“新薪火”。

2021年，贵安新区海关注册进出口企业160家，审核报关单2,953票，同比增长14%。外贸进出口总值35.11亿元，同比增长30%，其中贵安综合保税区进出口总值24亿元，同比增长53%。监管货物5.54万吨，同比增长60%。征收税款入库4,139万元，同比增长215%。

【基层党建】2021年，贵安新区海关按照贵阳海关机关党史学习教育领导小组统筹安排，组织开展“永远跟党走”党史知识竞赛活动、“颂党恩·传家风”家风学习活动、“红色主题档案展”“贵州省脱贫攻坚成就展”等参观学习活动，开展“重阳节·敬老节”“学雷锋·净环境”志愿服务活动，把学习党史同总结经验、观照现实、推动工作相结合，立足工作实际，扎实开展“我为群众办实事”实践活动。

贵安新区海关党委坚持把学习宣传贯彻习近平总书记“七一”重要讲话精神、党的十九届六中全会精神作为当前和今后一个时期最重大的政治任务，持续推进、不断深化。在贵阳海关机关的统一部署下，第一时间组织开展学习宣传活动。组织全体干部职工收看习近平总书记“七一”重要讲话直播、中央办公厅介绍十九届六中全会新闻发布会直播。通过党委会、党委理论学习中心组学习、支部学习等形式，开展习近平总书记“七一”重要讲话精神集体学习7次；通过党委会、党员大会、形势分析及工作督查例会等部署党史学习教育工作，主要负责人亲自抓，清单式细化党史学习教育内容，准确把握党的历史发展的主题主线、主流本质。多维式推动党史知识立体学习，开展“我为群众办实事”实践活动21次、“我要上讲台”讲党课5次、党史知识竞赛2次，不断增进干部职工的政治认同、思想认同、理论认同、情感认同。严格落实“三会一课”、主题党日等制度，12次会议以“第一议题”形式汇报学习贯彻习近平总书记重要讲话精神及对海关工作的最新指示批示精神。全年共召开党委会14次、支部党员会11次，集中学习11次，党员自学累计90人次，党课教育4次，专题学习6次。召开党史学习教育专题组织生活会1次、政治巡察整改专题民主生活会1次。完成“支部建在科上”，向贵阳海关机关党委报送火线入党同志预备期满转正材料，2个支部顺利通过支部标准化、规范化验收。

突出海关政治机关定位，贯彻落实“强化政治机关意识　走好第一方阵”要求，把学习贯彻落实习近平总书记重要讲话精神及对海关工作重要指示批示精神放在首要位置，认真落实意识形态工作责任制。有力推动党中央关于新冠肺炎疫情防控、脱贫攻坚与乡村振兴、促外贸稳增长、“六稳”“六保”、防范重大风险、优化营商环境等重大决策部署落细落实。同时以贵安新区海关接受贵阳海关政治巡察为契机，将党建与业务相结合，扎实推动巡察整改，整改责任清单销账率达100%。深入贯彻落实党史学习教育各项工作部署，以习近平新时代中国特色社会主义思想为指引，巩固深化“不忘初心、牢记使命”主题教育成果，切实增强“四个意识”、坚定“四个自信”、做到“两个维护”，将党史学习教育贯穿全关工作始终。坚决贯彻落实《党委（党组）落实全面从严治党主体责任规定》，制定《贵安海关党委落实全面从严治党主体责任清单》，主动配合第一派驻纪检组日常监督，每半年召开一次全面从严治党工作会、意识形态工作会，定期对党员干部进行集体廉政提醒谈话，将全面从严治党、意识形态工作与关区重点工作同研究、同部署、同落实、同考核。

认真执行《关于新形势下党内政治生活若干准则》，关党委带头严肃党内政治生活，严格执行双重组织生活制度，贯彻执行民主集中制，制定完善党委工作规则，规范“三重一大”决策程序。组织召开巡察整改专题民主生活会，针对巡察反馈的3个方面8项具体问题深入剖析，达到“红脸出汗”“咬耳扯袖”的效果。严格落实“三会一课”制度，党委班子成员带头讲党课2次，党支部书记讲党课3次。认真落实个人重大事项报告制度，未发生不如实填报情况。

持续推进党风廉政建设，坚决贯彻《中国共产党章程》等党纪党规，教育引导党员干部时刻绷紧纪律这根弦，严守底线、远离红线、不碰高压线，知敬畏、存戒惧。警示教育与意识形态工作紧密结合，组织召开廉政风险分析会 4 次，参观警示教育基地 1 次，廉政谈话提醒 6 次，警示教育月活动 1 次，纪律规范强化月活动 1 次。扎实开展“现场监管与外勤执法权力寻租”专项整治工作，共召开 4 次党委会专题研究部署，开展专项学习及纪法警示教育 6 次，发放告知书 49 份，调研企业 22 家，召开座谈会 15 次，梳理廉政风险点 41 个，制定整改措施 62 条，坚持问题导向与目标导向相结合，找准问题，推动关区政治生态持续向好。

【队伍建设】2021 年，贵安新区海关党委重视意识形态工作，将意识形态工作纳入重要议事日程。结合工作实际，制订《贵安新区海关 2021 年意识形态工作方案》，成立意识形态工作领导小组，明确年度意识形态工作目标任务、主要职责、工作要求。关党委会 2 次专题研究意识形态工作。压紧压实意识形态工作责任。按照贵阳海关机关党委关于意识形态工作的相关要求，认真履行意识形态工作的主体责任，明确党委书记为抓意识形态工作第一责任人，党委委员根据工作分工，按照“一岗双责”要求，对职责范围内的意识形态工作负领导责任。强化意识形态工作监督考核。始终把意识形态工作作为党的建设和政治建设的重要内容，探索建立健全意识形态工作考评制度，通过落实责任找准切入点，以创立标准化、规范化党支部为载体，抓好意识形态建设监督考核。健全意识形态工作制度机制。结合工作和党员队伍实际，按照实事求是、与时俱进的要求，制定《贵安新区海关党委意识形态工作责任制实施办法》《贵安新区海关意识形态工作制度》等规章制度，切实做到用制度抓意识形态工作，实现意识形态工作的规范化、程序化和制度化。

贵安新区海关党委着力从“六个强化”入手，建设线上线下范围全覆盖、干部职工全覆盖的意识形态主阵地。强化对新闻媒体稿件的审核把关。对向新闻媒体、海关系统渠道发布的新闻消息等进行严格审核把关，所有信息必须经主要负责人审核后方能对外发布，严禁通过网站等传播和发布未经审批的消息。在促外贸稳增长方面，贵安新区海关参与制作的 2 篇新闻被中央电视台采用，制作的 3 部微视频被总署新媒体采用，取得了良好的宣传效果，同时超额完成关区工作会对于新闻宣传上央视媒体的目标任务。强化对敏感话题舆论的监督管理。通过工作会议提醒、转发各类温馨提示、集体学习教育等方式，明确要求全体职工不发布不传播未经核实的消息。坚持正确舆论方向，严格要求全体职工做到不造谣、不信谣、不传谣。强化对工作微信群、朋友圈的生态净化。深入开展对网络工作微信群的清理清查工作，全面实行进群实名制、群主负责制和信息保密制，规范群内日常工作信息交流，加大对正能量、主旋律的价值分享，禁止发布任何不实消息和错误评论。全年对工作微信群、朋友圈开展全面检查2次。强化对主旋律、正能量的宣传推广。党员干部带头积极转发“学习强国”“中国国门时报”“海关发布”等学习动态，以价值分享引领思想再升华、认识再深化，强化对主旋律正能量人物事迹、故事、消息报道等的传播，形成正向积极、争先创优的良好氛围，激发全体干部职工的凝聚力和向心力。

对干部职工思想上倾向性、苗头性的问题加强把控，营造团结奋进良好氛围。广泛开展思想问卷调查，从调查结果来看，干部职工普遍具有较高的思想觉悟、积极向上的工作态度。切实落实好谈心谈话工作，利用监督执纪“四种形态”与科室主要负责人谈心谈话；不定时开展警示教育提醒、全面从严治党暨党风廉政提醒、节假日廉政提醒等集中谈心谈话；按要求开展组织生活会、民主生活会等会前谈心谈话。全年共开展谈心谈话35人次，集中谈心谈话7次。对干部职工开展经常性同志式的谈心谈话，既指出党员干部的缺点不足，又给予鞭策鼓励，使党员干部感受到组织的关怀，消除工作上的顾虑。扎实开展好“政治家访”。党委书记主动与职工家属通过信件、微信、电话等多种形式进行沟通，以“拉家常”的方式详细了解干部职工的思想动态、家庭生活、家教家风、实际困难和需求等情况，认真倾听干部职工家属意见建议，力所能及地帮助干部职工解决困难需求和后顾之忧，全年共开展“政治家访”26人次。关心关怀干部职工。在上下班或出差乘车、午餐午休等较为轻松的场合，领导干部主动关心关怀干部职工，加强思想动态交流，对干部职工身体不适、突发事件等情况，针对性地做好思想政治工作，鼓励克服消极思想，保持积极乐观精神状态。加强抓纪律作风和反腐败，营造清廉的政治生态。抓实准军事化纪律部队建设，组织开展内务规范强化月专项活动，把准军事化纪律部队建设作风纪律要求化风成俗。扎实开展警示教育月活动，组织全体职工赴全面从严治党警示教育基地接受警示教育，切实让党员干部受警醒、明底线、知敬畏，筑牢底线思维和红线意识。将“现场监管与外勤执法权力寻租”专项整治纪法教育学习从专项活动转变为常态化工作，切实严在日常、抓在经常。

▲2021年4月21日，贵安新区海关队列训练（张璐　摄）

【通关监管】2021 年，贵安新区海关积极参与贵安新区跨境贸易提升工程，积极做好营商环境考核工作，推行“不见面网上办”模式，提高行政服务效率，大力推进“提前申报”“两步申报”“两段准入”“先出区后报关”等通关便利化举措落实，积极帮助辖区企业解决通关难题，扎实做好通关时间压缩工作。大力推进以企业为单元的加工贸易监管模式改革，新模式改革企业增加到 3 家，联网监管企业新增 2 家；落实好总署信用管理改革举措，加强政策研究，为关区 3 家一般认证联网监管企业减免担保负担约 2,500 万元。成功促成网购保税零售进口“1210”业务落地贵安综合保税区，放行跨境电商零售清单 5,851 票，货值 242 万元，清单数量占贵阳关区总量的 45%；全力促成 B2B 出口“9710”“9810”以及“1210”出口海外仓模式先后取得突破，贵州特色产品乘“电”出口，货值达 20 万元，贵安新区海关已成为贵阳关区跨境电商业务种类最齐全的业务现场；积极促成贵州省首个跨境电商退货中心仓落地贵安综合保税区，拓展内循环发展新空间，推动一般纳税人试点政策正式落地，开展业务企业 2 家；开展委托加工业务 8127 万元；“货物按状态分类监管”继续扩大范围和品种。

认真收集企业反映的困难和问题，积极响应企业诉求，了解民情民愿、深挖问题线索，详细解答海关强化监管、优化服务相关做法和成效，全力解决外贸企业的痛点、堵点、难点问题，拿出实招，精准发力，为群众办实事解难题，切实打通服务企业“最后一公里”，努力实现关企交流互动“零距离”、排忧解难“零障碍”，力求企业问题“零库存”，真正把专项整治成果体现在坚决惩治腐败、保护群众利益、全力助推企业发展上。在调研了解到部分企业存在交通物流不畅、物流成本增加、上游供应不足、下游订单减少、外贸及技术人才紧缺、企业融资困难等问题后，第一时间派员对接落实“一企一策”“一业一策”，积极引导企业综合运用“两步申报”“提前申报”“先出区后报关”等模式，为企业提供“7×24 小时”全天候通关服务，继续落实“不见面网上办”“即到即检”“预约通关”等服务举措，最大限度帮助企业节约通关时间、减少通关成本，以海关监管服务的优化为辖区企业发展增动力、添活力。对职能范围内未能为企业解决的突出困难，及时向贵阳海关相关业务职能部门反馈，尽量为企业争取地方政府的帮助与支持，提升群众的获得感和满足感。

【综合保税区管理】2021 年，贵安新区海关正面监管履职尽责。现场监管再加强。逐步完善新业态监管，推动完成围网整改验收工作，推动制订全省综合保税区首个维修监管方案。全年实施检查 47 次，在关区首次查获进口固体废物案。加强危险化学品监管，主动申请将辖区出口危险化学品检验监管业务划入贵安新区海关。

提前超额完成税费征管任务。全年税款入库4,139万元。扎实开展跨境电商进口走私“断链刨根”专项行动。集中审核更专业。全年集中审核作业500余次，备案手（账）册28本，核销结案38本（次）。以企业为单元的加工贸易监管模式扩展到3家企业，新增加贸企业4家，加贸审核及时率、退单率、核销及时率等总署考核指标均为满分。保障进口粮食安全。简化跨关区进境粮食调运办理程序，进口7万吨储备粮顺利入库，支持企业进口小麦1,100吨。

支持综合保税区“货物按状态分类监管”业务发展。积极促成贵安综合保税区制订全省首个保税维修监管方案，联合综合保税区管委、环保等部门形成联合监管局面；积极支持维修规模扩大，在保证监管到位的前提下，支持维修企业扩容到3家，维修种类新增笔记本电脑、智能手环等，保税维修进出口规模达2.25亿元。扩大范围和品种，融合跨境电商等新业态发展，开展业务企业3家，进出车次7,000余次，货值近90亿元。进一步优化综合保税区货物进出区管理要求，提升综合保税区进出便利度。主动做好沟通协调，指导综合保税区管委按照要求推进整改项目施工，顺利推动围网整改通过正式验收。综合利用综合保税区监管便利措施，支持贵安综合保税区“黔粤物流新通道”项目落地，为区内企业免费运送货物198车次，为企业节约物流成本174万元。积极推动综合保税区问题企业清理工作，主动联系问题企业，帮助解决存在的问题困难，加强业务指导，清退问题企业2家，促成2家企业复工复产。

加强科技应用，进一步提升监管效能，完善综合保税区货物按状态分类监管系统，启动智能监管无人机，加强查验单兵系统的使用，使用率及使用成效均处于关区领先水平。配合贵阳海关完成大型X光机、车辆消杀设备安装使用，进一步提升关区科技装备水平。

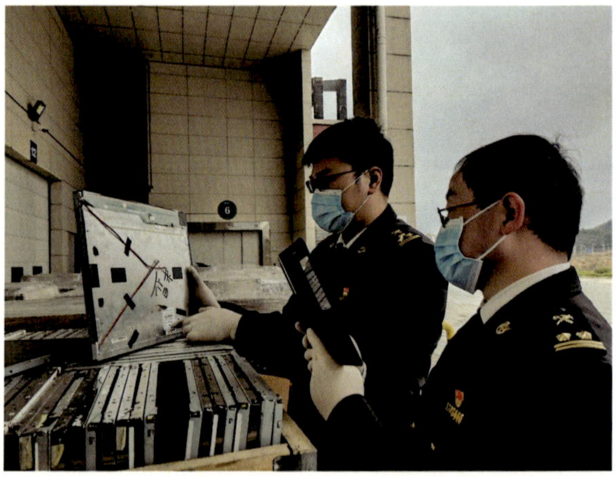

▲2021年1月25日，贵安新区海关开展保税维修屏幕查验（吴波　摄）

【优化营商环境】2021年，贵安新区海关按照贵阳海关机关党委统一部署，承担关区6项重点民生项目，对辖区特色产业制定30条帮扶促进措施，并选取马桶盖、吉他、茶叶为优势主导商品进行扶持；培育10家有进出口实绩企业，并提供帮扶措施；建立“一对一”联系帮扶机制，提供一站式解决方案，多次加班加点为企业提供“随到随检”服务。全年共查验监管25批次、近2亿元进口成套设备。

依托贵安大数据优势，积极支持数字服务贸易企业入区落地发展。与税务部门建立联合监管及数据共享机制，细化监管措施和方案，加强对企业的业务指导，促成该政策在贵安综合保税区正式落地，开展业务企业3家。做好保姆式服务。主动加强与政府、企业联系，跟踪跟进辖区重点项目、重要企业发展情况，关领导带队主动“贴上”华为、恒力等企业送政策、送服务，为跨境电商出口企业以及黄果树“三碗粉”等食品出口企业开展业务主动出主意、解难题。“贵关速度”再提升。提升检验监管效能，提供“即到即检”等便利服务举措，支持贵安新区重点项目贵安医院、高端装备制造园食品生产项目落地运营，监管进口医疗器械、成套进口设备近亿元。落实好加贸集中审核要求，高效率履行审核职责，全年加工贸易设立、变更当日审结率达90%以上。助力综合保税区夯实发展基础。主动做好沟通协调，指导综合保税区管委按照要求推进整改项目施工，顺利推动围网整改通过正式验收。积极支持提升跨境贸易营商环境。积极参与贵安、安顺跨境贸易营商环境提升工程，抽调业务骨干参与工作专班，积极做好营商环境考核工作。辖区共新增外贸实绩企业10余家，处理报关单2,953票，同比增长14%，属地报关占比同比增长18%；实现外贸进出口33亿元，同比增长23%，其中贵安综合保税区实现外贸进出口24亿元，同比增长53%。辖区小汽车、辣椒、啤酒、石材4种产品实现首次出口；航发产品出口4亿元，同比增长57%；竹木马桶盖出口4,900万元，同比增长4%。加强实货监管，全年共实施检查62次，查获9次，在贵阳关区首次在货运环节查获固体废物案，查获多起进口医疗器械、成套设备不合格情事，助力贵阳关区查获率有效提升。加强出口危险化学品监管，主动申请将辖区出口危险化学品检验监管业务划转给贵安新区海关，加强单证审核和现场监管，审核出具危包证书100余份，纠正企业申报差错20余次。继续做好国门生物安全监测工作，对跨境电商进口奶粉实施抽检。积极引税回流，做好属地纳税人管理工作，加强验估、审价作业，扎实开展跨境电商进口走私“断链刨根”专项行动。加强集中审核作业，全年审核作业600余次，备案手（账）册30余本，核销结案41本（次）。以企业为单元的加工贸易监管模式扩展到3家企业，新增加贸企业4家。

【稽查作业】2021年，贵安新区海关以贯彻总体国家安全观为主线，紧紧围绕中心工作和重点任务，以查发问题、堵塞漏洞、防范风险为目标，以诚信守法便利为导向，着力“三个聚焦”，有效提升监管效能，有力维护税收安全、准入安全。以专项行动为重点，聚焦核查质效。严格落实总署打击跨境电商进口走私“断链刨根”专项行动要求，对15家跨境电商企业开展实地摸排检查，就企业失联、备案网址失效、无ICP或EDI证书等问题进行梳理反馈。认真贯彻落实习近平总书记对海关重要指示批示精神，持续深化严禁“洋垃圾”入境。发挥属地化监管优势，加强保税废料的实际监管，排查潜在风险，全年走访企业20余次。对综合保税区内2家保税维修企业首次开展全覆盖无死角盘库核查，共涉及料件211项，数量110.13万件。同时持续做好对出口备案食品生产企业、出口医疗物资企业等核查工作，实现以查促管、查管互动的良性循环。全年完成核查作业26起，发现异常19起，按时办结和查审分离率均为100%；以考核指标为指挥棒，聚焦稽查质效。围绕稽查绩效目标，加强与相关业务部门的沟通联系，广辟线索来源，狠抓难点突破，提升稽查查发实效。完成稽查作业4起，有效提升监管效能，并顺利完成全年考核指标；以主动披露为突破口，聚焦红利释放。充分做到“谁执法谁普法”，通过“点对点”“面对面”方式向企业宣讲主动披露政策，开展主动披露相关业务指引。2家企业主动报明存在边角料、残次品未处理和保税料件短少的问题，涉及货值244.15万元，促进企业自我规范、诚信经营，做到监管既要“无事不扰”又要“无处不在”。同时，结合“多查合一”对落实安全生产、禁止“洋垃圾”入境等相关法律法规以及监管要求进行宣讲，解答企业在海关相关业务上的疑问，为进一步优化营商环境、深化“放管服”改革不懈努力。

进一步规范外勤执法，提升作业质效。建立部门联络员制度，加强与企管部门和相关业务部门的沟通交流，强化业务部门对核查的专业支持，实时沟通解决核查过程中遇到的问题，保证指令接收、实施、处置和反馈的全流程畅通。在执法过程中，按照《海关核查操作规范（试行）》《企管司关于全面实施核查作业标准化的通知》等要求，明确核查重点，对照标准化作业表实施作业，保证核查内容、程序规范化，并启用执法记录仪、单兵作业装备以提高核查作业环节的透明度，切实做到“标准化、进系统、留痕迹、可追溯”，防范执法风险和廉政风险。引导符合条件的企业通过“互联网+海关”开展远程核查，减少实地核查对企业生产经营的影响，实现“多手段、少手续”的隐形监管。

为缓解关区核查人员资质欠缺、复合型人才匮乏的突出矛盾，组织关员参加各类业务培训和考试，构建跨界知识体系，搭建经验共享平台；借助总署企管司定期下发的《企业管理和稽查工作研究》《核查实用手册》等资料，自行打造小规模、短平快、重实操的订单式培训；立足核查作业本身，要求核查人员实现“以干促学，以学带干”，不断突破智识局限，提升履职能力。

努力构建协同高效的监管格局，持续优化营商环境。对有条件的企业同步开展

“互联网+稽核查”相关政策宣讲，向企业推送《贵阳海关推行“互联网+稽核查”改革　提升监管效能》的微信公众号文章，介绍操作细则，帮助企业转变观念、了解政策便利性。积极推广主动披露制度，设置专人专岗对接主动披露业务，鼓励企业将自查发现的违规行为主动报送海关，享受“守法容错”的政策红利，提升企业诚信守法意识。主动了解企业在业务发展中遇到的难点堵点，帮助其架起与相关部门沟通的桥梁，为外贸企业发展保驾护航。

【打私综治】2021年，贵安新区海关加强履职当担，保障国门安全。加强进口商品质量监管，保障人民生命财产安全。做好进口设备检验监管，查验出多批次进口医疗器械及成套设备不合格情况，督促企业整改完善。推动打击走私综合治理工作。促进贵安新区打击走私综合治理领导小组办公室设置在贵安新区公安局。加强与新区环保、市场监管等部门的联系配合，开展“国门利剑”“蓝天2021”等打私专项行动，营造打私良好氛围。加强对新区进出口危险化学品、危险货物以及综合保税区、保税仓等安全生产监管，履行好安全生产监管主体责任。指导新区中粮公司储备库快速完成进境粮食仓储企业备案。

打私工作稳步推进。全年办理“两简”案件4起。推动贵安、安顺调整优化打私机构设置，召开打私工作会议，与公安、市场监管、环保等部门共同开展联合执法，辖区打私综合治理体系进一步完善。

【疫情防控】2021年，贵安新区海关毫不放松抓好疫情防控，按照疫情防控最新标准，加强内部防控。坚持做到每日排查到位，组织开展新冠肺炎疫情防控专项演练，演练模拟密切接触新冠肺炎确诊病例后的应急处置流程，包括防护服穿脱、密切接触者隔离、办公区域消毒、封闭人员进出。模拟进口冷链新冠病毒采样和预防性消毒监管流程，对新冠病毒核酸采样、现场查验、预防性消毒等进行实操演练。防护演练到位，防疫物资保障到位。

【督查内控】2021年，贵安新区海关结合实际制定出差考勤及请销假制度20条、照（摄）相器材实施细则11条、固定资产管理办法28条、公务接待实施细则18条、办公用品管理办法10条、会议室管理制度13条，稳步推进规范权力运行和强化内部管理工作，确保关区工作拓展与制度规范同步推进。

（撰稿单位：贵安新区海关）

六盘水海关

【概况】六盘水海关于2015年11月经中央机构编制委员会批准成立（正处级），2015年12月总署下发《海关总署关于设立六盘水海关的通知》，设立中华人民共和国六盘水海关。2016年9月，六盘水海关通过验收，2016年10月总署同意开关，2016年11月正式开关运行。六盘水海关是总署确定的贵阳关区两个艰苦边关之一，也是关检改革前贵阳关区成立的第二个隶属海关。六盘水海关党委于2019年12月13日获贵阳海关党委批复设立。六盘水海关主要承担辖区进出口货物（物品）监管、征税、统计、缉私和出入境检验检疫职责，其中稽（核）查业务覆盖六盘水市、毕节市和黔西南州三地。

2021年，六盘水海关内设办公室（党委组织宣传部）、综合业务科、稽（核）查科3个正科级机构。截至2021年年底，实有行政人员11名。下设六盘水海关综合业务党支部于2021年4月经贵阳海关机关党委批复设立，支部党员8名，党支部品牌“三线成关”被总署评为全国海关基层党建培育品牌，六盘水海关综合业务党支部先后被评为贵州省直机关星级党支部、贵州省直机关“标准化规范化示范党支部”、贵阳海关“四强”党支部等。

2021年是中国共产党成立100周年，是“十四五”规划开局之年，也是全面建成小康社会、开启全面建设社会主义现代化国家新征程的关键之年。一年来，在贵阳海关党委的坚强领导下，六盘水海关坚持以习近平新时代中国特色社会主义思想为指导，深入贯彻党的十九大和十九届历次全会精神，以党的政治建设为统领，紧紧围绕“五关”建设总要求，开展党史学习教育和庆祝中国共产党成立100周年系列活动；聚焦“两个齿轮”啮合共转，紧盯“两个导向”，以党建为引领，以促进地方外贸发展为重点，以帮扶外贸企业为落脚点，切实发挥海关作用，助力地方外向型经济高质量发展。全年共办理进出口报关业务36单，进出口货值21.9亿元；征收税款2.73亿元；监管进出口货运量245万吨。办理出境检验检疫货物27批，出境包装16批，办理入境检验检疫货物2批，签发3份原产地证书（中国—东盟）；

完成进出口食用农产品风险监控3批次、14个检测项目；新增进出口收发货人备案企业30家。

【基层党建】2021年，六盘水海关认真落实总署党委“支部建在科上”要求，4月组织成立六盘水海关综合业务党支部，作为省直机关示范党支部，进一步查漏补缺，以基本组织设置规范化、基本队伍建设规范化、基本制度执行规范化、基本任务落实规范化、基本保障配套规范化为目标，不断细化工作措施，落实工作责任，更进一步提升支部工作水平和质量；通过已荣获总署基层党建培育品牌为契机，继续深入挖掘“三线成关”品牌的文化内涵，将新时代“三线精神”（艰苦创业、无私奉献、团结协作、勇于创新）发扬光大，将“三变意识”（解放思想、敢闯敢试、敢想敢干）融入海关工作大局，夯实“三型海关”（学习型、服务型、廉洁型海关）基础；将文明单位建设与海关业务工作结合起来，注重效能提升，突出创建时效，实现职工思想道德素质、科学文化素质、文明服务意识显著提升，实现海关队伍服务优质化、管理规范化、发展科学化，营造政通人和、环境优美、和谐融洽、运转有序、蓬勃发展的工作机制和文化氛围；保住“四强”党支部创建成果，在执法一线科室成立综合业务党支部，继续强化政治引领，持续发挥政治功能强、支部班子强、党员队伍强、作用发挥强的战斗堡垒和先锋模范作用，让党旗在基层一线高高飘扬。严格执行党员发展程序和标准，完成1名预备党员转正，接收3名同志积极向党组织递交的入党申请书。成立六盘水海关青年理论学习小组，通过“党带青”、深入学等多种形式持续推进青年理论学习提升工程有序开展。支部全年严格落实“三会一课”、主题党日等制度，组织召开支部党员会议12次，主题党日活动15次，支部政治理论学习12次，重点发言21人次。组织开展集中学习12次，分享学习心得12篇，党课教育4次。根据贵阳海关关于开展党史学习教育的要求，制订六盘水海关党史学习教育工作方案和责任清单，明确38项重点内容。开展专题研讨、“七一”重要讲话精神宣讲、党的十九届六中全会学习等各类活动47次，参与人数970人次，组织开展喜迎中国共产党成立100周年“九个一”活动，配合贵阳海关办公室党支部完成2批“我下基层干实事”活动。开展党史学习教育专题组织生活会，组织支部党员围绕党史学习教育、联系服务党员群众、力戒形式主义官僚主义等方面进行检视和盘点，提出4条整改措施并全部整改完毕，贵阳海关党史学习教育督导组现场进行督导，充分肯定专题组织生活会成效。推动学习教育常态化，组织开展“我要上讲台”28人次、“读书月”分享10人次、“百年党史百天学”100人次，“学史·铸魂”海关红色讲坛活动4期，讲党课、“我与党的故事”等活动9期，“学党史、明纪律、讲规矩”

等测试活动 72 人次，共 55 人次参与“我为群众办实事”实践活动，解决问题 9 个，开展志愿服务 4 次。通过丰富活动形式，进一步坚定干部职工理想信念，凝聚力量、砥砺品格，鼓励主动作为、积极工作，为服务地方外贸发展贡献力量。

【队伍建设】2021 年，六盘水海关强化全员培训，先后选派徐胜景、苏佳等 4 名同志参加总署、贵阳海关集中工作。3 名同志通过进出口危险货物及其包装检验监管培训考核，7 名同志获得动物与植物检验检疫相关资质，2 名同志取得公职律师资格；选派 4 人参加总署“万人争先”线上岗位练兵考试，不断提高干部队伍政治能力、业务能力和工作能力，干部队伍业务水平和技能实操不断取得新进步。为及时了解干部职工的工作生活思想作风及学习情况，六盘水海关党委组织开展谈心谈话 53 人次，并以信函的方式进行“政治家访”，共家访干部职工家属 36 人次，帮助干部职工排忧解难，加强组织关心和关爱，增强凝聚力和向心力，促进关区工作稳步推进。为更好开展内务规范月、强化准军月活动，重点组织开展《海关内务规范》宣传学习、队列集中训练和举行升旗仪式等活动；及时调整国旗班人员、内务督查组人员，全年组织开展队列训练 6 次、内务督查 12 次，用准军事化理念管理队伍，用准军事化作风锤炼队伍，用准军事化标准检验队伍，建立规范的工作、学习、生活秩序，培养优良的作风和严格的纪律，树立六盘水海关良好形象，提高六盘水海关队伍的凝聚力和战斗力，打造“政治坚定、业务精通、令行禁止、担当奉献”的准军事化纪律部队。完善机要保密和档案管理，全员签订保密承诺书，开展保密自查自评、档案安全自查等工作。全年，联合贵阳海关党委派驻第三纪检组在节假日进行廉政提醒谈话、警示教育 8 次；组织全面从严治党、党风廉政建设会议活动等 4 次，全年无违纪违法事件发生。

【专项整治】2021 年 3—9 月，六盘水海关组织开展“现场监管与外勤执法权力寻租”专项整治工作。根据贵阳海关专项整治工作方案和要求，制订六盘水海关“现场监管与外勤执法权力寻租”专项整治工作方案、六盘水海关“现场监管与外勤执法权力寻租”专项整治问题整改方案，明确专项整治领导小组成员及领导小组职责。向关区内有实际进出口业务的 9 家企业全覆盖寄送专项整治工作告知书，走访调研企业 27 家，召开企业座谈会 3 次。对照梳理廉政风险点，制定加强业务人员培训等防控措施，全覆盖签订《“现场监管与外勤执法”领域违规事项个人申报表》。推动落实“四责协同”机制，完成纪法教育和知识测试 30 人次。对照实地检查反馈问题整改责任清单查找问题 6 个并全部完成整改，对照贵阳海关廉政风险防控清单查找问题 3 个并完成整改。

【疫情防控】2021 年，六盘水海关制发六盘水海关新冠肺炎疫情防控应急预案、六盘水海关常态化疫情防控工作方案等内部防控制度，并成立六盘水海关疫情防控领导小组，及时通报疫情防控最新动态，开展干部职工健康监测“日报告、零报告”326天，排查行程轨迹490人次。实行出入健康码“绿码”、通信行程卡“绿卡”管理，重申戴口罩、勤洗手等个人防护规范。坚持消杀、测温、出行报备等管理，做好防疫物资使用及管理。为增强执法一线人员的防护能力和水平，参加贵阳海关口岸疫情防控应急演练，学习口岸海关对进口货物的监管，进一步提升一线关员的实操水平；组织业务工作人员对口岸新冠肺炎卫生检疫操作指南、指导书及相关政策学习12次，开展内部疫情防控穿脱实操及应急演练4次，培养3人进入贵阳关区口岸疫情防控备勤梯队。全年未发生感染新冠肺炎情况。

【安全生产】2021年，六盘水海关严格落实习近平总书记关于安全生产的重要指示批示精神，对照贵阳海关以及六盘水市委市政府具体要求，认真履行职责。对关区内各市（特区、区、高新区）重点企业进行走访调研，到服务企业宣讲政策，加强企业安全生产防范意识。深入排查危险货物漏检风险，严格按照总署监管要求对进出境危险货物实施监管，充分运用通关管理系统，引导企业正确申报；加强与运输部门的监管协作和信息通报，严厉打击匿报、谎报或夹带危险货物，综合保障进出境危险货物安全高效运行；排查整改进出境危险货物及其包装检验岗位资质管理缺失、无资质人员从事检验工作等问题；严格落实进口危险化学品及其包装“口岸查验、目的地检验”要求和出口危险货物及其包装“产地检验、口岸查验”要求。与六盘水市应急管理局、交通运输局等有关部门进一步明晰监管职责，积极参与并推动安全生产跨部门监管协作，及时向当地主管部门和地方政府通报、移送，配合相关部门开展安全生产检查、应急处置，形成安全监管合力。做好海关内部安全管理，梳理汇总业务、内部管理等安全风险点9个，制定六盘水海关风险隐患台账，开展各类安全检查4次。指导六盘水市公交公司注销海关监管场所经营权，在为企业节省不必要的运营成本的同时，消除海关监管场所常年无业务开展、监控系统损害无力修复、场所内停放大量未纳入海关监管范围的老旧淘汰公交车的安全隐患。通过设置海关宣传台、制作宣传展板、发放宣传资料、接受咨询等方式开展宣传，将贵阳海关“国家安全教育日”“安全生产月”“安全生产法宣传周”等活动与六盘水市等相关活动安排相结合，积极参加地方职能部门举行的集中宣传活动，组织全关志愿者到六盘水市社区开展食品安全、文明旅游、文明交通劝导等安全生产相关宣传活动，组织开展新修订的《安全生产法》宣贯工作，利用好、发挥好已有信息宣传工具的功能与作用，将图文并茂的安全生产相关宣传材料有吸引性、针对性、引导性地粘贴和播放，以提高职工以及社会公众对于安全生产重要性的认识，确保非传统领域国家安全、生态安全、国门安全、监管安全、进出口产品质量及食品安全，保障人民群众身体健康和生命安全。六盘水海关在六盘水市安委办组织的考核中获优秀等次。

【服务发展】2021 年，六盘水海关坚持服务“零距离”。六盘水海关党委成员定期主动走访关区外贸重点企业——首钢水城钢铁（集团）有限责任公司（以下简称“水钢”），通过建立“关长对部长、科长对经理、关员对经办”的三级工作模式，了解水钢工作总方向，及时掌握企业生产经营计划，倾听企业意见建议，将水钢的生存发展与六盘水海关的业务开展紧密啮合起来，真正做到同向发力、同频共振。9 月中下旬，针对水钢一船进口铁矿砂因船代公司工作人员疏忽出现超期未申报的情形，六盘水海关根据企业多年来的良好申报记录并结合港口拥堵等因素，在向口岸海关核实有关情况后，及时向贵阳海关报告，争取贵阳海关的支持，协调各方为水钢减免相关费用，在充分教育企业的同时为企业节省支出，实现了执法效果与社会效果的最佳结合。为解决水钢进口铁矿砂在湛江港停留时间较长的问题，于 9 月 28 日邀请湛江海关综合业务处有关负责同志到六盘水市，共同为企业提供指导服务。关企共同就货船在湛江港出现长时间停留、通关时间较长的原因进行了认真分析，并就协调对接港务集团、优化查验流程等提出建议及解决意见。两地海关通过现场办公，对接口岸经办隶属海关，高效解决水钢反映的问题，及时消解企业对海关工作环节的认识误区，进一步降低企业因非市场因素导致的额外成本。

【建言献策】2021 年，六盘水海关与贵阳海关职能部门、六盘水市有关部门开展各类检查培训 10 余次，实地调研外贸企业 19 家，并在充分调研的基础上主动收集有关政策，积极发挥海关专业优势，撰写关于促进六盘水市外向型经济发展的建议、关于促进刺梨产业发展的建议、六盘水市航空口岸发展建议、关于推动跨境电商在六盘水发展的建议等材料上报六盘水市政府。联合商务部门以及区县政府，多次深入区县宣讲国家有关支持外贸发展的政策以及海关通关便利化措施，培育和树立企业开展外贸的信心。针对六盘水市出口以初级农产品为主的现状，9 月邀请总署标法中心及该领域的业务专家到六盘水开展工作，指导关区企业开展相关出口业务，不断增强关区企业产品质量管理能力，提升企业国际竞争力。积极帮扶食用菌、脱水姜成功实现出口，蘑菇菌棒全年出口 2 批次 48 吨，货值 7 万元；脱水姜出口 15 吨，货值 27 万元。

【营商环境优化】2021 年，六盘水海关围绕《海关全面深化业务改革 2020 框架方案》，根据贵阳海关的统一部署，纵深推进“两步申报”“两段准入”“两轮驱动”。指导企业运用“提前申报”“两步申报”等便捷通关模式，引导企业提前办理单证审核，加快通关放行速度；全年办理“提前申报”占比67%，“两步申报”应用率达34%。进出口环节涉及的监管证件全部可以通过“单一窗口”办理，实现了“让数据多跑腿、让企业少跑路”；进一步加强与口岸海关的沟通协调，采取“关长对关长、科长对科长、关员对关员”的三级对接模式，对关区进口大宗散货开展全链条闭环服务，积极主动对接口岸海关，最大限度压缩整体通关时间。2021年，六盘水海关进口通关时间较2017年压缩89%，出口通关时间较2017年压缩93%，圆满完成国务院明确的“到2021年年底整体通关时间比2017年压缩一半”的目标任务。

【跨境电商新业态】2021年，六盘水海关紧紧抓住党中央、国务院提出在全国全面发展新业态新模式的重要契机，深入研究探索“重点挖掘潜力企业开展外贸”、跨境电商“9710”“9810”模式，积极推动跨境电商新业态在六盘水落实落地。向六盘水市政府提出关于在六盘水市开展跨境电商业务的建议，组织市县两级商务部门及有关企业21人参加跨境电商和知识产权海关保护宣讲，邀请阿里巴巴贵州区域总经理到现场讲解有关操作流程，为六盘水市外贸企业及潜力企业开展跨境电商业务牵线搭桥。经过前期反复工作及多方联系对接，12月24日，辖区内某企业生产的刺梨糖片在六盘水海关报关并采用跨境电商“9710”模式出口至香港地区，实现六盘水市跨境电商出口业务零的突破，使六盘水市成为国家跨境电商政策取消条件限制后，贵州省第二个无综合保税区但实现跨境电商业务的市州。

【公式定价备案业务】2021年9月3日，六盘水海关完成水钢提交的大宗铁矿商品公式定价备案手续，及时对水钢进口铁矿砂采取公式定价模式予以监管。该项备案是《关于公式定价进口货物完税价格确定有关问题的公告》（海关总署公告2021年第44号）新规实施以来贵阳关区首单公式定价备案业务。六盘水海关通过多维度审核企业申报价格，确保精准审价、税款“颗粒归仓”。

【加工贸易业务监管】2021年，六盘水海关切实履行属地海关现场监管职责，指派关员定期、不定期到关区加贸企业开展实地巡查，确保保税料件账实相符；向企业宣讲国家有关政策及法规，督促企业守法生产经营。

【打击走私综合治理】2021年，六盘水海关加强与贵阳海关缉私局、企业管理和稽查处的对接，持之以恒履行好海关负责缉私业务工作的职责；强化与六盘水市公安局、市场监管局、税务局等成员单位的协作配合，主动走访、实地排查，加强在案件查处方面的信息情报共享，全面深化齐抓共管的反走私综合治理工作格局。针对六盘水市大宗散货进口量大的特点，定期组织对关区企业是否具有进口固体废物收发货人资质、是否有进口固体废物情况进行摸排，坚决防堵“洋垃圾”走私入境。10月21日，六盘水海关牵头召开六盘水市打击走私综合治理工作专题会，市委宣传部、市公安局等15家成员单位参会并发言，为构建关区健康外贸秩序凝聚各方共识、形成监管合力。

【简易程序行政处罚案件办理】2021年，六盘水海关为强化对关区外贸企业的监督管理，组织工作人员对关区进出口收发货人备案信息与企业信用信息公示报告内容进行比对，梳理出部分企业存在企业名称、企业住所、法定代表人等信息发生变更但未在变更生效之日起30日内向海关办理变更手续的情况。为规范对关区外贸企业的管理，及时对相关违规企业给予警告的行政处罚。在做出行政处罚的同时，主动向企业释法析理，指导涉案企业进行整改，实现法律效果和社会效果的有机统一。

【属地监管】2021年，六盘水海关根据贵阳海关2021年国门生物安全监测的工作安排，在六盘水市红心猕猴桃主产区开展实蝇监测，顺利完成26个监测点设置，未监测到危险性害虫，为关区有害生物防控、守护国门生物安全提供有力支撑。强化对目的地查验货物的现场查验，指派关员规范执法，对入境货物逐一开箱检查，并结合中国共产党成立100周年重要节点，仔细检查是否夹藏违禁物品、是否夹带有害生物等，监督消费使用单位对木质包装进行销毁，切实履行属地海关监管职责，把好最后一道国门。

【稽（核）查作业】2021年，六盘水海关克服疫情影响，全力推进稽（核）查业务。持续开展好核查作业，按照海关稽（核）查业务管理系统指令，认真开展好辖区企业核查作业，确保核查指令在规定时限内办结，避免出现扣分项。适时组织对符合条件的企业开展网上核查，进一步提高核查作业的时效性、规范性。加强与地方部门的协调配合，与六盘水市商务局、生态环境局等部门联系配合，在打击“洋垃圾”走私、虚假贸易，摸排进口和加工使用再生金属原料企业等方面加强信息共享，共同推动六盘水市良好的进出口经济环境建设。加强研判，提高稽查作业有效率，强化工作人员稽查业务日常学习，增强查发本领，并对辖区外贸企业进出口数据分析研判，适时对重点关注企业开展稽查作业，形成监管效力。继续加强稽查追补税工作力度，与六盘水市减免税管理部门联系配合，调取辖区减免税数据开展分析，对辖区减免税货物涉及企业走访摸排，及时对高风险企业开展专项稽查；通过对减免税货物消费单位宣讲主动披露相关政策，引导企业自查自律并主动披露违反减免税货物监管规定行为；对辖区企业非贸易项下对外支付数据展开分析，加强对相关企业走访排查，深挖稽查追补税源，实现稽查追补税新突破。

【对外宣传】2021年，六盘水海关充

分利用“学习强国”、《中国国门时报》、《贵州日报》、“海关发布”等新闻媒体开展信息宣传工作，切实弘扬主旋律，激发正能量，大力培育和践行社会主义核心价值观。主动融入地方工作主基调，在食品安全宣传周、安全生产宣传周、宪法宣传日等重要节点，在办公楼电子显示屏轮流播放宣传标语，营造浓厚宣传氛围；派员参与六盘水市现场集中宣传，向市民发放宣传资料、讲解有关法律法规，接受市民咨询，展现海关融入地方、服务发展的良好形象。全年共报送各类信息宣传稿件190余份，获《中国国门时报》采用宣传稿4篇、“中国海关”学习强国号采用宣传稿4篇、地方媒体采用宣传稿4篇。

【政府信息公开】2021年，六盘水海关认真学习贯彻新修订的《中华人民共和国政府信息公开条例》《国务院办公厅关于全面推进基层政务公开标准化规范化工作的指导意见》，深刻领会政务公开在保障人民群众知情权、增加政府透明度、推进法治政府建设以及防腐惩恶等方面的重要意义，明确单位负责政务公开职责的分管领导同志，办公室作为政务公开主管部门，负责推进、指导、协调、监督本关政府信息公开工作，指定专人负责日常工作，一级抓一级，层层抓落实，确保政务公开工作落实落细。坚持“以公开为原则，不公开为例外”的工作原则，及时向贵阳海关报送相关信息，通过公告板、互联网、新媒体等渠道主动公开应予以公开的政府信息。全年通过贵阳海关门户网站公布政府信息17条，受理并办结依申请公开政府信息1件。

【助力实验室发展】2021年，为提升六盘水市检验检测公共服务能力、促进六盘水市产业优化升级、实现贸易高质量发展，六盘水海关牵头建立产学研检合作机制。10月21日，六盘水市副市长何枢在六盘水海关主持召开六盘水市产学研检合作助推高质量发展座谈会，六盘水师范学院、贵阳海关技术中心、六盘水市商务局、六盘水市检验检测中心等9家单位、31人参加座谈并参观国家果蔬检测重点实验室（六盘水）。12月9日，六盘水师范学院、六盘水市检验检测中心、国家果蔬检测重点实验室（六盘水）共促六盘水市公共检验检测服务能力提升合作协议在六盘水海关签署。

▲2021年12月9日，六盘水师范学院、六盘水市检验检测中心、国家果蔬检测重点实验室（六盘水）共促六盘水市公共检验检测服务能力提升合作协议签字仪式在六盘水海关举行（黄方贵　摄）

国家果蔬检测重点实验室（六盘水）

（以下简称“实验室”）纳入综合技术中心质量管理体系运行，以分场所实验室管理，8月通过CNAS现场评审，检测参数812项，新增扩项参数360项；11月顺利通过资质认定文审，检测参数811项。实验室检测能力覆盖食品、农产品、生活饮用水等产品中微生物、营养成分、元素、农药残留、添加剂、毒素等检测项目。全年共组织实施内外部质量控制活动46项，均满足评价要求，其中参加能力验证（包括测量审核）活动9项共16项参数，均获满意结果，满意率100%。微生物4项参数为中日国际比对，“果蔬中毒死蜱、联苯菊酯的测定能力验证”为国家级能力验证。全年实施人员监督40次，检测活动25次。新增离子色谱法、气相色谱法、分光光度法等6份测量不确定度评估报告，逐步提升实验室检测能力。实验室主持的总署科研项目“刺梨及制品中主要营养成分及污染物控制研究”顺利结题，该课题被推荐为完成度较好的课题；2021年申报的总署科研项目“贵州出口猕猴桃品质与安全质量控制关键技术研究”已获立项，并采购、收集猕猴桃样本开展感官评价和外观指标测定工作。全年共发表相关论文6篇，申请并获授权实用新型专利3项，另申报贵州省科技厅项目3项。

【机关服务保障】2021年，六盘水海关强化食堂管理，加强对食堂的日常管理，确保全关干部职工“舌尖上的安全”，定期对食堂进行检查，协调实验室对餐具进行1次卫生检测、对食材抽取5个样品进行检测；节假日开展食堂安全检查6次。严格落实贵阳海关党委关于“过紧日子”的工作要求和“保障安全、维护运转、应减尽减”的原则，从严控制一般性支出，切实降低运行成本，提高干部职工节能环保意识。

（撰稿单位：六盘水海关）

凯里海关

【概况】凯里海关于 2019 年 1 月经总署批准成立（正处级），前身为原贵州出入境检验检疫局凯里办事处，2019 年 12 月经贵阳海关党委批复设立党委。业务管辖范围为黔东南苗族侗族自治州、黔南苗族布依族自治州，承担关区征税、监管、出入境检验检疫、统计等工作职责。

2021 年，凯里海关内设 2 个正科级机构。截至 2021 年年底，实有行政人员 9 名。设有凯里海关综合业务党支部，于 2021 年 4 月经贵阳海关机关党委批复成立，支部有党员 7 名，支部品牌为“风雨桥”。

2021 年，凯里海关扎实开展党史学习教育，凝心聚力打造党史学习教育“4311”工程，深入开展“我为群众办实事”实践活动，支持惠水县红薯粉、从江县生猪等首次实现出口，圆满完成凯里海关办公场所的土地划拨和不动产变更登记工作。参与完成的《我省出口打火机产业发展面临的五大问题》获评全省 2021 年优秀信息文稿。全年报送新闻稿件获贵州省电视台、《贵州日报》等省级媒体采用 2 篇次，获“海关发布”、“中国海关”学习强国号、“金钥匙”等载体采用 8 篇次，微党课视频《筑牢“三座桥”，打造“风雨桥”战斗堡垒》入选总署政工办“支部书记开讲啦”第二批视频展播，在全国海关推介。

【党史学习教育】2021 年，凯里海关凝心聚力打造党史学习教育“4311”工程，制定“党史我学、精神我传、理论我研、实事我干”等措施，按照“记录一本笔记、讲述一堂党课、重走一次长征道路”的“三个一”学习法，依托党建文化长廊和当地红色教育基地内外两个学习阵地，开展一系列庆祝中国共产党成立 100 周年纪念活动，扎实推进党史学习教育。全年全员记录学习笔记 1000 余条，开展 9 期“学史·铸魂”海关红色讲坛暨“精神我传”专题党课，利用当地红色教育资源，赴黎平会议会址、邓恩铭故居、凯里党史陈列馆等开展体验式教育和联学共建主题党日活动 4 次，累计开展党委理论学习中心组学习暨党史学习教育专题学习会 6 次、专题研讨 3 次、读书班 1 次、宣讲会（含专题党课）3 次、拟定 7 项重点民生项目清单，100%完成工作任务。召开党史学习教育专题民主生活会，严格政治责任要求，提升党风党性修养，严肃党内政治生活。党委班子坚持问题导向，紧密结合海关工作和自身实际，逐项对照“5+1”个重点方面，深入查摆存在的突出问题，深刻剖析问题根源，有针对性地提出整改措施，做到了见人见事见思想，相互批评坦诚中肯，纠正措施举一反三，达到了提高认识、增进团结、帮助同志、促进工作的目的，对党委班子成员进行了一次政治上的“全面体检”和有力促进，为下一步党委班子以上率下、示范引领，立足新发展阶段、贯彻新发展理念、构建新发展格局，以优异成绩迎接党的二十大召开提供有力的内生动力。

【基层党建】2021 年，凯里海关将支部建在科上，充分发挥支部战斗堡垒作用，以凯里海关“风雨桥”党支部为桥头堡，让党旗在“风雨桥”头高高飘扬。12 月，支部微党课视频《筑牢“三座桥”，打造“风雨桥”战斗堡垒》入选总署政工办“支部书记开讲啦”第二批视频展播，在全国海关推介。在新冠肺炎疫情防控一线锤炼、考察党员发展对象，2 名同志顺利转为预备党员，1 名年轻同志积极参与入境包机监管工作，彰显担当本色。提高政治站位，统一思想认识，切实把学习贯彻党的十九届六中全会精神作为当前和今后一个时期的重大政治任务来抓。11 月 12 日，组织全体干部职工在统筹做好疫情防控工作的同时，集中收看中共中央介绍党的十九届六中全会精神新闻发布会。加强精神宣贯，拓展党史学习，11 月 25 日，通过视频连线积极参加总署党委理论学习中心组（扩大）学习暨党的十九届六中全会精神专题学习班。同时，将十九届六中全会公报、“三个决议”及说明列入凯里海关党委理论学习中心组学习清单，认真领会全会精神，深化思想认识。充分运用“三会一课”宣传全会精神，通过支部共建交流等持续推进党史学习教育走深走实，并通过“贵阳海关发布”微信公众号发布支部共建交流信息，扩大学习宣传效果。

【理念创新】2021 年，在贵阳海关党委的坚强领导下，凯里海关按照打造“4311”工程谋划持续推进党史学习教育活动走深走实，认真萃取中国共产党百年奋斗史的养分，弘扬伟大建党精神，在党史学习教育中寻找治关良方，并通过全员讨论酝酿，最终提炼形成凯里海关工作理念——筑牢“三座桥”，打造“多彩关”。以凯里海关“风雨桥”党支部为桥头堡，旨在筑牢党关怀少数民族地区的“连心桥”、筑牢海关服务地方经济发展的“同心桥”、筑牢关员全心全意为人民服务的“贴心桥”。将党中央的重大决策部署，结合海关把关与服务的职能职责，联系凯里关区丰富多彩的民族文化，融入“五关”建设中，着力打造“赤橙黄绿青蓝紫”海关，力争在新形势下、新征程中奋力出彩。“赤”代表“忠诚”，对党忠诚，彰显本色，始终坚持政治机关本色，坚决做到“两个维护”，从党史学习教育中萃取营养、坚定红色初心；“橙”代表“活力”，青春活泼，担当奉献，始终坚持勇于创新的精神，鼓励青年干部在干事创业中挥洒激情热血，保持创业姿态，以“三牛精神”为引领，夯实青年理论学习提升工程，将党史学习教育在青年一代推向深入；“黄”代表“准军”，准军作风，令行禁止，始终坚持准军事化纪律部队建设，以建设一支召之即来、来之能战、战之能胜的高素质海关队伍为目标，争做政治坚定、本领高强、值得信赖的“守门人”；“绿”代表“自然”，国门安全，生态屏障，始终坚守国门安全防线，以“国门利剑”“清风行动”“蓝天行动”为抓手，打击“洋垃圾”走私、象牙等濒危动植物及其制品走私，防止外来有害生物入侵，筑起一道生态屏障，守卫“绿水青山”；“青”代表“清廉”，廉洁为本，风清气正，始终坚持全面从严治党，抓好党风廉政建设，守牢廉洁底线，扎实推进“现场监管与外勤执法权力寻租”专项整治，与行政相对人保持“亲”“清”关系，建设清廉海关；“蓝”代表“和谐”，团结奋进，和谐共建，始终坚持社会主义核心价值观，以合作协调为工作基调，倡导员工关怀和团队建设，与地方构建联防联控和信息共享机制，倡导合作共治、共谋发展；“紫”代表“梦想”，民族携手，同心筑梦，始终坚持做好促进少数民族地区外贸发展的“助推器”，推动总署党委和省委重要工作目标“两个齿轮”啮合共转，助力少数民族地区脱贫攻坚成果与乡村振兴有效衔接。

【巡察整改】2020年8月24日至9月4日，贵阳海关党委巡察组对凯里海关党委开展实地巡察监督。2020年12月1日，巡察组向凯里海关党委反馈了巡察意见，共指出在4个方面存在的9项问题。凯里海关党委全面认领，深度挖掘，狠抓整改落实。第一时间召开巡察整改专题党委会，进一步传达学习巡察反馈意见、关领导讲话要求，将巡察整改作为当前重要政治任务，进一步统一思想，研究部署巡察整改工作。结合总署第七巡视组对贵阳海关巡视反馈问题整改和贵阳海关对凯里海关审计问题整改，“三位一体”全面推进整改落实。及时制订并上报整改方案，成立巡察整改工作领导小组，明确由关党委书记任组长、党委成员任副组长。细化责任分工，确保巡察整改项目落地落实。制定问题清单，根据巡察反馈问题和自身查摆问题，分门别类列入问题清单，确保整改方向不偏、目标一致。细化任务分工，根据问题清单广泛征求意见，研究整改措施，并明确各科室任务内容、责任人、完成时限。设置整改台账，逐项对照问题查找症结，“表里如一”推进整改落地生效。建立长效机制，借助巡察整改契机补齐短板弱项。召开专题民主生活会，关党委班子在深入学习研讨、广泛征求意见、坦诚谈心谈话的基础上，紧扣巡察反馈问题，深入剖析，把自己摆进去、把职责摆进去、把工作摆进去，挖掘深层次原因，确保从思想的“根”上改起。强化制度建设，根据反馈问题逐条梳理相关制度体系，新制定制度指引2个，修订各类制度方案4个，确保符合实际、运用有效。加强督导检查，坚决杜绝敷衍整改、虚假整改、拖延整改、确保真整改、真落实，按时整改、及时到位。

【队伍建设】2021年，凯里海关夯实政治根基，走好“第一方阵”。着力“内强素质”，多批次组织关员参加岗位练兵、技能比武和各项资质考核等，选派6人参加总署线上练兵，实现检验、检疫、监管业务量和监管能力双提升。全员共获得总署各类监管资质40项，其中含高级植物签证官资质1人、进出口危包检验资质7人、出口打火机检验资质8人、进出口烟花爆竹检验资质7人。深入推进准军事化纪律部队建设，在4月开展内务规范强化月活动，开展内务规范强化学习，深入学习领会习近平总书记关于加强党的政治建设的重要论述、习近平总书记对海关工作的重要指示批示精神，以及党的光荣传统和优良作风、准军事化纪律部队建设的发展历程和经验传承，引导广大党员干部深刻把握听党指挥、政治坚定是准军事化纪律部队建设的灵魂和根本，进一步强化政治意识、把准政治方向、坚定政治立场。通过对全体关员、协勤人员开展队列训练，组织升国旗仪式等树立良好的精神面貌，培养队伍整齐划一、令行禁止的作风，为打造一支“政治坚定、业务精通、令行禁止、担当奉献”的海关准军事化纪律部队奠定良好基础。强化内务督察，成立内务督察组，开展日常内务督察，并设置工作台账。

【纪律保障】2021年，凯里海关狠抓纪律作风建设，积极开展警示教育月和纪律作风整顿月专项活动，抓紧抓实“现场监管与外勤执法权力寻租”专项整治工作，第一时间召开会议传达贯彻总署、贵阳海关决策部署，成立专项整治工作领导小组，制发专项整治工作方案，明确工作步骤和责任分工，通过张贴公告、LED显示屏播放标语等公示举报渠道，设立专门举报箱，开门搞整治，全面接受社会各界的监督和举报投诉。聚焦突出问题和重点领域、高风险岗位人员，深入调查研究，认真开展自查。向辖区企业全覆盖发放100份告知书与调查问卷，组织6名执法一线人员开展违规事项申报，深入开展廉政风险排查。开展纪法警示教育，在党风廉政分析会、形势分析及督查例会等会议上加强对现场监管与外勤执法领域典型违纪违法案例的学习，树立规矩意识、纪律意识、制度意识，做到警钟长鸣。针对排查出的7个廉政风险点，找准依然存在的薄弱环节、工作短板，点对点发力，制定整改措施并逐项落实整改，实行台账管理。以专项整治工作为契机，进一步完善体制机制，探索防范和化解风险的长效举措，补齐制度漏洞和短板，努力建设一支忠诚干净担当的高素质海关执法队伍。全年无违法违纪情事发生。

【通关监管】2021 年，凯里海关业务指标呈倍数增长，关区外贸发展质量进一步提高。全年监管进出口货运量 7,648 吨，监管进出口商品总值 2.60 亿元，结关报关单数 290 份。指导企业用好原产地证关税优惠政策，宣传 RCEP 原产地规则和关税减让政策，大力推广原产地证自助打印和智能审核，全年共签发各类原产地证书 845 份，签证金额 7,439 万美元，企业可获得国外关税优惠约 456.13 万美元。支持企业采用“两步申报”“提前申报”模式办理通关手续，全年进出口提前申报率 96.6%，通关时长持续压缩。深入综合治税，在引导重点企业税收回流的同时，加强对税收风险的分析和管控，提升税收征管质量，全年入库税收 252 万元。

▲2021 年 3 月 6 日，凯里海关关员在黔东南州黎平县出口茶叶种植基地开展现场监管（肖田野　摄）

【商品检验】2021 年，凯里海关充分发挥“助推器”作用，主动靠前服务，助力乡村振兴，“黔货出国”通道进一步畅通。加强对进口冷链食品、进口高风险非冷链集装箱，以及出口农产品、供港生猪、出口鲟鱼等产品的检疫监管力度，全年检验检疫进出口货物 1,699 批次，其中检验出口危险化学品 578 批次。支持惠水县红薯粉、从江县生猪等首次实现出口，其中支持从江生猪供港 3 批次、共 360 头。鲟鱼养殖企业备案达 3 家，保障鲟鱼出口 36 批次、货值 222.09 万美元。提升企业注册和基地备案评审效率，办理海关进出口收发货人注册登记 108 家，其中特殊资质备案 14 家，行政审批事项 8 件，新增基地注册备案 24 家，新增有外贸实绩企业 31 家。保障种猪和粮食进口，稳产保供成效进一步显现。做好沿途押运、隔离检疫等全链条监管，切实保障贵定县 1,996 头法国种猪顺利引进。保障粮食进口，指导企业完善制度、规范资质，对进口粮食实施全流程监控，做好后续监管，防范外来有害生物传入，保障国门生物安全。做好关区危险化学品监管，安全监管体系进一步完善。针对辖区出口危险化学品生产企业 19 家、危险化学品出口检验监管量占比超过 40%的特点，始终把压实安全生产责任放在首位，把好出口危险化学品质量检验关。全年共检验出口危险化学品 578 批次，检出不合格 22 批次。加强监管作业现场安全整治，强化安全生产知识宣讲，严格持证上岗，并督促企业建立完善安全生产责任“三张清单”，筑牢安全生产防线。

【打私综治】2021年，凯里海关强化对走私、骗取出口退税等违法行为的综合治理，进一步加强对辖区贸易统计数据的分析，防范虚假贸易，加强与相关部门的联动配合，加大营商环境正向激励。严厉打击象牙等濒危动植物及其制品走私、冻品走私等违法行为，加强对合法进境野生动物及其产品检疫监管，严格执行进境野生动物检疫审批制度，对野生动物及其产品随附单证的相关证书文件实施批批验核。加强风险信息收集，积极拓展风险信息来源渠道，全方位搜集全国海关野生动物查发信息和互联网相关舆情信息，积极向企业宣传相关政策法规，对排查中发现的隐患积极研究处置对策。加强沟通联络，与地方农业农村、林业和濒管办等相关部门协作配合，完善信息沟通和联防联控机制，通过联动执法、信息共享、联合培训等多种模式，不断提升处置野生动物及其产品违法违规行为综合效能。禁止“洋垃圾”入境，严格国内收货人注册登记管理，开展现场核查和后续监管，强化宣传引导。

【服务发展】2021年，凯里海关坚持便民利企、科技兴关，推进“关银一KEY通”项目在凯里关区落地，标志着该项目在贵州省市州一级首推成功；坚持联合监管、“服务打包”，通过联合地方商务、税务、外汇管理、金融等单位组成政策服务队，对企业进行上门一站式服务，提升服务质效；坚持联合培训、“外贸孵化”，分别联合黔东南州商务局、农业农村局举办促外贸系列培训，为参训的近百家企业开展政策宣讲；落实减税降费、“减负增效”，为种猪进口企业争取政策支持，同时积极承担企业进口种猪疫病检测、鲟鱼兽残和疫病检测、危包性能检测等费用；培育新业态，支持跨境电商发展，助力黔南布依族苗族自治州（以下简称“黔南州”）首单跨境电商“9710”模式顺利实现。2021年，黔南州进出口总值21.08亿元，同比增长20.11%；黔东南州进出口总值4.96亿元，同比下降26.28%。做好AEO认证培育，指导企业建立AEO认证体系，支持贵州省五金矿产进出口有限公司纳入贵阳关区AEO认证重点培育名单。

【疫情防控】2021年，凯里海关守好“零感染”防线。积极应对常态化疫情防控严峻复杂形势，及时更新新冠肺炎疫情防控工作方案和应急处置预案。严格落实内部防控要求，做好外来人员管理，落实测温、双码验核、信息登记等措施，落实出差出行管理规定，做好健康监测“日报告、零报告”，做好日常核酸检测工作。做好日常消毒和物资储备。坚持“内外同防、人物同防、多病同防”，强化联防联控，对进口设备等及时通报地方卫健部门做好预防性消毒工作。强化个人安全防护。持续做好疫情防控个人安全防护工作，毫不放松抓紧抓实抓细各项安全防护，确保安全防护管理全覆盖、无死角。坚持本业务条线工作与安全防护工作“同研究、同部署、同督促”，通过党委会专题研究疫情防控工作，将安全防护工作作为重要内容，形势分析暨工作督查例会坚持做到逢会必提，各科室每月汇报疫情防控工作，反馈落实情况。坚持对照既往督查、自查发现问题严格落实整改，适时开展“回头看”。完善各类制度建设，制定安全防护监督员制度，建立专兼职安全防护监督员队伍，单位主要负责人担任安全防护总监督员。制定个人防护用品管理制度、防护物资管理办法，优化防护物资储备和管理。完善穿脱防护装备区域，张贴穿脱流程图，配置穿衣镜，加强对安全防护监督员的岗前和日常培训，提升一线和备勤人员对安全防护相关标准规范、作业指引了解水平，认真开展个人安全防护考核和应急处置演练，强化干部职工应急处置实操水平。强化疫情期间关心关爱，严格落实贵阳海关党委对一线人员的关心关爱措施，建立一线疫情防控人员轮换休整制度，维护一线疫情防控人员及其家属身心健康，开展干部职工思想动态分析，适时开展谈心谈话，做好人员心理危机干预和心理疏导，在重要节点组织丰富多彩的主题党日活动、青年实践活动、心理咨询活动等，丰富干部职工生活，舒缓干部职工压力。

【安全生产】2021 年，凯里海关坚持以习近平新时代中国特色社会主义思想为指导，认真贯彻落实党中央对安全生产和消防工作的决策部署，认真贯彻落实署、关两级党委具体要求，坚持人民至上、生命至上，统筹发展与安全，结合海关工作职责，切实抓好全年安全生产和消防工作。夯实理论基础，深入宣贯习近平总书记关于安全生产和消防工作的重要论述精神。把习近平总书记关于安全生产重要论述宣贯与凯里海关党委会、党委理论学习中心组学习、形势分析暨工作督查例会相结合，深入开展习近平总书记关于安全生产重要论述和视察贵州重要讲话精神宣贯教育，牢固树立“四个意识”，坚定“四个自信”，坚决做到“两个维护”。牢固树立安全发展理念，强化底线思维和红线意识，坚持问题导向、目标导向和结果导向，深化源头治理、系统治理和综合治理，扎实推进安全生产治理体系和治理能力现代化，全年组织召开关于安全生产的专题党委会 2 次、形势分析例会 12 次、关长专题办公会 4 次，确保安全生产工作部署每月全覆盖，将安全生产、消防工作重要论述纳入干部培训内容，扎实推动各级要求在海关监管领域落地生根。严保责任落实，推进安全生产专项整治三年行动。成立以关长为组长、副关长为副组长，各科室分工协作的凯里海关安全生产专项整治三年行动领导小组，制订安全生产专项整治三年行动实施方案和安全生产专项整治三年行动 2021 年度工作计划，各科室分别梳理内部安全、监管条线安全、动植物检疫安全、食品安全、企业管理安全、国家安全等方面内容，紧密结合关区实际，严格落实“党政同责、一岗双责”，按照“三管三必须”工作要求，始终把安全生产摆在重要位置，切实履行好安全生产主体责任，进一步增强防范、化解重大风险的意识。严格依法监管，守好进出口环节安全生产底线。严格做好海关监管区域安全生产工作，制定安全手册，对关区保税仓经营企业等进行安全生产知识宣讲，并通过现场巡查及视频监控方式强化日常安全检查，确保仓内监管货物安全存储。严格落实进出境危险货物安全监管工作，严格执行“双随机”制度，确保查验人员资质齐备，严格按照总署监管要求对进出境危险货物实施监管，落实进口危险化学品及其包装“口岸查验、目的地检验”要求和出口危险货物及其包装“产地检验、口岸查验”要求，引导企业正确申报，防范漏检风险。关区内共19家危险化学品出口企业，涉及产品有硫脲、碳酸钡等17种，均严格按照国家相关法律法规以及相关标准开展工作。强化消防安全，排除海关办公场所内部安全隐患。加强房屋质量安全检查，委托专业房屋质量检测公司，对办公场所开裂、沉降、墙面脱落、管道损漏等安全隐患进行全面排查，检测报告显示办公楼整体结构无安全风险。解决长期漏水安全风险，全面排查办公区域供水管道泄漏点，经对办公区域供水管道的多次抢修维修，彻底解决办公楼长期漏水造成地面沉降的安全隐患。积极开展消防安全应急演练，邀请专业人员指导全体职工提升消防器材使用和疏散逃生技能，对办公区域消防设施进行全面排查并对全体职工进行火灾防范知识宣贯，进一步提升职工消防安全防范意识。加强重点人群分级分类培训，全员参与在线学习新《安全生产法》修订解读和线上知识答题，并对本单位办公场所安全责任人和管理人、安保人员、重点人员开展安全教育培训，落实入职必训、定期培训等要求，全面提升安全防范意识。扎实做好公务用车日常管理，按时进行保养维护，建立车辆保养维修台账，提高驾驶员交通安全意识，经常性提醒严禁酒驾、醉驾，保障道路交通安全。扎实做好网络信息安全防范，加强教育培训，严格遵守互联网保密管理规定，严禁在互联网上处理、谈论涉及工作秘密和内部信息的相关内容，严禁访问境外反动网站及浏览政治敏感信息等。强化基础建设，以练促学提升执法监管队伍能力。强化宣传引导，紧密结合“我为群众办实事”实践活动，制作安全手册，深入基层和企业宣讲安全生产有关知识，提醒企业在危险品的生产经营过程中要严格遵守安全生产规章制度，增强安全意识，杜绝违规作业。通过LED显示屏、发放宣传资料、现场宣讲等方式宣传安全生产方面的政策法规，强化安全生产主体责任，在群众中大力营造关注安全、关爱生命的浓厚氛围，引导进出口企业人员学习安全知识，提升安全技能。同时，鼓励广大群众特别是进出口企业员工举报重大隐患和违法违规行为，鼓励企业员工充当“吹哨人”举报身边隐患，提高进出口企业员工风险防范意识和能力。

【督查内控】2021 年，凯里海关狠抓内控建设，认领挖掘节点 213 个，设立台账 109 册，内容涵盖全面从严治党、业务开展和内部管理等全领域，积极打造内控工作“样本间”。落实“全员、全责、全领域”的内控要求，以制度创新和治理提升为抓手，将“防风险、助改革、强管理、促发展”作为总方向，不断完善内控机制建设，切实做到基层自控。科学定位，积极探索“小关治理”新路径，认真践行党的十九届六中全会精神，把强化内控工作定位为推进凯里海关治理体系和治理能力现代化的有效途径和抓手。举全关之力深入开展内控工作宣传教育，大力宣传内控机制建设的重要意义和作用，使全关人员对内控工作的重要性和必要性有了深入理解和准确把握，思想统一，步调一致。成立由“一把手”任组长、班子成员为副组长的领导小组，科室负责人为内控机制建设成员，并指定专人具体负责内控工作的开展和实施。围绕“监督全方位，评估全覆盖，处置全落实”的工作目标，强化顶层设计和实际操作，在完善相关制度的基础上制订凯里海关内控工作实施方案和年度工作计划。精准画像，逐步绘制内控节点全息图。针对历年来总署、贵阳海关下发的内控节点和巡视审计发现的问题，举一反三，主动认领，查找出适用于凯里海关的内控节点汇编成册，并根据新版动态更新，形成凯里海关内控节点的“基本库”。根据关区工作特点和具体情况，特别针对打火机、危险化学品、烟花爆竹等行业，深入调研，认真分析，按照贵阳海关下发内控节点的范式，按业务环节、控制节点、控制方式等要素梳理出内控节点，形成凯里海关内控节点的“拓展库”。结合贵阳海关考核指标，把凯里海关项下 109 条考核指标和内控节点数据库关联起来，用内控节点的范式去定义考核指标的形式，形成凯里海关内控节点的“关联库”。通过对“基本库”“拓展库”“关联库”的建立，逐步绘制出凯里海关内控节点的全息图。

【办公条件改善】2021 年，凯里海关在贵阳海关党委的领导和关怀下，圆满完成了凯里海关办公场所的土地划拨和不动产变更登记工作，解决了历史遗留问题。用足用好总署财务司 50 万元定项资金，顺利完成办公场所改造，基础设施进一步完善，干部职工工作生活环境得到极大改善。

（撰稿单位：凯里海关）

毕节海关

【概况】毕节海关于2018年12月经总署批准成立（正处级），前身为贵州出入境检验检疫局毕节办事处，于2019年7月正式挂牌。业务管辖范围为毕节市范围内海关各类管理工作，承担关区征税、监管、缉私、出入境检验检疫等工作职责。

毕节海关下设办公室（党委组织宣传部）和综合业务科2个正科级机构，办公室承担“行政办公、人事、组织宣传、政工、党建、党风廉政建设、财务、后勤管理和综合协调等综合保障职责”等6项职责，综合业务科承担“一口对外受理业务，办理业务管辖区域内进出口单证接单审核放行、税费征收、保金保函、许可证管理、风险管理、进出口报关单修撤单手续、现场验估等通关事务”等14项职责。截至2021年年底，实有行政人员10名、地方事业编制人员3名。毕节海关党支部于2019年2月22日成立，2021年4月19日，原毕节海关党支部党员组织关系全部转入毕节海关综合业务党支部，支部共有党员7名、预备党员1名、发展对象1名，支部品牌为“毕力同心”。

2021年，在贵阳海关党委的坚强领导下，毕节海关坚持以习近平新时代中国特色社会主义思想为指引，深入贯彻新发展理念，围绕“四新”主攻“四化”，找准“两个齿轮”、树立“三个导向”、强化“三项创新”，围绕艰边海关“小、边、新”特点，发扬艰苦奋斗精神，聚焦毕节开放型经济发展，对标重点工作任务推动各项工作较好完成。全年，进出口报关70批次，货值2,068.92万元，其中进口30批次、货值9.28万元，出口40批次、货值2,059.63万元；出境检验检疫176批次、货值约3,360万元，主要产品为食用菌、白酒、茶叶等；进口属地查验9批次，货值约3,300万元。

【基层党建】2021年，毕节海关深刻认识“两个确立”的决定性意义，增强“四个意识”、坚定“四个自信”、做到“两个维护”，坚持将习近平总书记重要指示批示精神作为“第一议题”，第一时间传达贯彻部署落实，形成党委会、党委理论学习中心组会、形势分析与工作督查例会、专题办公会、支部学习会“5+”学习贯彻机制，全年累计召开党委会、形势分析及工作督查例会等38次，不断提高政治判断力、政治领悟力、政治执行力，深入推动习近平总书记重要指示批示落实落细。严格落实意识形态工作责任制，认真贯彻习近平总书记关于意识形态工作的重要论述，坚持党管意识形态原则，教育引导干部职工自觉抵制不良言论和倾向，在政治上、思想上、行动上同以习近平同志为核心的党中央保持高度一致。推进党史学习教育常态长效，开展“天天学党史”活动144期、主题党日活动12次，党委委员、支部书记、党员专题宣讲及上党课13次。

▲2021年9月15日，毕节海关关员赴七星关区林青纪念馆开展主题党日活动（温仕林　摄）

【支部建设】2021年，毕节海关深入推进“四强”党支部建设，以党史学习教育和“毕力同心”支部品牌建设为抓手，深入推进“我为群众办实事”实践活动，组织党员、青年志愿者开展志愿宣传活动、走访慰问困难群众，以较好成绩通过党支部标准化规范化达标验收，努力推动支部“建在科上”到“强在科上”。

毕节海关党委采取“带好1支队伍，抓住2条主线，强化3项工作”的思路坚决落实贵阳海关党委部署要求，努力做好业务党建一体化工作。一是以党史学习教育和“毕力同心”支部品牌建设筑牢政治意识，以技能培训和岗位练兵打造过硬本领，以专项整治和内务规范月整肃政治生态，用心用情带强队伍。在贵阳海关党委的关心下，2021年毕节海关人员配置进一步充实，关区扎根边关干事创业的精神面貌进一步向好。二是围绕贵州构建开放型经济大局，聚焦毕节贯彻新发展理念示范区建设，牢牢抓住服务地方外向型经济发展和优化外贸营商环境两条主线。全年走访调研企业30次。支持毕节手办工艺品首次打入日本市场，累计出口货值552.61万元。帮扶食用菌产业加快发展，指导企业完善质量体系建设，实现海鲜菇、杏鲍菇出口1,590吨，货值1,927万元；深入落实关市合作备忘录和《毕节海关支持毕节市外向型经济发展十条措施》，引导外贸业务数据“双回流”。联合毕节市商务、税务部门开展外贸业务培训，加强新型业态政策宣讲，着力培育开放市场主体增长极。三是找准艰苦地区边关发展定位，固本强基统揽毕节海关事业稳步发展。强化基础建设，办公楼安全加固以及食堂、电路、职工淋浴间改造如期完成，关员幸福感获得感进一步提高；强化制度管理，通过41项制度的修订和档案管理的升级，全面推行内部管理规范化与业务指导精准化。

【清廉海关建设】2021年，毕节海关深入开展党性党风党纪教育，筑牢全面从严治党思想根基。先后召开“强警示、保廉洁”“守初心、践使命、严纪律、勇担当”警示教育大会，通过学习党规党纪、海关工作人员廉洁从政法律法规制度、违纪违法典型案例，观看警示教育专题片和廉洁自律小故事，分享学习心得体会等方式，引导党员干部提升党性修养，增强自律意识，提高廉洁自觉，筑牢拒腐防变思想道德防线；通过党委会、党委理论学习中心组集中学习会、形势分析及工作督查例会、“现场监管与外勤执法权力寻租”专项整治专题会和支部“三会一课”、主题党日活动等形式，集中学习党章党规党纪、相关法律法规、违纪违法典型案例等10余次；充分利用毕节丰富的红色教育资源，组织党员干部职工到七星关区林青纪念馆开展革命传统教育1次；对接毕节市纪委监委派驻第十二纪检监察组开展警示教育1次，通过集中观看毕节市近年来查处违纪违法典型案例警示教育片，让干部职工受警醒、明底线、知敬畏；利用毕节当地警示教育基地，组织干部职工到毕节市党风廉政警示教育专题展览馆观展，让警示教育触及灵魂、走深走心。强化干部职工日常监管。认真践行监督执纪“四种形态”特别是“第一种形态”，加强对党员干部的日常管理监督，结合元旦、春节、“五一”、“五四”、中秋、国庆等重要节日及干部任职等重要时间节点，累计开展廉政提醒谈话25人次，坚决杜绝铺张浪费、违规公款吃喝、违规接受管理服务对象吃请、违规配备使用公车、酒驾醉驾等问题。深入推进廉政文化建设。以加强党建文化、优秀传统文化、廉政文化载体建设为切入点，大力营造浓厚文化宣传氛围，在关办公楼走廊、步梯口等办公区域，制作廉政文化墙、社会主义核心价值观文化墙，张贴、悬挂党风廉政建设警示牌、党史学习教育宣传挂牌等，推动政治文化、党建文化、廉政文化建设，积极营造风清气正的浓厚氛围；以常态化开展“政治家访”活动推进家庭助廉行动，采取致慰问信、电话慰问等方式，开展“政治家访”20人次，引导党员干部职工筑牢拒腐防变思想道德防线。定期研判廉政风险、堵塞漏洞，推动作风建设常态长效。累计召开党风廉政风险分析会4次，共查摆廉政风险点22项（含“现场监管与外勤执法权力寻租”专项整治中查摆的14项），制定防控措施45条。截至2021年年底，已累计完成整改20项、落实防控措施41条，坚决遏制廉政问题发生。严格遵守中央八项规定及其实施细则精神，坚决反对特权思想和特权现象。严格执行中央八项规定及其实施细则精神和廉洁自律各项规定，持之以恒纠治“四风”，严防隐形变异；严查顶风违纪，从讲政治的高度深入推进“现场监管与外勤执法权力寻租”专项整治，集中治理执法领域突出问题；严格执行《贵阳海关接待工作实施细则》，落实“关区内不执行、系统内不宴请、系统外按规定”要求，规范公务接待；持续开展预防职务犯罪、严禁酒驾醉驾等警示教育活动，引导党员干部筑牢廉政防线，不触纪律红线。持续落实特约监督员制度。深化特约监督员等内控机制建设，围绕现场监管与外勤执法等重点领域，与特约监督员开展座谈交流 1 次，共征求到有关方面意见建议 8 条，进一步强化权力运行制约监督，促进关员规范执法，提升服务质效。从严从实抓好巡视巡察反馈问题整改落实。根据贵阳海关党委巡察工作统一部署，贵阳海关党委第一巡察组于 2021 年 1 月 19 日向毕节海关党委反馈巡察情况，指出 4 个方面 11 项具体问题。毕节海关党委结合实际，有针对性地制定 23 项具体整改措施，深入抓好巡察反馈问题整改落实。23 项具体整改措施全部落实，巡察反馈的 11 项具体问题全部整改完毕。

【疫情防控】2021 年，毕节海关认真贯彻落实习近平总书记关于疫情防控工作的重要指示批示精神，坚决落实各项疫情防控决策部署要求，以高度的政治责任感与使命感，积极作为，担当奉献，坚持不懈抓实抓细疫情内外防控工作，实现并常态化保持辖区疫情防控“零感染、零疏漏”成效。

进一步压实“四方责任”，落实“四早要求”，持续优化和完善防控措施，疫情防控工作逢会必安排必部署，强化干部职工疫情防护常态意识，加强进口食品收货人备案管理，派员参与毕节市进口冷冻冷链食品全覆盖全链条监管督查，强化与地方相关部门联防联控机制，及时将进口非冷链商品属地查验信息推送至市交通运输局、卫健局、市场监管局，切实把好疫情防控进出口环节“零输入”关口，坚持不懈抓好疫情内外防控工作。积极应对疫情防控严峻新形势，及时跟进国家、地方疫情防控要求，动态更新新冠肺炎疫情防控工作方案和预案，持续优化和完善必要的出差报备、分餐就餐、来访人员“两码同查”登记。疫情防护物资专人专库保管，规范台账登记管理，及时清理过期防疫物资。按照毕节市疫情防控要求，全力配合地方防疫部门落实好疫情联防联控工作机制；动态调整干部职工核酸检测方案，坚持外勤执法人员定期开展核酸检测，加强个人安全防护工作，认真开展个人安全防护考核和应急演练，以最强措施筑牢疫情防控第一线。

【专项整治】2021 年，毕节海关党委认真贯彻落实总署、贵阳海关部署要求，积极谋划、及时行动，扎实抓好“现场监管与外勤执法权力寻租”专项整治各项工作任务落实见效。提高政治站位，强化“政治三力”，压紧压实专项整治政治责任，第一时间动员部署，明确工作要求，健全组织机构，强化组织保障，细化工作任务，全面压紧压实责任，强化统筹调度，确保各项工作任务有序推进，加强沟通联系，与派驻纪检组形成整治合力；严格对标对表，找准短板弱项，扎实推进专项整治，坚持开门搞整治，强化风险排查防控，切实转变作风优化服务；坚持底线思维，树牢红线意识，推进纪法教育警示教育常态长效全覆盖，纳入年度学习计划统筹安排，扎实做好违规事项个人申报，做好心得体会撰写及纪法教育答题活动，推进纪法教育和警示教育入脑入心；结合工作实际，突出自选动作，扎实推动专项整治工作取得实效，注重运用系统思维开展专项整治工作，注重专项整治与党史学习教育相结合提升工作质效，注重结合重要时间节点开展主题鲜明的纪法教育活动，注重与地方纪委监委、商务部门协作配合形成整治合力，注重发挥特约监督员作用推进政风行风持续向好。

【“我为群众办实事”实践活动】 2021年，毕节海关结合关区实际，大力弘扬马上就办、真抓实干精神，扎实开展“我为群众办实事”实践活动，着力解决广大进出口企业、群众“急难愁盼”问题，助推地方外向型经济高质量发展。

抓实调研走访，深入“察民情访民意”。认真对标对表总署、贵阳海关部署要求，全面、深层次推进“我为群众办实事”专题调研工作。结合“牢记殷切嘱托、忠诚干净担当、喜迎建党百年”专题教育、“现场监管与外勤执法权力寻租”专项整治等工作，领导班子带队深入12家重点进出口企业走访调研60余人次，发放调查问卷4份，排查梳理执法领域廉政风险点11个、非执法领域廉政风险点3个，制定防控措施29条，均已整改销账。抓实业务指导，优化服务助力企业发展。一方面，转变工作作风，深入一线加强业务指导促发展。围绕贯彻新发展理念、巩固脱贫攻坚成果、深化政务服务改革便民利民等方面，党员干部带头深入贵州贵航新能源科技有限公司、大方雪榕生物科技有限公司、农友商盟循环农业（贵州）有限公司等重点进出口企业，调研了解企业生产状况，宣传宣讲海关监管政策法规及安全生产、扫黑除恶等方面知识，帮助企业解决“急难愁盼”问题，对进出口企业进行业务指导10余次，让党旗在基层一线高高飘扬。另一方面，强化宗旨意识，创新服务方式践初心。建立毕节海关关企联络群，企业通过微信与毕节海关联系，毕节海关工作人员在线解答企业咨询的业务问题，通过微信指导企业正确办理申报，有效减少申报差错。通过微信向企业宣传海关最新业务政策，提醒企业及时处理相关事务，并接受企业电话预约，按照预约时间及时赴现场开展查验工作，保障节假日期间顺利通关。抓实责任担当，全力助推地方经济发展。自“我为群众办实事”实践活动开展以来，毕节海关紧紧围绕贵阳海关重点民生项目和重点任务清单，认真对照梳理，进一步细化工作措施、明确责任人和整改时限，清单化抓好各项任务落实，全力助推地方经济发展。《隶属海关重点民生项目和重点任务清单》中，涉及毕节海关的共有 5 项，截至 2021 年年底，已全部完成并销账。抓实支部品牌创建，强化党建引领，推动志愿服务常态长效。持续推进支部品牌创建，大力发扬“毕力同心”支部品牌精神，以常态化开展志愿服务活动为抓手，推进“我为群众办实事”实践活动进公园、进市场、进社区。3 月以来，结合世界野生动植物日、知识产权宣传周、食品安全宣传周等重要时间节点，组织青年志愿者深入七星关区人民公园、大型综合农贸市场开展集中宣传活动 3 场次，通过现场政策答疑、发放宣传资料等方式，向广大市民普及野生动植物保护有关法律法规、知识产权海关保护相关法律法规和海关打击侵权取得的成效、进出口食品安全知识等，引导市民自觉增强法律观念和自我保护意识，共同维护社会和谐稳定。深入推进支部共建志愿服务，与七星关区德溪街道办事处后河社区党支部建立常态化结对共建机制，每周五下午安排一名志愿者到社区报道并参与社区建设各项工作；重阳节组织党员干部赴社区开展“送温暖情暖重阳”暨“我为群众办实事”实践活动，走访慰问 5 户“五保”老人、孤寡老人，为他们送去大米、食用油等慰问品以及党组织的关怀和问候，并围绕结对共建、常态化开展好志愿服务活动等事项，与社区党支部相关负责人进行深入探讨与交流。

【打击走私】2021 年，毕节海关扎实强化监管措施，守好对外开放大门，贯彻打私工作会议精神，联系市场监管、商务、银行等部门开展外贸形势分析和打私工作联席会议，联合开展“国门利剑 2021”“清风行动”“双打”专项行动，赴大型超市、农贸市场、花鸟市场开展走私线索摸排 9 次。

▲2021 年 6 月 18 日，毕节海关关员赴毕节市七星关区桂花市场开展食品安全宣传（温仕林　摄）

组织召开毕节市打击走私综合治理领导小组联席会议暨培训会。传达学习习近平总书记重要讲话精神，对照《贵州省打私办关于进一步推进和检查 2021 年打击走私综合治理工作的通知》《打击走私综合治理工作具体评分参考表》内容逐项梳理培训。会上，毕节海关主要负责人向毕节市打击走私综合治理领导小组成员单位参会代表介绍了毕节海关及毕节市打私办工作开展情况，对毕节市打击走私综合治理相关工作进行了部署。毕节市公安局、市场监管局等15个单位派员参加会议。履行毕节市打私办职责，整理汇总毕节市2021年打击走私综合治理工作材料。

【国门生物安全】2021年，毕节海关结合工作实际，认真对照《贵阳海关检疫性实蝇监测点计划分配表》要求，在威宁超越农业有限公司和威宁县乌蒙绿色产业有限公司注册登记的出境水果果园合理设置检疫性实蝇监测点20个，其中地中海实蝇监测点5个、桔小实蝇监测点5个、瓜实蝇监测点5个、蛋白诱剂监测点5个。

结合《检疫性实蝇监测技术指南》内容要求对实蝇监测点看护人员进行培训指导，要求看护人员按要求定期更换或添加引诱剂，及时完成标本的收集和寄送。

强化外来有害生物监测，认真做好非洲猪瘟、实蝇、草地贪夜蛾、红火蚁等有害生物监测，开展世界野生动植物日宣传活动，严厉打击野生动物非法贸易破坏野生动物资源等行为，切实维护国门生物安全。

【食品安全宣传】2021年，毕节海关认真将食品安全宣传融入日常工作，在报关大厅设置食品安全宣传易拉宝，在办公楼一楼LED显示屏播放宣传标语，在解答进出口食品业务咨询以及开展调研指导、备案评审、日常监管等工作时，同步开展食品安全宣传工作，深入宣传习近平新时代中国特色社会主义思想和党的十九大以及十九届二中、三中、四中、五中全会精神，习近平总书记关于食品安全的指示批示精神，党中央国务院关于食品安全的重大决策部署，进口食品安全相关法律法规，进口食品安全监管制度等内容。

积极参加毕节市食品安全宣传活动，按照《毕节市2021年食品安全宣传周活动方案》要求，6月17日，毕节海关派员参加毕节市2021年全国食品安全宣传周启动仪式。6月18日，毕节海关派员赴七星关区大型综合农贸市场参加毕节市组织的食品安全集中宣传活动，现场向群众发放160多份宣传资料，推进进口食品“国门守护”行动宣传，科普进出口食品安全知识及食品安全小知识，现场解答群众疑惑，引导群众增强食品安全和自我保护意识。

【技术性贸易工作】2021年，毕节海关按照《贵阳海关技术性贸易措施工作2021年任务计划表》内容，承担大量技术性贸易措施技术支撑组工作。在通报评议方面，安排专人收集网站通报警报系统信息；在技术法规储备方面，结合茶叶主要出口国别（地区），搜集国际食品法典委员会（CAC）茶叶农残限量标准、欧盟茶叶进口农残标准、日本茶叶农残限量标准、美国茶叶农残限量标准、摩洛哥茶叶进口农残标准、中国香港食物内除害剂残余规例等。

【风险监测】2021年，毕节海关按照《贵阳海关关于印发2021年度出境食用农产品安全风险监控计划的通知》要求，强化监管、优化服务，保障动物和人体健康，确保国门生物安全，为下一步采取风险管理措施、做好安全把关以及完善安全管理制度提供科学数据支持，提高检验监管的科学性和有效性，促进贵州地方经济持续健康发展。

全年完成2个苹果样品的取样、送检、信息录入、总结上报等工作；按照《贵阳海关2021年度供港蔬菜专项检查计划实施方案》《贵阳海关2021年度供港蔬菜专项检查计划任务分解表》要求，完成2个供港蔬菜样品的取样、送检、信息录入、总结上报等工作。

【优化营商环境】2021年，毕节海关聚焦"放管服"改革和毕节市"十四五"规划，落实《贵阳海关　毕节市人民政府合作备忘录》《毕节海关支持毕节市外向型经济发展十条措施》，积极培育外贸新增长极，深入实践"贵人服务""毕须办"等服务品牌，赴县区和企业开展调研30次，跟进跨境电商工作新业态，培育意向企业通过跨境电商"9710"模式报关，形成《毕节市跨境电商发展陷入瓶颈三方面制约因素亟待解决》报告报送毕节市政府，获得市领导批示肯定。引导实体外贸业务数据"双回流"，联合毕节市商务局、税务局等部门，组织外贸企业及相关部门近90人参加国际贸易业务培训，结合辖区税源流失问题，撰写《毕节市医疗器械税源流失严重问题亟待解决》获市领导批示肯定。积极配合地方，不断优化营商环境，主动配合毕节市商务局完成2021年跨境贸易指标考核工作，毕节市获贵州省跨境贸易指标得分排名第四名。对接毕节市商务局摸底产业发展情况，深入企业调研服装类劳动密集型企业生产经营情况，落实加贸改革措施，支持企业创新发展，扩大就业。简化通关手续，鼓励企业采用"两步申报""提前申报"等便捷模式通关，进一步压缩整体通关时间，降低通关成本，持续激发市场主体活力，让"数据多跑路，群众少跑路"，2021年毕节海关提前申报率达到82%。

【服务发展】2021年，毕节海关支持特色产品走出国门，"一对一"帮助外贸新兴产业拓展海外市场，多次赴企业现场宣传指导，现场派专人指导企业申报全流程。助力毕节某工艺美术有限公司手办工艺品首次出口日本，货值689.11万元；帮扶指导某生物科技公司完善质量管理体系，实现海鲜菇、杏鲍菇出口1,682.74吨；指导某农业公司特色产品脱水南瓜条通过陆海新通道首次出口韩国。贯彻高质量发展理念，优化服务多点并进，扶持企业做优做强，促进农产品产业规范化，加强企业特殊资质备案和后续监管，新增出口食品生产企业备案5家、出口食品原料种植场4家，累计完成出口食品生产企业备案等特殊资质备案后续监管152家，全力保障中禾恒瑞（贵州）有限公司肉牛养殖扶贫项目，加强第一代牛犊疫情疫病的监测防控，杜绝疫病传入毕节，帮助企业实验室提升自检能力。

【政务及后勤保障】2021年，毕节海关加强专业队伍培养，积极派员参加总署、贵阳海关业务培训，开展内务规范训练、岗位练兵，打造“政治坚定、业务精通、令行禁止、担当奉献”的准军事化纪律部队，抽调1名干部参加总署疫情防控专项工作获得总署卫生检疫司通报表扬。建立新闻媒体协作机制，加强宣传报道，树立新时代海关良好形象。筑牢事业发展根基，找准艰苦地区边远海关发展定位，强化制度建设，修订规章制度41项，全面推行内部管理规范化与业务指导精准化。强化基础设施建设，办公楼安全加固以及食堂、电路、职工淋浴间改造如期完成，争取地方政府支持完成毕节海关办公楼外挂电梯设计规划与测绘踏勘，不断强化提升后勤保障能力。

（撰稿单位：毕节海关）

兴义海关

【概况】兴义海关于2018年12月经总署批准设立，于2019年1月挂牌成立，前身为兴义出入境检验检疫局，2019年12月经贵阳海关党委批复设立兴义海关党委。业务管辖范围为黔西南州，承担关区征税、监管、缉私、出入境检验检疫、统计等工作职责。

2021年，兴义海关内设2个正科级机构。截至2021年12月31日，兴义海关实有行政编制8名。下设兴义海关综合业务党支部，于2021年4月经贵阳海关机关党委研究决定成立，实有党员6名，支部品牌为“西关锁钥”。

2021年，兴义海关坚持以习近平新时代中国特色社会主义思想为指导，坚决贯彻落实习近平总书记重要指示批示精神，紧紧围绕贵阳海关党委要求，强化“五关”建设，突出“三个导向”，聚焦“四项重点任务”（党建引领、促外贸稳增长、疫情防控、安全生产），马上就办，真抓实干，全力推动贵阳海关党委决策部署、关区重点工作任务取得新进展。一是党建工作质量逐步提高。10月22日，兴义海关综合业务党支部顺利通过党支部标准化规范化验收。1名党员撰写的《父亲，我的入党引路人》被总署《中国国门时报》采用刊发。二是海关业务全面发展。2021年，兴义海关监管进出口货物471吨，同比增长417.58%；进出口商品总值2,404万元，同比增长57.34%；辖区报关单（结关）65票，同比增长20倍；检验检疫货物145批，同比增长21.85%；全年税收入库145万元。积极发展外贸新兴业态，新增跨境电商企业1家，实现黔西南州跨境电商企业零的突破。汽车轮毂、车用尿素实现首次出口。茶叶恢复出口，全年检验检疫出口茶叶10批，属地报关茶叶出口2批。三是人才队伍提档升级。选派1名同志前往上海海关跟班学习，3名同志到贵阳海关跟班作业，4名同志参加总署“万人争先”岗位大练兵，12人次参加各类专项资质考试。2人获得个人嘉奖，1人获评优秀党务工作者，兴义海关获评省直机关“青年文明号”称号。四是安全工作不断夯实。大楼漏水维修改造项目、三楼机房维修改造项目、全楼监控视频维修改造项目全部实施完成；办公环境进一步优化，后院改造工程实施完成并顺利通过审计验收结算。五是疫情防控常抓不懈。制作2版《兴义海关新冠肺炎疫情防控知识手册》，印发至全关人员熟记，每月开展防护服穿脱训练。

【基层党建】2021年4月14日，经贵阳海关机关党委会议研究，决定成立兴义海关综合业务党支部。10月22日，兴义海关综合业务党支部顺利通过党支部标准化规范化验收。1名党员撰写的《父亲，我的入党引路人》被总署《中国国门时报》采用刊发。兴义海关综合业务党支部着力抓好党员队伍建设。2021年，支部实有党员6人，其中正式党员5人，吸收预备党员1人，培养入党积极分子1人。

兴义海关综合业务党支部始终坚持集中学习和个人学习相结合。组织党员、群众利用“学习强国”“法宣在线”等在线平台，“人民日报”“共产党员”“海关发布”等微信公众号，学习习近平总书记重要讲话、重要指示批示以及重要论述精神，学习党的理论政策、党规党纪、法律法规、国家政策等。组建青年学习小组，开展形式多样的小组活动，引导青年干部持续弘扬优良传统，带头锤炼对党忠诚的政治品格，践行公道正派的基本要求，提高履职尽责的专业素养，锻造严以律己的过硬作风，达到梯次培养高素质海关干部队伍目的。

兴义海关综合业务党支部坚持“三会一课”、“一岗双责”、民主评议党员等制度，认真开展好党员组织生活会、党员大会和支部书记上党课活动，切实增强党员的向心力和凝聚力。全年开展党委理论学习中心组学习及专题学习19次。组织党员群众开展党支部学习、青年理论组学习40次。开展重温入党誓词活动、参观红色遗迹遗址及主题展览、祭扫英烈活动等主题党日活动12次。

【党史学习教育】2021年3月，兴义海关连续召开4次专题会动员部署党史学习教育。除支部固定学习外，组织6次专题学习会、5次“红色讲坛”专题党课学习，全体党员一起读原著、学原文、悟原理，深入学习习近平新时代中国特色社会主义思想和习近平总书记重要论述，原原本本学习“四本书”及其他相关书目，深刻理解和把握习近平新时代中国特色社会主义思想的精神实质和实践要求，真正做到用马克思主义中国化最新成果武装头脑、指导实践、推动工作。通过党史学习教育，全面检视“四个意识”牢不牢、“四个自信”足不足、“两个维护”强不强，不断坚定共产党人的政治信仰和价值使命。通过认真学习领会，广大党员同志自觉把思想和行动统一到党中央决策部署和习近平总书记的重要讲话要求上来，始终严格政治纪律和政治规矩，在新时代展现应有的政治担当，思想觉悟和政治担当显著增强。通过学习，广大党员同志切实增强履职担当的政治自觉，补足理想信念的“钙”，养足共产党人的“精气神”。通过学习，坚定广大党员始终站位群众立场，聚焦监管与服务问题整改，解决涉及干部职工生产生活和外贸企业发展的难题，党员干部为民服务的作风得到显著改善，党群干群关系持续改善。

深入开展“我为群众办实事”实践活动，通过勤调研送服务，让特色农产品企业打开国际贸易渠道；通过“走读宣教”式执法，让企业及时掌握海关新政新策。全年开展出口食品原料种植场备案 2 家，出口食品企业备案 4 家，进口生产、加工、储存粮食企业备案 3 家。全关党员干部职工自发组织起爱心助学团队，捐助现金 8, 600 元帮助贫困儿童完成学业。

▲2021 年 6 月 22 日，兴义海关综合业务党支部在贞丰白层古渡红军纪念碑开展重走长征路、弘扬长征精神主题党日活动（钟磊摄）

【巡察整改】2021 年 1 月 19 日，贵阳海关党委第三巡察组向兴义海关反馈了巡察意见，共指出兴义海关存在的 4 个方面 16 项具体问题。兴义海关本着真认账、真对照、真反思、真整改、真负责的态度，坚决落实贵阳海关党委的工作要求，抓好整改落实。经过 2 个月的集中整改，巡察反馈的 4 个方面 16 项具体问题全部整改完毕，21 项集中整改措施全部按期销账，顺利完成贵阳海关巡察集中整改期各项任务。2021 年 3 月，兴义海关党委向贵阳海关党委第三巡察组书面反馈巡察整改工作情况。

【队伍建设】2021 年 5 月 11 日，经贵阳海关党委研究决定，曾内耀同志任兴义海关党委书记、关长。年内，选派 1 名同志前往上海海关跟班学习，3 名同志到贵阳海关跟班作业，4 名同志参加总署“万人争先”岗位大练兵，12 人次参加各类专项资质考试。2 人获得个人嘉奖。兴义海关发挥年轻同志多的优势，鼓励青年干部积极主动作为，争创先进，获得省直机关“青年文明号”称号。

【业务发展】2021 年，兴义关区黔西南州外贸进出口总值 2. 86 亿元，同比下降 7. 86%，其中进口 0. 01 亿元、同比下降 96. 5%，出口 2. 85 亿元、同比增长 5. 8%。黔西南州实际开展进出口贸易企业共 23 家，新增实际开展进出口贸易企业 5 家。主要进出口产品为箱包、钢铁板材、硝酸铵、桐油等。汽车轮毂、车用尿素实现首次出口，茶叶等产品恢复出口。

【海关监管】2021 年，兴义海关监管进出口货物 471 吨，同比增长 417. 58%，其中进口货物 10 吨、同比下降 87. 18%，出口货物461吨、同比增长34倍。进出口商品总值2,404万元、同比增长57.34%。辖区报关单（结关）65票，同比增长20倍，其中进口报关单（结关）25票、同比增长24倍，出口报关单（结关）40票、同比增长19倍。检验检疫货物145批，同比增长21.85%，其中检验检疫进口货物2批、同比下降75%，检验检疫出口货物143批、同比增长28.83%。

【税收征管】2021年，兴义海关强化综合治税，加强对辖区企业调研，开展收税情况分析，深挖税源，全年税收入库145万元，超额完成贵阳海关下达的税收目标。积极开展税政调研，加强涉税风险分析、强化税收风险防控，未发现相关风险。认真做好属地纳税人管理工作，完成1家重点税源企业的属地纳税人管理，通过调研走访、税收政策推送、纳税约谈、风险提醒等方式，引导企业合规申报。加强收税征管知识学习，提高业务能力和水平。

【原产地管理】2021年，兴义海关深入推进原产地改革，助力黔西南州企业享惠，参与RCEP原产地规则和关税减让宣传培训工作。全年共签发各类原产地证书81份，签证金额1,306万美元，同比分别增长19%、25%。为贵州省出口企业获得进口方关税减免约65万美元。参与RCEP约稿信息获省政府政务信息采用1篇。

【动植物检验检疫】2021年，兴义海关严格按照总署、贵阳海关要求，认真做好动植物检验检疫工作，筑牢国门生物安全防线。全力推动辖区鲟鱼出口，协助贵阳海关动植食处完成1家鲟鱼养殖企业注册登记，实现黔西南州鲟鱼出口企业零的突破。开展出口食用水生动物风险监测1次，强化对企业监管，开展技术指导和政策宣传，保证出口鲟鱼质量安全。

严格开展进境粮食企业管理，强化全环节监管，保证进境粮食安全，推动辖区饲料企业及养殖业发展。新增进口粮食加工存放企业3家，监管进口粮食3.6万吨。加强进口粮食调研审批，做好系统管理。认真做好进口粮食的运输、入库、生产加工、下脚料处理的监管，严格按要求对加工存放企业及周边开展外来有害杂草监测2次，未发现检疫性杂草或外来杂草。加强外来入侵物种防控，协助贵阳海关动植食处做好辖区检疫性实蝇监测、植物疫情信息监测等工作。组织开展国门生物安全宣传6次，确保国门生物安全。

积极派员参加贵阳海关进境种猪监管和供港澳活猪监管工作。派员赴贵定县、桐梓县开展进境种猪隔离检疫监管2次，赴从江县开展供港澳活猪出口监管1次，协助贵阳海关动植食处开展供港澳活猪饲养场现场审核2次。

【食品检验检疫】2021年，兴义海关严格落实食品安全“四个最严”要求，强化出口食品监管。全年检验检疫监管出口食品27批，主要出口产品为薏仁米、红茶等。持续做好“国门守护”专项行动，严格落实境外输华食品准入制度和生产加工企业注册制度，进一步加强对进口食品随附卫生证书的审核力度。积极与地方农业、食品部门对接，加强对茶叶、蔬菜等重点产品的帮扶力度，开展调研，了解企业需求，开展出口茶叶、食用菌出口指导。实现茶叶恢复出口，检验检疫出口茶叶10批。加强出口食品企业日常管理，强化食品监督抽检及风险监测，严格按照总署及贵阳海关进出口食品监督抽检和风险监测计划开展相关工作。承担供港蔬菜专项检查计划任务2个，检测项次434次。开展食品安全宣传，大力宣传海关监管工作成效及食品安全知识，推动各方落实责任，进一步提高企业主体责任意识。组织开展2021年食品安全专项宣传活动。通过开展形式多样的宣传活动，进一步宣传进口食品安全监管工作，增强企业主体责任意识，推进诚信体系建设，营造浓厚的食品安全社会共治氛围。年内，兴义海关辖区无进口食品检验监管，无进口冷链食品检验监管。在出口监管中未检出不合格情况，无出口食品不合格境外通报等情况发生。

【商品检验】2021年，兴义海关强化进出口商品检验监管，持续做好出口硝酸铵监管，新增电池正极材料、车用尿素等产品出口，检出不合格2批次。

加强出口危险品及其包装安全监管，扎实开展危险品产地检验，对出口硝酸铵及其包装实施100%产地检验。研究优化出口硝酸铵监管措施，严格落实人员资质要求，做好安全防护，在确保符合安全要求条件下，按照相关作业操作规范实施查验、抽检等工作。新增1家危险货物包装生产企业。派员参加危险货物及其包装检验监管岗位资质培训考核，2人通过，全关6人具有相关资质。选派4人参加商检领域岗位练兵与技能比武。针对辖区实际情况，组织硝酸铵监管业务培训1次，提高监管能力。

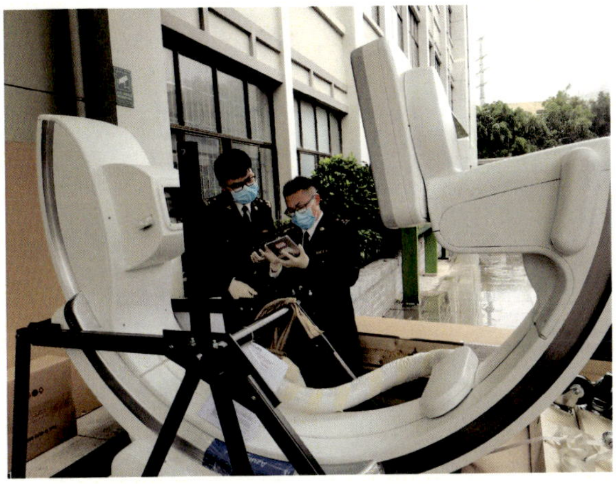

▲2021年4月6日，兴义海关工作人员在册亨县查验进口医疗设备（翟玥辉　摄）

【跨境电商】2021年，兴义海关深入开展业务调研，了解地方及企业情况与需求，积极推动跨境电商企业对企业出口（“9710”“9810”）模式在黔西南州落地。深入企业，开展跨境电商、加工贸易等业务的政策宣讲，邀请贵阳海关技术骨干专家对重点企业、地方商务部门工作人员进行业务指导，实施“一对一”帮扶，组织跨境电商业务培训1次。新增跨境电商企业1家，实现黔西南州跨境电商企业零的突破。

【知识产权海关保护】2021年，兴义海关按照总署、贵阳海关部署，根据工作职能，认真做好知识产权海关保护工作，积极配合地方部门开展打击侵犯知识产权和制售假冒伪劣商品工作。认真开展“龙腾行动2021”，根据贵阳海关知识产权保护专项行动方案，结合实际情况制订兴义海关知识产权保护专项行动方案，强化对进出口货物监管，加强进出境环节知识产权保护力度，积极收集案件线索。全年未发现相关线索，未查获和移交相关案件。

通过大屏幕、发放宣传材料等方式积极宣传知识产权海关保护工作。结合“4·26”知识产权宣传周、“8·8”海关法治宣传日、“12·4”宪法宣传日等重要时间节点，开展内外宣传，营造良好执法氛围。赴黔西南州望谟县、普安县等地开展企业调研，了解知识产权保护情况，收集黔西南州企业对知识产权海关保护的需求及意见建议。同时，开展知识产权海关保护政策宣讲，敦促企业落实主体责任。为4家重点企业实施“一对一”针对性指导和服务，增强企业对知识产权海关保护的了解，维护其合法权益。

【统计工作】2021年，兴义海关认真做好业务统计工作，强化数据报送与检查。加强统计调查，做好与企业对接。协助完成《出口先导指数网络调查》12期。指定专人做好数据分析与管理，为黔西南州外贸发展提供数据支撑和辅助服务。

【企业管理】2021年，兴义海关持续深化“放管服”改革，简化报关单位备案流程，共办理报关单位备案登记36家、企业变更3家、企业注销6家。加强对出口食品、农产品的帮扶，对企业、基地进行指导，提高其标准化水平，新增茶叶、食用菌等备案出口食品企业4家，原料种植基地1家。

严格按照《中华人民共和国海关企业信用管理办法》要求对企业实施信用监管，按照诚信守法便利、失信违法惩戒原则对认证企业实施相应的管理措施。同时加强与地方商务、工商等部门沟通，落实守信联合激励和失信联合惩戒机制。加强信用管理宣传，提高企业诚信守法意识。

【稽查核查】2021年，兴义海关依据职能积极配合贵阳海关相关部门开展稽核查工作。按照贵阳海关的部署，积极配合黔西南州市场监管局，认真开展市场监管领域部门联合“双随机、一公开”监管工作，在贵州省“双随机、一公开”监管平台建立二级账户，同时在该平台进行兴义关区内执法人员名录库维护。对黔西南州市场监管领域部门联合“双随机、一公开”抽查事项清单提出修改意见。与黔西南州市场监管局、人社局等部门联合开展为期2天的检查工作，对贵州锦丰矿业有限公司等5家企业进行企业公示信息检查，并对1家企业做出责令改正决定。联合检查工作按照要求录入系统，并及时公开。向贵阳海关报送工作动态4篇，报告工作情况2篇。

【属地查检】2021年，兴义海关严格落实总署、贵阳海关推进属地查检业务改革要求，进行属地查检人员、资质、装备情况统计，认真评估关区现有属地查检资源。加强对属地查检文件的学习，提高执法意识和能力。开展属地查检业务领域安全生产和疫情防控工作自查，强化属地查检规范操作和安全防护，严格落实属地查检资质要求。严格按指令开展进口目的地查验，通过新一代查验管理系统接单、分单、实施查验，严格开展"双随机"检查。建立兴义海关进境货物目的地事中查验台账，全年完成目的地查验5批。

严格做好进口冷链食品属地查检环节疫情防控工作。年内，兴义海关无进口冷链食品业务，未开展进口冷链食品属地查检工作。加强对新冠肺炎疫情防控工作人员安全防护、进口商品口岸环节新冠病毒预防性消毒、进口商品及包装新冠病毒检测采样等相关业务工作的学习，及时组织开展或参加预防性消毒演练，做好进口冷链食品属地查检业务技能储备。

【优化口岸营商环境】2021年，兴义海关严格落实总署、贵阳海关优化营商环境措施。实施贵州口岸互联网预约通关，落实提前24小时预约通关要求，将业务联系人和联系电话对外公示，依托中国（贵州）国际贸易单一窗口平台，严格按照海关"互联网+预约通关"相关要求，及时审核企业提交的预约通关申请并将受理情况反馈企业。大力推广"提前申报"。通过大屏幕展示宣传、现场讲解、到企业宣讲等方式持续推广"提前申报"模式，引导企业提前办理单证审核和货物运输作业，货物运抵口岸或海关监管区时即可办理查验放行手续，非布控查验货物运抵口岸或海关监管区时即可查验放行。全年，辖区企业采用"提前申报"模式累计报关39票，其中进口申报7票、占总进口申报的28%，出口申报32票、占总出口申报的80%。依托中国（贵州）国际贸易单一窗口平台，持续推广报关、纳税、原产地等单证互联网系统审核，进出口单证全面实现电子数据上传和零费用，监管证件验核实现通关环节联网比对核查。加强与口岸海关协调沟通，及时解决企业通关问题，帮助企业快速通关。加强企业信用管理宣传，实施信用监管，落实守信联合激励和失信联合惩戒机制。加强中欧班列宣传，推动辖区农特产品通过中欧班列出口。全年推动辖区企业通过中欧班列出口茶叶2批。

【打击走私工作】2021年，兴义海关坚决贯彻落实习近平总书记关于打击"洋垃圾"走私、打击濒危动植物及其制品走私等有关重要批示精神，持续做好关区打击走私工作。

加强进出口货物监管，认真开展打击走私"国门利剑2021"行动、打击冻品走私、禁止"洋垃圾"入境和打击野生动物及其产品走私等工作。开展打击走私、保护濒危动植物等宣传，强化政策宣讲，积极收集信息。落实国家总体安全观要求，以“平安贵州”“平安黔西南”建设为抓手，与地方政府部门加强沟通联系，强化责任分工和任务落实，强化宣传教育和监管力度，营造全员打私的良好氛围。

【技术性贸易措施研究】2021 年，兴义海关积极参加贵阳海关技术性贸易措施研究，兴义海关 3 名工作人员作为贵阳海关技术性贸易措施研究小组成员，结合海关监管发现的质量安全问题，有针对性地收集相关技术性贸易措施信息，做好辖区企业技术性贸易措施的咨询、指导、帮扶和培训工作。参与相关技术性贸易措施文章翻译，撰写的《食用菌出口贸易指南》被“12360 服务”“贵阳海关发布”微信公众号采用。对黔西南州 4 家鲟鱼养殖企业开展技术性贸易措施影响调研，了解企业养殖、出口情况、存在的困难和需求，为贵阳海关应对越南进口鲟鱼的技术性贸易措施政策提供基础数据。

【安全生产】2021 年，兴义海关利用党委会、党委理论学习中心组集中学习、形势分析及工作督查例会、支部学习、干部培训、贵阳海关门户网站“安全生产”专栏、安全生产文件等多种形式，学习贯彻习近平总书记关于安全生产的重要论述和重要指示批示精神。组织观看电视专题片《生命重于泰山——学习习近平总书记关于安全生产重要论述》2 次，结合“我为群众办实事”实践活动，对辖区企业进行安全生产实地调研和安全宣讲 3 次。通过大屏幕展示宣传、发放宣传资料、现场宣讲等方式开展“6・16”全国安全宣传咨询日活动。制订《兴义海关危险化学品专项巡察整改落实方案》，认真组织开展整改工作。开展安全生产月等活动，建立《兴义海关安全生产问题隐患清单》《兴义海关安全生产问题隐患整改清单》《兴义海关安全生产问题隐患整改责任清单》共 3 张清单，全年整改高压电、蚁患等问题 9 项。

【疫情防控】2021 年，兴义海关坚决贯彻落实习近平总书记重要指示批示精神，克服麻痹大意和松劲懈怠思想，抓紧抓实抓细疫情防控工作。第一时间组织学习相关文件；第一时间调整兴义海关内部防控措施；第一时间修订应急预案。制作 2 版《兴义海关新冠肺炎疫情防控知识手册》，印发至全关人员熟记。严格外来人员出入管理、干部职工健康监测、办公场所及公共区域通风消毒和环境清洁等基础工作；严格审批关员外出，建立出差出行台账，要求干部提升个人防护意识，落实个人防护责任，做好个人卫生防护，科学佩戴口罩，少聚集，同时提醒共同居住人配合做好疫情防护措施。2 次申领防疫物资，做好物资储备。制订进口高风险非冷链集装箱货物口岸环节新冠病毒检测和预防性消毒具体实施方案等方案措施，加强监管人员个人防护工作，开展应急演练。外出执法严格按照疫情防控要求规范操作，降低感染风险。多次派员参加黔西南州新冠肺炎疫情联防联控工作会议，主动配合地方防疫政策及时调整兴义海关内部防控措施。利用电子屏幕播放个人卫生、新冠病毒疫苗接种等宣传片，积极配合卫生健康、宣传、网信等部门加大宣传引导力度。

【清廉海关】2021 年，兴义海关以作风建设为抓手，有效提高反腐倡廉能力。组织党员群众深入学习习近平总书记关于党风廉政建设重要讲话、重要论述精神，认真学习党风廉政和纪律作风有关规定，系统学习党章党规党纪、法律法规，深刻学习警示教育案例，严格开展纪律作风整顿活动，以良好的党风带动作风，提高党员干部自我约束、自我管理能力，树立“政治坚定、业务精通、令行禁止、担当奉献”的海关队伍形象。

深入开展“现场监管与外勤执法权力寻租”专项整治。在贵阳海关党委领导下，全员动员、主动担当，制订工作方案，在办公场所张贴海报 2 张，公示三级举报渠道，开展廉政告知和执法回访，强化典型案例学习，对黔西南州 20 家有外贸实绩企业开展政策宣贯。开展全面细致深入自查、调查，梳理出 2 个环节 5 个岗位共 5 个风险点，建立“现场监管与外勤执法权力寻租”廉政风险清单，制定细致的整改措施、整改时限，全部整改完成，并建立健全的专项整治制度机制 4 个。

召开 4 次党风廉政分析会，党员同志分析廉政风险，每季度汇报问题整改情况和下一步整改措施。每月开展日常准军事化队列训练、纪律作风督查检查。队伍作风形象进一步提升。

【应急值守】2021 年，兴义海关严格按照总署和贵阳海关要求，落实全年“7×24 小时”值班工作，做好节假日、重要会议活动等重要时间节点的值带班工作。加强对值班员的值班培训，制作“应急值班明白卡”，明晰应急值班应知应会知识和值班工作要求。全年实现应急值班工作“零纰漏”。

【基础建设】2021 年，兴义海关大楼漏水维修改造项目、三楼机房维修改造项目、全楼监控视频维修改造项目、档案室改造项目全部实施完成，兴义海关办公楼后院改造工程实施完成并顺利通过审计验收结算。

（撰稿单位：兴义海关）

遵义海关

【概况】遵义海关于2005年2月经国务院批准设立，2010年7月30日正式开关运行。业务管辖范围为遵义15个县（市、区），现有业务监管现场3个，分别是遵义综合保税区、遵义新舟机场和遵义恒中保税仓库。内设7个科室。截至2021年年底，实有行政人员22名。遵义海关第一、第二党支部于2020年11年18日经批复设立，截至2021年年底，遵义海关第一党支部有党员12人，含预备党员1人，支部品牌名为“三型三好”；遵义海关第二党支部有党员12人，含预备党员1人，支部品牌名为“四色先锋”。

2021年，遵义海关全面贯彻落实习近平总书记视察贵州重要讲话精神，认真落实总署工作部署，按照年初工作谋划，以“起步就是冲刺，开局就是决战”的劲头，自觉把海关工作置于地方经济社会发展的大局中，持续落实“六稳”“六保”工作任务，全关上下勠力同心，坚持“五个聚焦”，推动遵义外贸稳质提升，各项任务落地落实。遵义市外贸进出口值62.05亿元，列全省第二位，其中出口43.27亿元、进口18.78亿元。其中，遵义综合保税区进出口总值26.4亿元。全年监管进出口总值20.58亿元。

2021年，遵义海关获得“全省脱贫攻坚先进集体”荣誉称号，遵义综合保税区海关服务大厅被评为“省直机关文明窗口”。

【政治建设】2021年，遵义海关充分发挥遵义革命老区优势和红色资源优势，扎实开展党史学习教育，坚持规定动作和自选动作相结合，运用革命旧址、纪念馆、展览馆和各类设施开展“党史专家讲党课”“会址楼下学党史、花茂村前话振兴”“学雷锋、办实事”等体验式教学和“党课开讲啦”“党员微党课”等宣传教育活动，全年共计开展各类学党史系列主题活动13余次，参加人数约156人次。将学党史和“四强”党支部建设结合起来，深化“六红六化”工作法，丰富党建工作内涵，扎实推进党支部建设，完成第一、第二党支部架构搭建及支部品牌和标识创建工作。在遵义疫情防控期间，多名党员干部主动请缨，成立“英雄城市·抗疫先锋”党员突击队，积极协助社区开展志愿工作，党员先锋模范和表率作用进一步凸显。

【优化营商环境】2021年，遵义海关按照上级部署，取消“报关企业注册登记”海关行政审批事项，由审批改为备案；简化注册登记和备案程序，对通过“多证合一”系统、“单一窗口”或者“互联网+海关”提交注册登记或备案申请的，取消申请单位现场交单环节，海关在收到申请后即可办理注册登记或备案手续；简化通关手续，鼓励企业采用“两步申报”“提前申报”等便捷模式通关，进一步压缩整体通关时间，降低通关成本，持续激发市场主体活力；充分发挥海关信用管理工具，进一步规范企业生产经营活动；充分运用海关稽（核）查手段，更好规范市场行为。全年对关区外贸企业开展稽核查作业62起，办理“两简”案件5起。

▲2021年10月12日，遵义海关关员对遵义综合保税区内某家企业进行保税货物盘库核查（张显刚　摄）

【促进重点产业发展】2021年，遵义海关致力于服务业务发展，助力正安吉他出口大幅增长。实现正安吉他产业三个“首次”：帮助正安吉他首次开展加工贸易业务，帮助正安吉他通过全省首单跨境电商海外仓（“9810”）模式出口，首次搭乘贵州始发中欧班列出口“一带一路”沿线国家（地区），丰富企业出口选择，降低企业出口运营成本，提高企业产品的市场竞争力。全年出口吉他81.49万只、货值2.48亿元，同比分别增长33.15%、8.77%。加快“黔货出山”茶叶出口。茶产业是遵义市最主要的农业特色优势产业之一，遵义海关一手抓疫情防控，一手促茶产业恢复生产，精准施策力促茶叶出口。

【检验检疫监管】2021年，遵义海关为推动养殖业提质增效，助推遵义市生猪养殖稳产保供，完成进境种猪的隔离检疫及疫病监测工作；帮扶完成关区首家出境水生动物养殖场注册登记；严格落实出口危险货物及其包装检验监管要求，指导帮扶辖区危险化学品生产加工企业实现贵州省一氧化二氮、锂电池材料首次出口；首次在遵义关区开展进境粮食后续监管业务。

【口岸复航准备】2021年，受新冠肺炎疫情影响，遵义新舟机场口岸处于停航状态，遵义海关坚持停航不停监管、停航不停能力建设，坚决筑牢“外防输入”疫情防控基础。全年开展口岸新冠肺炎疫情卫生监督、日常卫生监督产品种类涉及发酵面制品（自制）、油炸面制品（自制）、熟肉制品、餐饮具4个种类，抽检任务完成率为100%，病媒生物密度均低于口岸控制参考标准。新舟机场口岸通过省级预验收，完成验收问题整改，全面做好国家正式验收准备。开展口岸核心能力现场督导检查，督促落实机场主体责任，完成年度建设推进任务。强化人员培训，增强落实入境客运航空器终末消毒监管能力。开展机场口岸新冠肺炎疫情突发事件应急处置演练3次，建立完善个人防护安全监督员队伍和工作制度，狠抓细节、对标实战、持续锻炼，扎实做好疫情防控工作队伍建设。

【综合保税区监管】2021年，遵义海关始终坚持以“政治坚定、业务规范、纪律严明”作为核心理念，着力抓发展、抓指标、抓安全，支持遵义综合保税区高质量发展，高水平开放。推进保税再制造培育项目和跨境电商（“1210”）业态稳步发展，完成全省首单跨境电商B2B出口海外仓“9810”模式申报，指导企业设立跨境电商零售进口退货中心仓，量身定制一系列综合保税区监管方案和实施细则，帮助企业健康发展。

【政务及后勤保障】2021年，遵义海关在关心关爱干部职工方面做了大量的工作。上半年，完成了47名协勤人员的制服装备配备；10月14日，完成了基层工会的建立工作，为更好地保障干部职工的合法权利打下了坚实基础；坚持底线思维，从严从紧从实开展疫情防控工作，坚持“内外同防、人物同防、多病同防”，实现了干部职工“零感染”防控目标；努力营造良好的工作环境，完成了遵义海关业务技术用房维修改造项目、卫生间改造项目及一些基础的维修维护项目。

【党史学习教育】2021年，遵义海关深入贯彻习近平总书记关于党史学习教育重要讲话和重要指示批示精神，认真落实总署党史学习教育实践活动的工作部署，严格按照贵阳海关工作要求立足遵义海关实际，善用红色资源，明确职能定位，持续深化党史学习教育，扎实推进为民服务，学史明理、学史增信、学史崇德、学史力行热潮不断升起，高标准高质量完成党史学习教育各阶段工作任务。

坚持把党史学习教育作为“党的政治生活中的一件大事”，在学习党史中锤炼政治意识，旗帜鲜明讲政治，不断提高政治判断力、政治领悟力、政治执行力，做到“两个维护”。强化组织领导。第一时间召开党委会，传达学习习近平总书记在党史学习动员大会上的重要讲话精神，会议聚焦党史主题，指向外贸发展，会议研究并通过了工作方案和重点任务清单，画出时间轴，明确责任人，确定党史学习教育从党史学习教育动员大会到“七一”庆祝大会、“七一”庆祝大会到党的十九届六中全会、党的十九届六中全会再到党史学习教育总结大会三个阶段分步推进的步骤和打造1个党史学习阵地、开展5次党史学习教育主题党日活动、召开专题组织生活会和专题民主生活会“1+5+2”的学习教育总体思路，确保党史学习教育始终沿着正确的政治方向、准确的行动方向、明确的实践导向在关区深入推进。

抓好“关键少数”。党委把党史学习教育作为党性教育的基础课和干部学习的必修课，配合理论学习中心组学习，开展深入的专题学习研讨，在深思细悟中提高认识，以理论上的清醒促进政治上的坚定。“一把手”讲党课，带学促用，在学党史、讲党史、懂党史、用党史方面发挥示范引领作用，党委委员逐一交流，深化理解、领悟，形成领导干部先学一步、深学一层，以身作则、率先垂范，一级抓一级、层层抓学习的良好局面。

党支部通过多种形式对党史学习教育进行再动员再规划，立足实际、细化安排，坚持规定动作与自选动作相结合，从动员部署到全面推进到层层深入，推动党史学习入脑入心。加强集体学习。充分发挥支部的战斗堡垒作用，结合“三会一课”、主题党日，把党史学习教育融入支部学习日程，始终以习近平新时代中国特色社会主义思想为学习核心，坚持读原著、学原文、悟原理，着力掌握科学内涵、精神实质和实践要求，支部书记和先进典型持续开展党课宣讲，运用多媒体技术全方位、立体式讲述百年党史和遵义红色故事，新老党员、预备党员和入党积极分子面对面交流，引导党员干部从长征精神和遵义会议精神中深刻领悟共产党人的初心使命。规范个人自学。在全关范围内举办“学党史·感恩党·跟党走”党史知识竞赛，努力营造比学赶超氛围，以支部为单位开展比赛，激发学习动力，营造“我要学”的生动局面。用好用活红色资源。充分利用和发挥遵义的老区优势和红色资源优势，开展“会址楼下学党史、花茂村前话振兴”“学党史牢记使命、祭英烈传承精神”等6次特色主题党日活动，邀请党史专家宣讲党课“红军长征在遵义”，让广大党员身临其境体验党在遵义披荆斩棘的奋斗历程，深刻体会红色政权的来之不易，让红色资源火起来，传承好红色基因，铸牢信仰之基、补足精神之钙。

【“现场监管与外勤执法权力寻租”专项整治工作】2021年，遵义海关结合党史学习教育认真贯彻习近平总书记关于全面从严治党重要论述，落实落细十九届中央纪委五次全会精神，严格按照总署工作部署，以及贵阳海关《“现场监管与外勤执法权力寻租”专项整治工作方案》的通知要求，扎实推进“现场监管与外勤执法权力寻租”专项整治工作。

构建工作布局，从“面”上优化专项工作机制。牢固树立海关系统全面从严治党向纵深发展的政治导向；迅速建立遵义海关专项整治工作领导机制和组织机制，成立领导小组，明确“一把手”为第一责任人，下设专项整治办公室，由党委委员兼任办公室主任，同时建立关、科两级联络员制度，确保各项要求和指令畅通无阻，贯通协同；迅速召开党委会专题研究并审议通过《遵义海关关于开展“现场监管与外勤执法权力寻租”专项自查工作方案》，明确各科室分工、责任人和时间进度表；将专项整治工作推进情况纳入关区月形势分析会、周例会中分析研究，扎实推进，严格履行主体责任；结合门户网站“廉政警示教育”专栏里公布的案例通报，将纪法教育、警示教育纳入支部“三会一课”、科室学习计划中，与党史学习教育融会贯通、相得益彰，助力党史学习教育成效提升，巩固学习教育成果。

理清工作思路，从“线”上梳理专项工作内容。按照总署工作部署以及贵阳海关专项整治工作步骤，梳理时间条线，根据每个阶段工作不同的特点，制订阶段工作计划，确保各阶段工作任务落实到位；立足关区业务实际，结合内控节点指标风险提示，一一找准业务条线中的风险点、隐患点、薄弱点及盲点，针对性地制定整改措施，强化内部防控“第一道防线”的基础性作用；主动作为，将执法领域的整治工作延伸至非执法领域，“两线”作业并行不悖，突出关区全面严治党的决心和担当；主动对接贵阳海关党委派驻纪检二组接受全流程监督和指导，充分发挥“第三只眼”的作用，进一步检视工作流程、自查结果、整改措施的规范性、准确性和实效性，确保专项整治工作不走样、不变形、无偏差，慎终如始。

【文明单位创建工作】2021 年，遵义海关为巩固省级文明单位建设工作，对照《全省文明单位测评体系》（2021 版）标准做了大量工作。成立以一把手为组长的精神文明创建工作领导小组，全关协调一致、上下联动、干部职工人人参与的工作机制。结合总署、省直机关和贵阳海关精神文明建设工作要求，制订关区年度精神文明建设工作的实施方案，明确巩固建设文明单位的目标任务，把精神文明建设纳入重要议事日程，做到精神文明建设抓在日常、严在平常、做在经常，全方位推动关区事业发展。

（撰稿单位：遵义海关）

铜仁海关

【概况】铜仁海关于2018年12月经总署批准设立，2019年12月挂牌成立，前身为贵州出入境检验检疫局铜仁办事处，2019年12月经贵阳海关党委批准设立铜仁海关党委。业务管辖范围为铜仁市，承担关区征税、监管、缉私、出入境检验检疫、统计等工作职责。

2021年，铜仁海关内设2个正科级机构。截至2021年年底，实有行政人员11名、事业人员1名（地方派遣）。2021年3月，经贵阳海关机关党委批准设立铜仁海关综合业务党支部，有正式党员7名，培育创建支部品牌“小铜哨”。贵阳海关关长王松青联系铜仁海关综合业务党支部和铜仁海关办公室（党委组织宣传部）。主要负责同志王芳为铜仁市第二届人大代表。

2021年，铜仁海关严格疫情防控，成功应对属地突发疫情，做好业务运行和内部防控“零疏漏”“零感染”；开展党史学习教育，22项重点民生项目清单任务完成率达100%；做好打私综治，获得“全省打击虚开骗税违法犯罪两年专项行动先进集体及个人”荣誉称号；支持外贸迅猛发展，全市进出口总额为15亿元，增速141.8%；引导企业开展属地报关，受理报关单180单次、同比增长89倍，属地报关企业数从零增长至7家，出口提前申报率为59.26%，进口提前申报率为47.92%，两步申报率为60.42%；推动智慧口岸试点，在铜仁凤凰机场口岸功能改造中提出“分拣线”理念；支持跨境电商落地，指导辖区重要产品打火机成功以跨境电商B2B模式出口；建强支部战斗堡垒，获2020年度优秀基层党组织称号，并获得“省直机关青年文明号”“文明窗口”荣誉称号。获优秀部门称号并得到贵阳海关嘉奖，4名关员获年度考核优秀等次。

【基层党建】2021年，铜仁海关创新开展“晨习一语、周讲一史、月研一典”专题学习，深入推进“问政施政知政”，扎实推进“我为群众办实事”实践活动，做到学党史、悟思想、办实事、开新局。全年累计开展“晨习一语”236期、“周讲一史”45期、“月研一典”12期，党史集中学习16次，接收党史书籍400册，走访调研重点企业15家，收集外贸政策需求20条，对13家外贸企业实现清单式帮扶，现场解决进出口疑难问题11个；拟定22项重点民生项目清单，100%完成工作任务。新创支部品牌“小铜哨”，提出“铜哨前行”内涵外延，激励支部全体党员立足执法一线当“五员”，即国内国际双循环交通枢纽的引导员、严守国门安全风险底线的侦查员、应对国外技术性壁垒的裁判员、推动铜仁凤凰机场对外开放的指战员、支持外贸企业发展的服务员。创新打造“支部工作法+”理念，新提出“高、快、新、实”支部工作法，提炼执法监管“清、精、准、稳”，服务发展“多、快、优、强”，队伍建设“严、细、明、廉”工作法，形成覆盖基层党建、执法监管、服务发展和从严治党各个领域工作方法体系。铜仁海关综合业务党支部获2020年度优秀基层党组织称号，并获得“省直机关青年文明号”“文明窗口”荣誉称号。

▲2021年2月8日，铜仁海关开展写对联迎新春活动（赵远阳　摄）

【队伍建设】2021年，铜仁海关全员共获得总署各类监管资质36项（含2名高级兽医签证官），3人前往上海海关跟班学习，7名关员抽调参加署关巡视、审计、动植物检疫、风险分析等集中工作，累计时长达401个工作日；共获各类个人嘉奖9人次、集体表彰或表扬6次；培养了通关一体化、税收征管、风险管理、统计分析、新闻宣传、基层党建等多领域专门人才。“严实快新”推动“现场监管与外勤执法权力寻租”专项整治，制订工作方案，公开举报渠道，开展廉政告知和执法回访，强化典型案例学习，对38家外贸实绩企业开展政策宣贯，17人完成个人申报、撰写心得体会和接受纪检组谈话，总结提炼“12345”工作法，梳理出2个环节5个岗位17个风险点，建立44个业务标准化操作指引，对标贵阳海关整改清单中涉及的5项内容完成整改落实，典型经验做法由贵阳海关呈报总署，全年无违法违纪事件发生。

【通关监管】2021年，铜仁海关受理的报关单从2020年的2单次增加至180单次，属地报关占比同比增长14.81倍，属地报关企业数从零增长至7家，辖区的打火机、硫酸锰、茶叶（含抹茶）、红酒等产品实现属地报关。税收入库166.57万元，同比增长5.21倍，超额完成全年征税任务。出口提前申报率为59.26%，进口提前申报率为47.92%，两步申报率为60.42%，同步压缩通关时长，有效降低货物通关成本。指导辖区打火机成功以跨境电商模式出口。

▲2021 年 5 月 14 日，铜仁海关关员开展出口茶园基地备案（闫英杰 摄）

【商品检验】2021 年，铜仁海关共检验检疫货物 1,536 批次，涉及打火机、茶叶（含抹茶）、硫酸锰、紫苏油、食用菌等 13 种出口产品。完成危包使用鉴定 1,249 批次，占贵阳关区危包使用鉴定批次的 45.60%；完成危包性能检验 2,062 批次，占贵阳关区危包性能检验批次的 95.73%。完成 22 种出口打火机机型的周期型式试验抽样送检；完成 2 家鲟鱼出口企业 117 项国门生物安全风险监测指标检测，帮助企业第一时间规避越南技术性贸易壁垒。

【打私综治】2021 年，铜仁海关组织对 358 家进出口收发货人备案企业开展信息排查和联网核实，3 次对辖区全国大宗固体废物综合利用基地进出口环节进行摸排，完成 5 批次、394 个集装箱进境粮食调运监管和 8 批次进口设备属地查验；加强与公安、林业、生态环境等部门协作，凝聚打私合力；发挥统计分析功能，开展异常数据货物流向摸排。获得“全省打击虚开骗税违法犯罪两年专项行动先进集体及个人”荣誉称号。

【服务发展】2021 年，铜仁海关充分发挥海关职能优势和平台优势，积极服务铜仁外贸高质量发展。提出深入挖掘新型功能材料外贸发展潜力的建议，得到铜仁市政府的高度重视，助推新型功能材料成长为全市外贸“火车头”。2021 年，铜仁市货物进出口总额 15.02 亿元，增速 141.83%；加工贸易进出口额 0.16 亿元，同比增长 151.21%。

▲2021 年 7 月 8 日，铜仁海关关员现场评审出口香菇种植基地（杨姝琦 摄）

【疫情防控】2021 年，铜仁海关毫不放松抓好口岸疫情防控，按照疫情防控最新标准和要求制订铜仁凤凰机场临时口岸海关监管区域改造方案，积极推进地方加强机场升级改造，确保口岸安全；加强口岸生物安全防控，全年开展口岸病媒生物监测 34 次，捕获成蚊 66 只，获取阳性诱卵器 3 个；加强内部防控，坚持做到每日排查到位、个人防护演练到位、防疫物资保障到位、一线疫苗接种到位。成功应对

2次属地突发疫情，均做到业务运行平稳有序、内部防控“零疏漏”“零感染”。

【督查内控】2021年，铜仁海关结合实际建立业务管理规范17项、业务操作指引44项、内部管理规范17项，梳理110个执法领域风险节点和83项非执法领域风险节点，稳步推进规范权力运行和强化内部管理工作，确保关区工作拓展与制度规范同步推进，切实防范管理风险、执法风险和廉政风险。

【改善办公条件】2021年，铜仁海关坚决落实加快改善办公条件工作，在贵阳海关党委坚强领导和统筹协调下，得到了铜仁市委市政府的大力支持，提出拟将位于铜仁市万山区产业园的1号楼交付铜仁海关使用的解决方案。

【支部工作法】2021年，铜仁海关综合业务党支部创新打造“支部工作法+”理念：提出标准要高、行动要快、理念要新、成效要实的“高、快、新、实”支部工作法。拓展复制工作法构建思路，先后提出执法监管“清、精、准、稳”工作法，服务发展“多、快、优、强”工作法，队伍建设“严、细、明、廉”工作法，形成覆盖铜仁海关基层党建、执法监管、服务发展和从严治党各个领域的工作方法体系。标准要“高”，要由“规范”向“示范”提升。一方面，要对标对表贵阳海关制定的合格党支部标准化规范化建设要点，抓好党支部的基本组织设置、基本队伍建设、基本制度执行、基本任务落实和基本保障配套，落实“三会一课”、民主生活会、主题党日、谈心谈话各项规范要求，建立合格党支部；另一方面，要对标先进，对标“四强”党支部，深入开展党建品牌建设，深挖基层热源，提炼工作方法，培塑先进典型，丰富党建活动，强化成果运用，以署领导联系点、关领导联系点为契机，推动各项工作在关区走在前、做表率，建立先进党支部。行动要“快”，要由“被动”向“主动”转变。首先，要发挥好党支部书记的带头作用，由上率下带头严肃开展政治组织生活，带头强化政治理论学习，带头执行署关各项决策部署，带头遵守廉政纪律规定。发挥支委的协调联动作用，组织支委带头学习党的理论和支部工作方法，拓宽工作思路，发挥支委班子的工作主动性和创造性，培养支委能听、会说、善写等方面的特长，做到既分工明确、通力协作，又积极主动、担当作为。建立健全并落实各项支部制度，把制度落实到对党员的教育、管理、监督等各个环节当中，将抓疫情防控、安全生产、党史学习、通关时长、业务发展、口岸建设、后勤保障等各项关区重点融入支部工作，变制度约束为广大党员的自觉行动，有效发挥支部战斗堡垒作用和党员先锋模范作用。理念要“新”，要由“建成”向“建优”看齐。一方面，要增强参与意识和超前意识，把关区发展过程中的热点、难点问题作为支部工作的重点，提炼出特色鲜明、行之有效的支部工作法，培养党员用前瞻性的思维和创新的视角去参与支部工作、拓宽业务领域、防范执法风险，为关区的发展提供精神动力和思想保证。另一方面，要解放思想与时俱进，丰富党建载体，增强党支部工作的生机和活力，根据党员队伍的特点、思想、风格的变化，以严肃活泼、喜闻乐见的方式，教育和培养党员不断提高思想觉悟、坚定理想信念、自觉锤炼优秀品质。成效要“实”，要由“结合”向“融合”发展。首先要坚持系统思维，坚持围绕中心抓党建、抓好党建促业务，坚持党建工作和基层海关执法一线业务工作目标同向、部署同步、工作同力，以高质量党建引领高质量发展，使二者在融合发展中相互促进。

【创新“12345”工作法】2021 年，铜仁海关扎实推进“现场监管与外勤执法权力寻租”专项整治工作。实施“一号工程”，确保思想认识再提高。深入领会专项整治工作的重大意义，把专项整治工作作为铜仁海关年度从严治党工作的“一号工程”来抓。第一时间向全员传达各级领导讲话精神。召开党委会专项研究贵阳海关整治工作方案的贯彻落实措施，审议通过《铜仁海关全面落实“现场监管与外勤执法权力寻租”专项整治实施方案》。建立铜仁海关“现场监管与外勤执法权力寻租”专项整治工作领导机制，明确“一把手”履行第一责任人职责。把专项整治工作内容列入“三会一课”重要学习专题，在关区周例会、每月形势分析会上重点研究阶段工作，形成“逢会必讲”的整治氛围，确保关区干部职工思想统一到位。建立“两张清单”，确保整治目标再精准。健全以“靶向施策”为导向的问题清单制度，找准专项整治的“小切口”，落实“开门”搞整治，把专项整治工作落实落细。认真研究贵阳海关专项整治工作方案，结合关区实际，细化内容，梳理 5 个阶段、13 项工作内容与具体落实措施，制定《铜仁海关“现场监管与外勤执法权力寻租”专项整治工作督办落实清单》，明确时间节点，按时保质逐项落实。提前谋划，通过查摆问题找出病根症结，制定《铜仁海关“现场监管与外勤执法权力寻租”专项整治工作问题整改清单》，精准施策、抓好落实，确保对账销号。树立“三个导向”，确保整治思路再明确。关党委深入学习习近平总书记关于全面从严治党重要论述，深刻领会专项整治工作开展的必要性，强化系统思维，“严”字当头抓管理、带队伍，把树立问题导向、目标导向、结果导向作为关区开展整治工作的重要思路，强化政治担当，增强责任心，主动发现问题、研究问题、解决问题，确保专项整治工作取得实效。聚焦“四个紧盯”，确保整治力量再加强。紧盯部署要求，贯彻落实到位。严格按照贵阳海关专项整治工作领导小组要求，按时保质完成规定动作。畅通信访举报渠道，公布信访举报方式、奖励，设立专门举报箱，无遗漏、全覆盖向关区38家企业寄送专项整治工作告知书。深入走访调研，结合党史学习与“我为群众办实事”实践活动，由关党委委员带队走访辖区7家重点企业，宣传专项整治工作情况，广泛听取企业意见建议，了解企业实际困难及所需，深入调研管辖领域廉政风险，完成专项整治工作和走访调研工作记录表7份、企业问卷调查5家，召开座谈会7次，开展电话回访3家。强化警示教育，采用关党委书记集中领学、个人自学、撰写专项整治心得体会等形式，扎实开展警示教育活动，学习现场监管与外勤执法领域违纪违法典型案例17例。紧盯主体责任，精准靶向到人。对照分工职责，逐个梳理从事相关工作的公务员、聘用人员，做好思想动员，完成全部17人的个人申报工作，确保应报尽报、不漏一人。紧盯关键节点，横向覆盖到边。围绕关区现场监管与外勤执法领域廉政风险高发点，全覆盖、无死角、零遗漏开展深入自查，排查易被权力寻租的业务管理薄弱环节及问题反映集中、风险点聚集的关键岗位，列出详尽的廉政风险清单，共梳理2个环节5个岗位共17个风险点（中风险3条、低风险14条），针对性制定整改措施12条，做好举一反三，筑牢风险防线。紧盯制度建设，纵向融汇到底。建立关区专项整治工作领导机制，在处、科两级分设贵阳海关、铜仁海关“双联络员”，专人专项负责专项整治工作的对接、落实。实施定期报告机制，在关区周例会、形势分析会上专题汇报推进情况，确保自上而下统筹调度与督促推动。创新“五个亮点”，确保整治质量再提升。创新开展“应知应会”学习活动，按照时间轴全面梳理贵阳海关、铜仁海关专项工作的部署要求与推进情况，制定成册，利用上下班通勤时间段，组织全员开展学习，形成浓厚学习氛围。创新开展专项整治工作专题知识竞赛，深入学习廉洁从政法律法规，利用随堂测试等形式，巩固学习成果，进一步营造整治氛围。创新开展多种形式警示教育，利用“学习强国”App，组织全员观看反腐纪录片，利用当事人现身说法，综合发挥惩治震慑、惩戒挽救、教育警醒的功效，增强以案促改、以案促治的实效。创新开展廉政箴言活动，组织干部职工“一人一言”，将廉政箴言作为专项整治内化动力，进一步夯实干部职工忠诚干净担当的思想根基，营造风清气正的部门氛围，切实履行全面从严治党不敢腐、不能腐、不想腐要求。创新探索专项整治工作特邀监督员机制，拟邀请相关人员担任关区专项整治工作特邀监督员，充分发挥监督员“警报器”“宣传员”“督导员”的作用，利用社会监督，听取真实社情民意，将监督工作融入专项整治工作的方方面面，从严从实深入开展。

（撰稿单位：铜仁海关）

第七篇

直属事业单位

贵阳海关综合技术中心（保健中心）

【概况】2021年，贵阳海关综合技术中心（保健中心）［以下简称“综合技术中心（保健中心）”］以加强政治建关为导向，抓好专项检查和政治巡察整改意见落实，坚定不移推进全面从严治党；以提升技术支撑能力和服务水平为抓手，稳步推进事业单位“三定”工作，不断推动事业发展。

【全面从严治党】2021年，综合技术中心（保健中心）以专项检查、政治巡察及事业单位法人经济责任审计为契机，结合党史学习教育活动，推进全面从严治党向纵深发展。结合问题整改，以加强请示汇报工作程序为切入点，以强化干部职工政治机关意识为目标导向，通过开展纪律作风专项整治集中学习教育，改善干部队伍纪律作风，提升政治机关意识。认真梳理管理上存在的风险点和薄弱环节，着力加强制度机制建设，制定“三重一大”议事工作规则、请示报告工作管理办法、会议管理及人员培训等一系列管理制度，并及时组织宣贯培训、强化监督执行，进一步从制度源头防范风险，规范管理。基层党组织作用得到明显发挥。在机关党委领导下，完成党支部书记改选。在支部带领下，全体党员干部服从组织决议，顾全大局，遵纪守法，从政治上、思想上、行动上与党中央保持一致，支部各项制度不断完善，活动开展正常，凝聚力、战斗力不断增强。把专项整治与口岸疫情防控、提升检验检测技术等重点任务紧密结合起来，以改促行。通过组织开展“我为群众办实事”“技术服务送下乡，助农兴农促发展”等主题党日活动，以实际行动助力乡村振兴。在口岸疫情防控等重点工作中成立党员突击队和党员技术攻坚小组，攻坚克难、全力以赴推动完成各项重点工作，充分凸显党支部战斗堡垒和党员先锋模范作用。

【疫情防控】2021年，综合技术中心（保健中心）提高政治站位，筑牢防控“安全网”，全面做好贵阳海关口岸卫生检疫工作的技术支撑。深刻认识当前疫情防控的复杂性、长期性和常态化防控的重要性，不折不扣落实总署“岗前检查、工作巡查、全程督查”和“双人作业、互相监督”等安全防护监督制度，制定《新冠病毒样本溢洒应急预案》《医疗废物管理制度》及《实验室新冠病毒核酸检测生物安全操作规程》等规章制度，不断细化各项工作流程、岗位安全防护工作要求，确保安全防护管理无死角。承担关区全员核酸采样检测及进境商品风险监测核酸检测工作，有序开展常态化核酸检测，确保应采尽采、应检尽检，为关区工作人员、种猪隔离场驻场关员以及缉私局相关案件办理提供有力保障。加强一线工作人员安全防护业务技能培训及应急处置演练工作，全年共开展新冠肺炎疫情防控工作人员安全防护培训12期，参加口岸新冠肺炎疫情防控外部培训6期，共计156人次；开展应急处置演练3次。在重大外事活动中，派员参加现场流行病学调查及采样工作，完成4架次入境航班的卫生检疫现场流行病学调查、采样任务及航食样品检测工作，体现了海关实验室“检得快、检得准”的技术能力和对口岸卫生检疫工作的技术支撑。顺利完成入境包机旅客及封闭管理工作人员新冠病毒核酸检测工作，经实验室检测，全员新冠病毒核酸检测结果为阴性且后续无新冠肺炎感染病例发生。

▲2021年11月3日，综合技术中心（保健中心）组织入境航班卫生检疫党员突击队授旗仪式（王艳　摄）

【事业单位改革】2021年，综合技术中心（保健中心）根据贵阳海关关于调整综合技术中心（贵州国际旅行卫生保健中心、贵阳海关口岸门诊部）内设机构、职责及领导职数的通知及相关文件要求，在4月底前全面完成原两个中心（技术中心、保健中心）及分支实验室整合，真正实现大中心全面整合管理。整合后的综合技术中心（保健中心）下设办公室、业务部、门诊部、商品检验鉴定实验室、食品实验室、生物实验室、卫生检疫实验室共7个科室，实有海关事业编制人员35人。从4月初开始相继启动科室负责人聘任、人员定岗工作，在9月底前全部完成；于9月中旬启动专业技术岗位人员职称聘任（等级晋升）工作，于12月底完成。

【队伍建设】2021年，综合技术中心（保健中心）完善内部管理机制。在全面推进事业单位“三定”工作基础上，充分优化整合现有人力资源，进一步细化科室岗位职责，完善内控管理机制，并推进实施在编人员绩效工资改革和聘用人员薪酬并轨管理，提升队伍统一化、规范化管理水平。加强对聘用人员队伍管理。通过劳务派遣和自行管理两种方式，有效实施对聘用人员在进出、劳资及日常等方面的规范管理，应用“企业微信”办公平台，实现对聘用人员移动端打卡和加班审批的制度化、规范化、无纸化管理。

【安全管理】2021 年，综合技术中心（保健中心）树立安全生产意识，筑牢安全生产防线。开展门诊部疫苗接种异常反应应急处置演练，提升预防接种异常反应的处置能力，为今后疫苗接种工作有序、安全、顺利开展提供坚实保障。开展实验室安全应急演练，要求实验室人员严格落实危险化学品管理、储存和使用条件，提高实验室人员“防事故、保安全”的责任意识和面对突发事件的应变能力，最大限度减少危险化学品发生溢出和暴露时可能造成的人员和财产损失，进一步巩固检测人员对消防安全知识的了解与掌握，提升全体员工防范火灾、应对突发事件的处理能力和素质。根据新冠肺炎疫情常态化管理，以及加强医院感染管理，有效预防和控制医院感染，不断加强、改进预检分诊岗岗位责任。为保证中心院感工作的有效落实，相关部门、岗位每季度进行一次大检查，每周一次抽查，对存在问题立行立改，全年未发生院内感染和疫情传播。

【业务工作】2021 年，综合技术中心（保健中心）完成实验室检测业务 5,206 批，其中法定检测任务 453 批、社会委托检测业务 4,753 批。累计开展各类人员新冠病毒核酸检测 9,560 人次。完成出入境人员及社会体检 14,305 人次，其中出入境人员监测体检 2,274 人次，检出传染病 17 例；社会体检 12,031 人次。开展预防接种 1,904 剂次。

【技术保障能力】2021 年 7 月 30 日至 8 月 1 日，CNAS 对综合技术中心（保健中心）进行了认可扩项现场评审，综合技术中心（保健中心）获得资质认定、计量认证“二合一”资质，检测范围涵盖食品、动植物产品、化工产品等 32 大类共 3,398 项检测项目，基本满足食品、农产品和矿产品检测需要。完成检验检测资质认定网上审批系统（国家 CMA 系统）的资质认定扩项（扩地点）申报和反馈补正，获得体系融合换版之后的 CMA 证书，进一步增强技术硬实力。11 月 25 日，通过观山湖区卫生健康局医疗机构资质校验并取得证书，在原有基础上明确医疗机构名称、完善预防接种行政许可、增加体检项目资质，健康体检服务水平得到持续提升；11 月 26 日，获得贵州省农业农村厅“非洲猪瘟第三方检测实验室”授权（全省两家之一），年均完成口岸截获猪肉及其制品、隶属海关送检牛血清、养殖场、

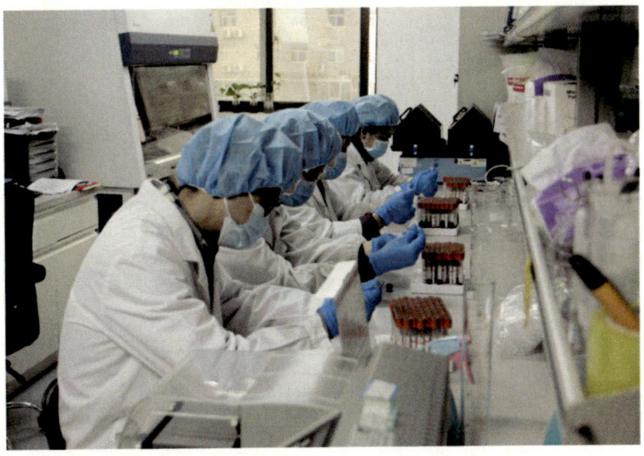

▲2021 年 5 月 6 日，综合技术中心（保健中心）实验室工作人员进行种猪血清分离（罗阿东　摄）

进境隔离场非洲猪瘟检测300批以上。卫生检疫实验室通过国家认证认可监督管理委员会（CNCA）资质认定，认可检测能力范围涵盖5大类、92项次，满足目前贵阳海关口岸卫生检疫的技术需求。

紧跟海关业务发展技术保障需求，突出抓好物种鉴定、涉税化验、卫生检疫、动物疫病检测、商品鉴定等各项重点工作，不断提升在物种鉴定、卫生检疫、动植物检疫、涉税化验等方面的检测能力。全年贵阳海关国际邮件截获物共29个，综合技术中心（保健中心）及时完成25个截获物的物种鉴定。另外，在动物疫病检测、涉税化验等方面也取得不错成效，近2年陆续对橡胶、大米、饲料等相关产品实施化验鉴定，针对部分鉴定项目设置攻关小组集中攻关，在化验鉴定领域的能力建设方面迈出了坚实步伐。一方面，做好通关技术保障。完成筑城海关首次报检肥料样品检测工作并出具检测报告，该新开验项目不仅拓宽了中心检测业务范围，进一步夯实了法检支撑能力，更有利于推动中心业务向保税产品检测需求领域延伸。另一方面，筑牢关区生物安全网。全年共开展种猪检测4,594批次，实蝇检测30,000余头，有序完成本年度国门生物安全检测工作。完成各隶属海关截获送样水苔、蘑菇菌棒、进境木块以及非贸渠道截获物携带有害生物鉴定15批次，其中黄杆菌属resistens种、defluvii种2批次为关区首次截获。

【能力验证和科研】2021年，综合技术中心（保健中心）积极开展能力验证和科研工作。参加各领域能力验证和质评55项；申报科研项目4项，承担国家级项目1项、省部级项目2项，完成总署科研项目1项，在各类核心期刊发表论文9篇。参加省临床检验中心组织的11次共计55个样本、110项次的新冠病毒核酸检测室间质评活动，以及卫健委临床检验中心组织的19个大项、212个样本共计1,128项次的能力验证活动，所有能力验证及室间质评结果反馈均为满意。参加权威机构组织的理化及微生物能力验证项目35项目均获满意结果，在相关领域的检验检测能力获得认可，检验检测能力水平持续提升。

【信息宣传】2021年，综合技术中心（保健中心）借助新闻媒体提升影响力。邀请贵州卫视科教健康频道采访拍摄，拓宽宣传途径，展现中心在食品检验检测、动植物及其产品检疫检验以及健康体检、国际预防接种、国际旅行健康卫生咨询等对外服务方面的优势。联合科技处、贵州日报社、贵阳市野鸭小学开展贵阳海关实验室开放日活动，以“六一”儿童节为契机，邀请50名小学生参观中心实验室，帮助学生通过体验直观有趣的科学小实验，在学到知识的同时激发探索科学的兴趣。邀请贵阳市市场监管局专家团队参观实验室并开展座谈，就检验检测相关项目和技术能力等方面进行深入交流，在食品安全监督抽检业务等领域达成初步合作意向，为推动中心事业发展与服务地方经济奠定坚实基础。利用自身资源全方位组织开展全国疟疾日、世界结核病防治宣传日及世界艾滋病日等一系列宣传活动，帮助公众树立疾病防治意识，提高对传染类疾病的自我防护意识，倡导积极向上、文明健康的生活方式。

▲2021 年 5 月 31 日，综合技术中心（保健中心）组织开展贵阳海关实验室开放日活动（罗天林　摄）

【市场经营】2021 年，综合技术中心（保健中心）坚持检验检测和体检业务齐头并进的市场发展模式，持续巩固原有市场业务，加大市场开拓力度，发掘新的业务增长点。

积极布局检测市场。通过前期精心谋划，积极跟进有关项目招标工作，中标 2 家市场监管局的“食品检验检测技术服务”项目。寻求与地方农业农村局业务合作，与 1 家单位达成合作意向并签订业务合同，多领域拓展检测业务市场布局。按照以本部为中心、辐射地州的市场理念，与地方有关企业建立合作关系。同属地 1 家健康管理有限公司、2 家合金公司以及 1 家进出口贸易有限公司等企业签订业务合作协议。与遵义地区酒业、茶叶等地方主导产业 6 家公司签订委托检测合作协议，全方位布局地方检测业务市场。

【实验室建设】2021 年，综合技术中心（保健中心）深化实验室信息化建设。实现智慧实验室管理平台上线运行，全力打造智能化、信息化、规范化、标准化的现代化实验室，提升中心信息管理水平。

推进遵义路业务技术用房改造，确保项目一期工程按批复设计内容完成。成立遵义路综合实验用房搬迁工作小组，团结协作、快速高效地计划好搬迁工作，有序推进业务技术用房改造工作。赴施工现场参加业务技术用房改造项目一期工程竣工验收，确保工程按批复设计内容完成，工程质量、财务管理、投资控制达到竣工验收要求。参加工程结算审计沟通交流会议，聘请第三方审计咨询机构，严格规范工程结算审计，确保工程造价真实准确。

【交流合作】2021 年，综合技术中心（保健中心）强化交流合作，全年派员 10 余人次赴兄弟海关、各省级相关单位、各仪器厂商参加有关实验室生物安全、防范外来物种入侵、大型精密仪器操作维护等应用培训，进一步提升相关干部职工业务能力。与地方高校建立大学生实习培养合作机制，打造优质实习教育平台。作为高校毕业生实习教学基地，接收贵州医科大学 10 余名本科生到岗实习，按照实习大纲，全面落实实习要求，从实习生纪律作风意识、开题答辩、文献检索、实习小结、实际操作等方面进行全方位培养，切实提高实习生的论文撰写水平、实践操作能力以及综合素养。近几年来，相继为贵州大学、贵州医科大学、贵州护理职业技术学院等高校培养优秀实习生近百名，实习效果得到了校方和学生的高度认可。

（撰稿单位：贵阳海关综合技术中心）

贵阳海关后勤管理中心

【概况】贵阳海关后勤管理中心（以下简称“后管中心”）于2019年6月由原贵州出入境检验检疫局机关服务中心和贵阳海关后勤管理中心整合而成。后管中心设7个内设机构，分别为办公室、财务部、生活部、节能管理部、经营部、采购部、企管部，所属企业4家。截至2021年年底，后管中心共有海关事业编制人员15人。

2021年，后管中心在贵阳海关党委的正确领导下，紧扣关区工作会议精神要求，切实发扬马上就办、真抓实干的工作作风，着力加强自身建设，坚定不移做好后勤服务保障工作。

【事业单位改革】2021年，后管中心稳步完成机构改革相关工作。4月，经上级部门批准同意，后管中心立即开展13名事业编制人员岗位聘任工作，同时确定7名临时负责人负责各部室工作，明确临时负责期为3个月，确保后管中心顺利运转。7月临时负责人临时负责期满后，后管中心及时完成科级领导干部选拔任用工作。为进一步提升后勤队伍综合素质，印发《贵阳海关后管中心专业技术岗位级别晋升（聘任）工作方案》，明确岗位级别晋升（聘任）条件，鼓励人员取得更高层级的专业技术资质，进一步激励专业技术岗位人员提升自身能力素质。根据上级部门批复情况，于2021年年底前完成1名副高级工程师、1名专业技术八级经济师以及1名专业技术九级经济师的岗位晋升工作，为中心专业技术型人才队伍建设走好关键的第一步。

【党建工作】2021年3月，后管中心党支部经中共贵阳海关机关委员会批复成立，截至2021年年底，共有正式党员11人、预备党员2人。6月，经上级党委批复同意，后管中心党支部成立支委会，选举党支部书记1名，以及组织委员、纪检委员、宣传委员、青年委员各1名。后管中心党支部认真贯彻落实习近平新时代中国特色社会主义思想、党的十九大和十九届历次全会精神，牢固树立“四个意识”、坚定“四个自信”、做到“两个维护”。注重加强意识形态工作，教育引导中心干部职工自觉践行社会主义核心价值观，传播正能量，自觉抵制不良言论和倾向，在政治上、思想上、行动上始终同党中央保持一致。支部以建设开拓型的支部班子、学习型的党员队伍、文化型的思想阵地为目标，充分发挥党支部战斗堡垒作用。严格执行“三会一课”制度，按要求开展党史学习教育，积极建设党员阵地，全年共计组织召开组织生活会1次、巡察整改专题民主生活会1次、支部委员会7次、支部党员大会9次，开展主题党日活动9次，党员过“政治生日”11人次，党员预防提醒谈话6次；结合“现场监管与外勤执法权力寻租”专项整治工作开展岗位风险谈话4次，召开党风廉政风险分析会2次；支部书记上党课4次；“政治家访”16人次。

后管中心党支部共计组织7次外出实践的主题党日活动。5月，赴息烽集中营革命历史纪念馆组织开展“学党史、悟思想、访息烽、忆先烈”主题党日活动，旨在重温党的光辉历史，感受革命烈士不怕牺牲的崇高精神以及为人民谋幸福的伟大情怀，教育引导党员干部传承和发扬党的光荣优良传统，增强党员干部的历史责任感和使命感。7月，赴贵州省美术馆组织开展“深度学习贵州脱贫攻坚成就，见证中国减贫奇迹”主题党日活动，学习参观中国减贫奇迹的精彩篇章——贵州脱贫攻坚成就展，教育引导党员干部坚决贯彻落实习近平总书记视察贵州重要讲话精神，继续发扬艰苦奋斗精神，巩固脱贫攻坚成果，助力乡村振兴贡献力量。8月，赴贵州省博物馆组织开展“百年恰是风华正茂”主题党日活动，旨在不断弘扬党的光荣传统，赓续党的红色血脉，发扬伟大建党精神，贯彻落实党史学习教育。9月，赴贵阳市党风廉政警示教育基地组织开展党风廉政警示教育暨主题党日活动，组织全体党员观看中央、省、市重拳出击严惩腐败警示教育片、参观学习“正心篇——山凝正气，警心篇——水鉴清风，净心篇——明辨笃行”主题展厅，通过图文并茂的形式，回顾一个个典型案例，教育党员干部要以案为鉴、以人为镜、以案明纪，时刻做到知敬畏、守底线、存戒惧，切实做到不敢腐、不能腐、不想腐。10月，组织召开“过政治生日、忆入党初心”主题党日活动，为庆祝中国共产党成立100周年，重温党的光辉历史，结合中心后勤服务工作，开展交流发言，激发全体党员干部的爱国爱党情怀，增强党性修养，党支部书记为过“政治生日”的党员同志赠送“政治生日”贺卡，带领党员在党旗下重温入党誓词，勉励党员同志要不断增强责任感、使命感，严守政治纪律和政治规矩，自觉遵守党章党纪和初心使命。11月，组织召开“支部书记上党课”主题党日活动，党支部书记领学党的十九届六中全会精神，回顾党的发展历程，深入解读党章和准则的内涵、地位和沿革。12月，组织召开“各部门结合业务工作谈党建”主题党日活动，各部门分别结合自身业务工作实际讨论如何抓好党建，支部书记提出要坚持党建引领，贯彻落实党建工作任务，全力做好后勤保障工作，充分发挥以党建促业务、以业务强党建，党建与业务相融合、互促进、同推动的工作模式。

▲2022年5月，后管中心在息烽集中营组织开展“学党史、悟思想、访息烽、忆先烈”主题党日活动（赵旭菲　摄）

【接受检查情况】2021年，后管中心接受审计及巡察各1次。发现问题12个，梳理形成整改措施24条，12个问题均已在2021年年底前整改到位；根据贵阳海关党委第二巡察组反馈的3个方面9个具体问题，后管中心形成整改措施16条，均已在2021年年底前落实销账。

【后勤生活保障工作】2021年，后管中心为进一步服务干部职工，增强幸福感、提升满意度，在效率和质量上下功夫，多措并举提升后勤生活保障质量。一是充分结合当前服务社会化管理趋势，在贵阳市本地“一关四地”4个办公区（贵阳海关观山湖办公区、贵阳海关遵义路办公区、龙洞堡机场海关办公区、缉私局办公区）统筹推行食堂全包管理，全面深化智慧食堂管理模式。二是调整优化食堂服务商管理模式，加大监督管理力度，通过“每日一报告、每周一小结、每月一考评”方式结合不定期对食材和餐具进行抽检，在节约食堂开支的同时严格把控用餐安全，全年共计开展食堂服务月度考评12次、食材餐具抽检241次。三是切实做好资产管理工作。四是依法依规落实采购任务。五是平稳有序开展综合服务工作，全年保障关区办公用房修缮30次；接管制服装备仓库，清点库存制服装备，组织发放制服装备。

【强化安全管理工作】2021年，后管中心共计开展司勤人员安全教育培训4次，全年未发生安全事故。通过日常和专项安全检查相结合，进一步确保办公环境安全，共计开展日常安全检查23次，法定节假日以及消防设施专项安全检查13次。同时，及时处理在安全检查中发现的问题，更换损坏、老化、过期的灭火器、地下车库缓冲柱、照明线路及灯管等，并对所有消防管道进行除锈刷漆。

【机关内部疫情防控工作】2021年，后管中心严格按照贵阳海关统筹口岸疫情防控和促进外贸稳增长工作指挥部工作部署，做好关区内部防控相关工作。采购多种抗疫物资4批，发放8批次。对来访人员测温、登记16.7万次，开展办公区域消杀工作5.9万次。

【封闭管理后勤保障工作】2021年，后管中心为持续做好入境人员卫生检疫岗位工作人员封闭管理后勤保障工作，成立专项工作小组，由后管中心主要负责人担任组长、领导班子成员担任副组长，中心办公室、财务部、生活部、节能管理部、企管部相关负责人员为成员，从严从实落实封闭管理工作要求。

10月，接到入境航班工作人员封闭管理任务后，后管中心主动作为，全力以赴做好保障工作。住宿及物资保障方面，对照封闭管理指南要求，实地查看“三区两通道”设置、取样点情况，确认相关设施均符合总署文件要求。根据酒店提供的物资情况，查缺补漏，为封闭管理人员精心准备生活物资大礼包多份。车辆交通保障方面，为确保封闭管理人员核酸检测样本取送样安全、顺利开展，明确2名司勤人员并指定2辆送样车辆（用一备一）积极配合关区采样人员，圆满地完成了车辆保障任务。

（撰稿单位：贵阳海关后勤管理中心）

中国电子口岸数据中心贵阳分中心

【概况】2021年，中国电子口岸数据中心贵阳分中心（以下简称“数据分中心”）坚持以习近平新时代中国特色社会主义思想为指导，深入学习贯彻党的十九大和十九届历次全会精神，坚决落实中央全面从严治党部署和总署、贵阳海关工作要求，深入践行全面从严治党主体责任，坚持党要管党、全面从严治党，为顺利完成关区各项工作任务打下坚实基础。3月，数据分中心开始实体化独立运行，共有在编人员4名。数据分中心全体人员政治立场坚定、履职尽责、担当作为、清正廉洁，坚持学史明理、学史增信、学史崇德、学史力行，政治判断力、政治领悟力、政治执行力明显提高，干事创业积极性显著增强。

2021年，数据分中心统筹推进各信息化系统运维保障、数字化应用系统安全保障和疫情防控等各项工作，提高进出口企业办卡效率，打造“党员示范岗”，圆满完成关区各信息化系统运维保障工作任务。

【党建工作】2021年，数据分中心认真落实从严治党主体责任，严肃党内政治生活和组织生活，坚持思想建党、制度建党，切实提高党建工作的规范化、科学化水平，党组织的凝聚力、战斗力得到显著提升。落实固定学习日、主题党日活动，开展好组织生活会和民主生活会，上好党课，学习时代楷模、先进模范人物的典型事迹，扎实推进学习型党组织建设，党员干部政治觉悟有提高，增强“四个意识”、坚定“四个自信”、做到“两个维护”，党员队伍先锋模范作用更为凸显。积极开展“三示范四引领”活动，党员干部职工示范引领带动作用进一步增强。把意识形态工作纳入党建工作重要日程，加强面向党员和职工的意识形态教育，压紧压实主体职责。加强职工的思想政治教育，呈现出学习成为自觉的新常态。全年共组织召开党员政治理论学习15次，支委会12次，专题党课3次。支部书记与党员之间、党员与党员之间积极开展谈心谈话、进行“政治家访”、上门拜访困难群众，以多种形式促进党员之间的思想交流。12月，开展党支部标准化规范化建设，有效增强党支部战斗堡垒作用。

【规范内部管理】2021 年，数据分中心按照贵阳海关对数据分中心提出的“谋好篇、开好局、抓班子、带队伍、防风险、促发展”的要求，面对数据分中心实体化运行的新形势，在建章立制、完善基础管理工作上下功夫，深入开展调查研究，摸清各项工作情况。针对存在的问题制订有针对性的整改计划及整改措施，逐步进行整改。理顺日常办公工作流程，对文件信息报送、印章管理、公务车辆管理及使用审批、经费使用审批等工作进行规范。完善议事规则。根据贵阳海关重大风险决策工作机制要求，组织召开会议，确定了“重大事项”集体决策议事规则，明确了凡涉及中心及下属企业“三重一大”的事项均需通过中心工作会议集体研究决定，并形成会议纪要，为中心实行实体化运行、建立风险防范体系提供依据。明确职责分工。完成中心机构设置及人员分工，结合实际完善组织架构，设立综合部、业务部、市场部 3 个部门，对中心及下属企业的内部管理及经营创收实行统一管理，同时制定岗位职责，明确人员分工，为规范管理奠定基础。建立工作联系配合机制。与科技处商议拟定两部门职责分工和工作联系配合机制，经过关党委会研究同意，人教处已正式下发文件，通过两部门工作上的密切配合，确保关区各信息化系统及网络安全。以审计整改为契机，规范内部管理。针对审计提出涉及整改的 9 个问题拟定整改实施计划，逐项整改落实，并以此为契机，举一反三、全面梳理排查存在的管理漏洞，进一步规范基础管理，提升管理水平。

【经营业务增长】2021 年 3 月数据分中心实体化独立运作以来，在人力资源不富足的情况下，开展网络视频制作、网络业务系统及弱电系统运维、疫情防控运维项目，全年实现业务收入约 184.5 万元。

【服务保障有力】2021 年，数据分中心创新服务方式，与贵州省建设银行共同制作“关银一 KEY 通”电子宣传手册，加大“关银一 KEY 通”项目宣传力度。现已确定 11 家支行作为办理共享盾业务的网点，实现“关银一 KEY 通”项目贵阳海关各隶属海关派驻点全覆盖，实现“让数据多跑路，让企业少跑腿”，增强企业获得感，为广大外贸企业带来电子口岸与金融服务智能融合的全新体验，为促进贵州省外贸企业高质量发展提供更优助力，进一步提升国际贸易便利化水平。截至 2021 年年底，新办电子口岸 IC 卡 581 张，办理其他业务 502 次（包含解锁、变更、补卡）。设备维护保障有力，主动做好全关信息化设备日常运维工作，赢得全关一致好评。统筹推进数字化应用，完成关区内通讯录信息化系统的基础数据录入，解决关区内 IP 电话来电无详细信息、未应答来电无法呼转等问题，使 IP 电话使用更清晰便捷，共享共用数据资源。坚持开展跟班作业，赴遵义海关、铜仁海关、兴义海关、毕节海关、筑城海关开展科技人员跟班作业调研服务和为群众办实事活动，了解隶属海关在信息化工作上出现的问题，及时拟定解决方案，并派专业技术人员前往现场进行机房维护及设备维修。

【常态化疫情防控】2021 年，数据分中心全力抓好常态化疫情防控工作。积极配合贵阳海关疫情防控工作小组的相关部署，对疫情防控工作的信息化保障第一时间响应，全力确保疫情防控部门设备稳定、网络通畅、系统可用。以高度的使命感和责任感做好疫情防控工作，按中央和总署的决策部署，结合贵阳海关疫情内部防控措施要求，做好数据分中心内部疫情防控工作。严格执行出差、会议、培训等公务活动审批管理，做好人员外出登记，坚持实行每日健康台账登记制度，加强对干部职工的教育提醒，强化防护意识。

【党风廉政建设】2021 年，数据分中心把党风廉政建设与职能工作紧密结合，以党风廉政建设促进工作，以工作检验成效。认真组织学习各项廉政法规，学习海关内务规范、海关规章制度，参加单位组织的军训；针对“现场监管与外勤执法权力寻租”专项整治工作开展专题学习 11 次。积极参加廉政主题活动，在工作上、生活中时刻提醒大家自警自律。围绕巡察整改，狠抓纪律作风，强化廉政意识。将与派驻纪检组的沟通联络作为常态化工作，组织开展纪律作风整顿活动，坚持监督检查，随时通报推诿扯皮、不担当不作为的情况，提升了团结协作能力和工作效率。围绕如何杜绝权力寻租，以业务为切入点，聚焦非执法领域工作风险，通过实施有效的监督，及时查找制度机制风险和管理漏洞，严惩“靠海关吃海关”“贴着海关发财”等突出问题，将警示教育列为日常学习培训的必学内容，定期开展学习，并建立跟踪回访制度，分别设立业务经办人员与跟踪回访人员，定期对业务办理情况进行跟踪回访。

【网络攻防演习工作】2021 年，数据分中心按照 2021 年度网络攻防演习要求，成立工作小组，制定 2021 年度网络攻防演习任务清单和攻防演习专项应急预案，切实做好电子口岸专网分中心节点信息系统的安全防护工作。

【安全生产工作】2021 年，数据分中心按照《贵阳海关关于印发 2021 年安全生产大督查工作方案》的通知要求，开展安全生产巡查准备自查自纠活动。为切实加强对中心安全生产工作的领导，成立安全生产工作领导小组，做到目标明确、责任落实、工作到位，防患于未然。积极组织全体干部职工认真学习《安全生产法》《贵州省安全生产条例》《中华人民共和国消防法》及相关法律法规。努力提高全体职工安全生产意识，定期组织人员对各个办公场所落实情况进行检查，重点检查办公场所各项安全要素是否有效落实、是否存放易燃易爆物品、应急装置是否完好有效、电子设备及插板是否存在老化现象、电子设备下班时是否及时关闭、档案是否指定专人保管。力争在隐患排查治理、强化法制建设、提升科技保障、加强应急救援等方面取得新突破，确保用水、用电、用火、出行等方面的安全。

【“我为群众办实事”实践活动】2021年，为帮助铜仁进出口企业享受“关银一KEY通”便利条件，科技处数据分中心联合党支部与铜仁海关综合业务党支部共同赴建设银行铜仁市分行，开展中国电子口岸合作制卡代理点现场评估，指导银行网点进一步完善服务场所互联网接入条件、制卡服务专用终端和用户服务体系。现场评估后，双方就党建业务深度融合、依托数据流和信息化系统开展科技创新、持续优化口岸营商环境等方面具体做法进行座谈，交流党史学习心得，分享党建引领业务发展经验，共助铜仁开放发展。开展共享盾业务培训，增强企业获得感，为外贸企业带来电子口岸与金融服务智能融合的全新体验，大幅增加“关银一 KEY 通”项目在地州一级建设银行的办理点，努力扩大覆盖面。为认真落实“我为群众办实事”实践活动要求，深入实施科技兴关战略，赴毕节海关开展科技人员跟班作业活动，实地查看毕节海关机房及信息化设施设备情况，就毕节海关在信息化建设、一线执法过程中实验室技术支撑是否到位等方面进行现场座谈。为更好地给毕节市辖区内进出口企业做好服务，方便快捷办理“关银一 KEY 通”业务，数据分中心联合毕节海关共同深入建设银行毕节市桂花支行，开展中国电子口岸 IC 卡合作制卡代理点现场评估，指导银行网点进一步完善服务场所互联网接入条件、制卡服务专用终端和用户服务体系。现场评估后，双方就党建业务深度融合、依托数据流和信息化系统开展科技创新、持续优化口岸营商环境等方面具体做法进行座谈，交流党史学习心得，分享党建引领业务发展经验，共助毕节开放发展。

▲2021 年 7 月 14 日，数据分中心工作人员对毕节市建设银行代理点进行现场评估（郭杰　摄）

联合筑城海关、省建设银行国际部、建设银行贵阳朝阳支行相关负责人，共同前往贵阳综合保税区政务服务中心，进一步就综合保税区“关银一 KEY 通”如何优化办理流程、如何提高办理效率等问题开展现场办公并座谈。关、银、政三方沟通了“关银一 KEY 通”办理过程中存在的瓶颈，并就如何解决瓶颈问题提出了改进建议。三方协商确定通过贵州政务服务网上传提交申办资料或采取线上模块进行电子表单填报的方式解决贵阳综合保税区政务服务中心办理“关银一 KEY 通”业务的实际需求，优化办理流程，提高办事效率，达到为外贸企业减时限、减跑动、降成本的目的。

（撰稿单位：中国电子口岸数据中心贵阳分中心）

第八篇

荣誉榜

贵阳海关首次荣获“光荣在党 50 年”纪念章名单

杨朝贵　穆仕循　伍玉祥　李忠尧　杨光耀　谢德扬　王维明　吴国华
申茂富　赖百源　李洪玺　李清有　邹启兴　尹树兴

2021 年国务院“授衔令”（二级关务监督及以上）

张竹梅　赵继全　黄健琳

2021 年贵阳海关荣获全国先进模范称号名录

刘　伟　全国优秀共青团干部

2021 年贵阳海关获得“双先”表彰名录

一、受表彰集体名录

贵阳海关　普法工作先进单位

遵义海关　全省脱贫攻坚先进集体

贵阳龙洞堡机场海关　扫黑除恶先进单位

办公室（党委办公室）党支部　贵阳海关先进基层党组织

动植物和食品检疫处党支部　贵阳海关先进基层党组织

企业管理和稽核查处党支部　贵阳海关先进基层党组织

人事教育处党支部　贵阳海关先进基层党组织　省直机关标准化规范化建设星级党支部、示范党支部

政工办离退办联合党支部　贵阳海关先进基层党组织

铜仁海关综合业务党支部　贵阳海关先进基层党组织

筑城海关综合业务科　贵州省直机关文明窗口

遵义海关综合保税区海关服务大厅　贵州省直机关文明窗口

铜仁海关综合业务大厅　贵州省直机关文明窗口

铜仁海关　省直机关青年文明号

兴义海关　省直机关青年文明号

二、受表彰个人名录

孙　伟　全省脱贫攻坚先进个人

　　　　省扫黑除恶办公室授予嘉奖

王晓刚　省直优秀党务工作者

狄兆全　全省优秀共产党员

　　　　省直优秀共产党员

黄雅冰　省直优秀共产党员

张　凌　2021 年度“百名优秀执法一线科长”

陈　健　贵州省直机关文明标兵

李　万　贵州省直机关文明标兵

　　　　贵州省茶产业先进个人

李　梅　贵州省直机关文明标兵

赵旭菲　贵州省直机关文明标兵

刘帅奇　贵州省直机关文明标兵

王　迪　贵州省直机关文明标兵

熊　骏　贵州省直机关文明标兵
张冰雪　贵州省优秀志愿者
胡源辛　贵州省国家网络安全宣传周活动先进个人
朱　明　贵州省茶产业先进个人
向　宏　省扫黑除恶先进工作者

三、贵阳海关记三等功人员

何　忠　苏文嘉　华硕卿　饶松仙
桑小东　向　阳　张　伟　陈　健
李勤刚　杨金英　周　峰　曹　旭

四、贵阳海关优秀党务工作者

陈　军　钟　颖　左　耘　丁　辉
王主玉　李　峰　罗天林　柳　春

五、贵阳海关优秀共产党员

谭　榕　杨天明　陈　林　李永良
吕琪泳　于　涛　李　舒　赵　源
刘　洋　龙怡帆　贾月丽　谢　杰
雷　宏　狄兆全　李　梅　李　万
李勤刚　苏文嘉

六、贵阳海关授予嘉奖人员

杨天明　熊　剑　方晓红　黄健琳
王永基　张竹梅　赵小祥　周险峰
张宗利　姜尚好　李永良　吕琪泳
张洪波　何　刚　李　峰　赵　源
郭　宇　左　耘　张　凌　罗　晶
付春晨　潘兴鹏　陈　浩　王　豪
林　强　胡安琳　周　娟
杨　帆（女）　张　羽　谢荣恒
刘　伟　徐正斌　次仁欧珠
吴丽红　柯　淳　陈慧龙　颜　黎
陈碧君　夏　欣　李成奉　张　璐
吴承涛　高　升　秦海鸥　马梦庚
穆元芳　刘　璇　王　君　孙茂芳
罗天林　朱　明　刘　松　曹云恒
秦　洁　谢　杰　张玮明　郑　峰
蔡　秋　陈　林　李　梅　王　丽
孙　丹　夏洪毅　张冰雪　钟　颖
牛　飞　刘　兰　路朦萌　张　毅
胡　晖　陈英汇　罗阿东　刘文光
贾月丽　袁　玲　李勤刚　刘　熹
赵纯君　高宇峰　刘素娟　陶思佳
闫英杰　李　彦　谭　榕　段　晖
吴　睿　宋双秀　李晓莹　张　宇
曹　玢

七、总署缉私局授予嘉奖人员

陈　军　钟　福

八、贵阳海关缉私局授予嘉奖人员

张　典　卢　静　李　嵩

第九篇

大事记

2021 年贵阳海关大事记

1 月

▲5 日　关长王松青走访财政部贵州监管局。双方就下一步海关财政经费保障、工作协调配合等方面进行深入的沟通交流。

▲6 日　关长王松青通过视频连线听取各隶属海关工作情况汇报并现场提问，同时对 2021 年工作提出要求。

贵阳海关顺利通过贵州省安委会（省消安委）第十考核组 2020 年度安全生产和消防工作现场考核。

副关长詹水旭参加贵州省政府专题会议。

▲7 日　贵州省副省长李睿在省政府会见贵阳海关关长王松青。王松青关长详细汇报了 2020 年贵阳海关工作情况及 2021 年工作计划。李睿副省长对贵阳海关相关工作予以肯定，希望再接再厉，在支持贵州外向型经济高质量发展、促进贵州更高水平对外开放方面做出更多努力。

副关长孙永泉组织召开学习贯彻落实习近平总书记重要指示批示精神专题会议，学习习近平总书记对外贸进出口情况分析报告做出的重要批示精神，结合关区实际并对相关工作提出要求。

▲8 日　关长王松青与毕节市副市长王泉松交流座谈。双方就毕节市开放型经济发展及口岸建设存在的困难和问题进行交流探讨。

贵阳龙洞堡机场海关荣获省委、省政府授予“贵州省抗击新冠肺炎疫情先进集体”荣誉称号。

▲9 日　关长王松青陪同贵州省副省长李睿赴双龙航空港经济区调研“一局四中心”建设项目，实地考察国际邮件互换局、国际快件中心、保税物流中心、国际货运中心及海关监管中心的建设情况。在与双龙经济区管委会召开的座谈会上，王松青关长围绕海关监管工作提出意见建议。李睿副省长对该项目的功能定位及产业协同等方面提出工作要求。

▲11 日　贵阳海关党委召开会议。听取对六盘水、毕节、兴义海关党委巡察工作情况汇报，审议通过了有关工作方案。

▲13 日　贵州省副省长李睿实地考察

铜仁凤凰机场临时口岸智慧海关建设项目。李睿副省长听取铜仁海关工作情况汇报，对智慧海关项目予以充分肯定，并对全力支持铜仁凤凰机场申建正式口岸等方面提出工作要求。

党委书记王松青及全体关党委委员赴缉私局开展调研及慰问，共同庆祝首个中国人民警察节。

▲15日 党委书记王松青参加办公室党支部“忆初心，学而思”党员大会。会上，全体党员重温入党誓词，集中学习习近平总书记在省部级主要领导干部专题研讨班开班式上的重要讲话精神。

▲18日 关长王松青会见遵义市副市长方东一行。双方就支持地方外向型经济发展，支持遵义海关建设等工作展开交流座谈。遵义综合保税区管委会主任杨金松、副关长孙永泉出席座谈。

贵阳海关组织开展跨境电商专题业务集中研讨会。会议研究和明确了跨境电商业务开展的总体思路。副关长詹水旭主持会议，关长王松青、副关长孙永泉出席会议。

人教处完成2020年度公务员信息采集任务。

▲19日 关长王松青与六盘水市副市长黄家忠赴六盘水海关调研。调研组一行参观了六盘水海关党建成果展示，看望慰问干部职工并召开工作座谈，听取六盘水海关工作情况汇报。黄家忠副市长对贵阳海关长期以来对六盘水工作的支持表示感谢，对六盘水海关工作给予充分肯定。王松青关长从党建工作、干部队伍精神面貌、服务地方发展等方面肯定了六盘水海关取得的成绩，并对相关工作提出要求。

▲20日 关长王松青与毕节市市长张集智交流座谈。双方就支持毕节市对外开放发展及毕节海关事业发展达成共识。毕节市副市长王泉松出席座谈。

关长王松青赴毕节海关开展工作调研。听取该关重点工作情况汇报和帮扶地方外向型经济发展思路，了解干部职工生活情况和存在的困难，并对相关工作提出意见建议。

关长王松青赴贵州贵航新能源科技有限公司、贵州金沙窖酒酒业有限公司调研，了解企业发展及外贸出口情况，并对相关工作提出意见建议。

贵安新区海关助力贵州省杜仲叶粉首次出口日本。

▲21日 关长王松青赴遵义海关调研。参观遵义海关党员活动陈列室和报关业务大厅，看望慰问干部职工并召开工作座谈，听取遵义海关促进地方外向型经济发展工作情况和2021年工作思路的汇报、派驻纪检二组工作情况汇报。王松青关长从党建工作、业务工作和服务地方发展等方面肯定了遵义海关取得的成绩，并提出要求和希望。

关长王松青赴遵义市绥阳县狮山村看望慰问4位派驻“第一书记”并召开工作座谈，听取驻村干部的扶贫工作汇报，了解工作和生活中存在的困难。王松青关长充分肯定了4位驻村干部为脱贫攻坚事业所做出的贡献和取得的成绩，对各自所驻扶贫点成功脱贫表示祝贺，并对下步工作提出要求。

关长王松青赴贵州正安吉他产业园开展工作调研。实地考察钰丰乐器（正安）有限公司、正安县马氏乐器有限公司和遵义神曲乐器制造有限责任公司，了解企业生产情况及发展现状，并与企业负责人在快速通关等方面遇到的问题和瓶颈进行了深入交流。

缉私局首次查获新型毒品LSD“邮票”10张。

▲22日　贵阳海关组织开展疫情防控工作人员安全防护监督员培训及安全防护突发事件应急演练。

▲27日　关长王松青赴筑城海关调研。参观贵阳综合保税区跨境电商“前店后仓”体验店，了解跨境电商业务开展情况，亲切看望慰问政务大厅窗口一线关员，参观筑城海关党建活动阵地，听取筑城海关工作汇报。关长王松青对筑城海关的工作给予充分肯定，并对下步工作提出要求。

关长王松青赴贵阳龙洞堡机场海关调研指导工作。亲切慰问窗口一线干部职工，参观贵阳龙洞堡机场海关党建墙及文化走廊，听取贵阳龙洞堡机场海关工作情况汇报。关长王松青肯定了贵阳龙洞堡机场海关建关两年来在抓党建、带队伍、树形象等方面取得的成绩，并对相关工作提出意见建议。

贵阳海关顺利召开2021年度首场新闻发布会。发布主题为2020年贵州省外贸情况及贵阳海关深化改革服务地方经济发展成效。副关长詹水旭围绕2020年贵州外贸特点作新闻发布。新华社、中新社、贵州电视台、《贵州日报》等中央驻黔及贵州省市主要新闻媒体出席本次发布会。

▲28日　贵阳海关通过视频形式参加2021年全国海关工作会议、全国海关全面从严治党工作会议。

贵阳海关党委纪检组参加2021年全国海关纪检监察工作会议。

2月

▲1日　贵阳海关召开2020年领导班子及署管干部年度考核、贵阳海关干部选拔任用工作“一报告两评议”、署管领导干部任职试用期满考核述职会。

▲3日　贵阳海关“疫情防控大讲堂”系列培训活动圆满收官。

▲4日　贵阳海关召开2021年度工作会议、贵阳海关全面从严治党工作会议。关长、党委书记王松青做关区工作报告和全面从严治党工作报告；党委纪检组组长刘亚宁做党风廉政建设和反腐败工作报告；政治部主任邝力就贯彻落实会议精神和做好春节前工作提出要求。副关长孙永泉主持会议。

▲5日　关长王松青会见贵州双龙航

空港经济区管委会副主任李伟一行。双方就推进“一局四中心”项目建设进行交流座谈。副关长詹水旭出席会议。

关长王松青赴贵安新区海关调研指导工作，并与贵安新区管委会副主任唐兴伦就推动地方外向型经济发展进行交流座谈。

贵阳海关召开2021年纪检监察工作会议。党委纪检组组长刘亚宁做工作报告。会议学习传达2021年全国海关纪检监察工作会议精神，总结回顾2020年关区纪检工作取得的成效，分析研判廉政形势，指出自身存在的不足，并安排部署2021年重点工作。

▲7日 贵阳海关党委召开2021年第四次关党委会议，专题传达学习习近平总书记视察贵州重要讲话精神，以及全省领导干部会议、省政府全体会议精神，结合关区实际研究贯彻落实意见。

▲8日 贵州省副省长、公安厅厅长郭瑞民对《贵阳海关缉私局2020年工作总结》做出批示。

关长王松青与黔东南州州长罗强交流座谈。听取黔东南州外贸经济发展情况，了解地方在外贸发展方面需要海关部门予以支持的事项，并针对地方外贸平台建设、银田供港澳蔬菜物流中心改造升级等进行交流探讨。黔东南州副州长秦扬远出席座谈。

关长王松青赴黔南州调研指导工作。实地考察独山县麻尾工业园区相关企业、保税物流中心筹建场地，与地方政府及相关企业负责人就如何稳外贸促增长、扩平台深入交流意见。黔南州副州长黄进陪同调研。

▲9日 贵州省副省长、公安厅厅长郭瑞民率队赴贵阳海关缉私局开展新春慰问。看望慰问正在紧张工作的缉私民警辅警，听取该局近年来开展打击走私犯罪工作情况的汇报，充分肯定了该局队伍、业务建设取得的成绩，并提出希望和要求。关长王松青、缉私局局长郭洁参加慰问。

关长王松青赴凯里海关调研指导工作，慰问就地过年一线关员。听取凯里海关工作汇报，对凯里海关工作给予高度评价，并对相关工作提出要求。

▲18日 关长王松青赴贵阳龙洞堡机场海关慰问进出口邮件监管一线关员及就地过年干部职工。副关长詹水旭陪同慰问。

▲19—23日 《贵阳海关关于2021年全国海关工作会议精神及关区工作打算的报告》获贵州省领导批示。关长王松青参加贵州省副省长李睿主持的专题会议。会上，王松青关长就贯彻落实习近平总书记视察贵州重要讲话精神和省政府工作报告重点工作情况做了汇报。李睿副省长就进一步深入学习贯彻习近平总书记重要讲话精神、加强各部门协作配合、扎实推进落实省政府工作报告重点工作提出了要求。

▲20日 关长王松青赴兴义海关调研指导工作，慰问就地过年干部职工。

关长王松青与黔西南州常务副州长陈健就促进地方开放经济发展进行座谈。黔西南州副州长黄曼出席座谈。

贵阳海关印发《贵阳海关关于发布陈浩等8人专业技术类公务员初中级专业技术任职资格评定结果的通知》。

▲21日 关长王松青调研黔西南州供粤港澳大湾区绿色农副产品生产基地贸易出口情况。黔西南州副州长黄曼陪同调研。

▲22日 贵州省副省长李睿带队到贵阳海关开展工作调研，实地了解贵阳海关文化建设情况，视频连线贵阳海关监管场所及核酸检测作业场所，听取贵阳海关工作情况汇报。李睿副省长对贵阳海关在疫情防控、促进外贸稳增长等工作上取得的成绩表示肯定，对长期以来支持地方开放发展所做出的努力表示感谢，希望贵阳海关继续开拓创新，优化海关监管服务，全力支持地方外向型经济健康发展，为“十四五”时期开好局起好步做出更大贡献。省政府副秘书长李奇勇陪同调研。

▲23日 副关长孙永泉陪同贵州省副省长李睿调研贵阳改貌陆港型国家物流枢纽。

贵阳海关通过视频形式参加2021年全国口岸办主任电视电话会议。贵州省商务厅副厅长（贵州省口岸办副主任）潘路生、贵阳海关政治部主任邝力出席会议。

缉私局执行完结1起涉嫌走私枪支零配件案，没收仿真枪支HOP调节座、仿真枪轨道及零件1批。

▲24日 政治部主任邝力在贵阳海关分会场参加全国海关政治部主任视频会议。

关长王松青主持召开“一局四中心”专题工作集中研讨会，就海关监管项目建设方案进行讨论并对下一阶段工作提出要求。

▲26日 党委各派驻纪检组向党委书记王松青“一对一”汇报工作。党委书记王松青对各派驻纪检组的工作进行了充分肯定，并提出意见建议。

3月

▲2日 贵阳海关党委召开2021年第五次会议。会议传达学习全国海关安全生产电视电话会议、全省安全生产电视电话会议有关精神，听取关区安全生产、口岸监管环节扫黄打非及反恐防暴等工作情况汇报，研究部署年度相关工作。会议研究了发展党员、“支部建在科上”及意识形态有关工作，审议通过了《贵阳海关“现场监管与外勤执法权力寻租”专项整治工作方案》等有关文件。

▲3日 贵阳海关结合总署打击走私“国门利剑2021”行动和“清风行动”工作要求，组织开展第八个世界野生动植物日主题宣传活动。

▲5日 贵阳海关组织开展口岸新冠肺炎疫情防控工作培训。

▲8日 贵阳龙洞堡机场海关刘筑红

同志当选“抗击新冠肺炎疫情全国三八红旗手”。

▲9日 政治部主任、党委委员邝力参加事业单位领导班子任职会，并对相关工作提出要求。

▲13日 贵阳海关印发《贵阳海关关于对在2020年专项工作中表现突出的集体和个人予以表彰奖励的决定》。

▲15日 贵阳海关党委召开2021年第六次会议。会议传达学习全国两会精神、总署第三十七次形势分析及工作督查例会、贵州省传达学习全国两会精神领导干部会议精神，结合关区实际研究贯彻落实意见。会议审议通过了《中共贵阳海关委员会关于开展党史学习教育的实施方案》。

▲15—18日 贵阳海关主持承担的4项总署科研项目顺利通过总署科技发展司集中验收，项目研究在猕猴桃采后腐烂病快速检测技术、刺梨及制品污染物控制等方面取得积极成果。

▲16—18日 《关于遵义技术性贸易措施评议基地相关情况的报告》获贵州省委副书记蓝绍敏批示。

▲18—19日 总署副署长王令浚在贵阳海关所属铜仁海关调研。到该关办公区域、交流干部宿舍、航空口岸监管现场调研并慰问一线关员，听取基层一线执法科室党建和业务工作汇报，与一线执法关员谈心谈话，了解基层面临的实际困难，现场协调强化业务能力提升、资金设备保障等事宜。对铜仁海关在艰苦办公条件下，保持奋发有为的工作劲头和朝气蓬勃的队伍面貌给予肯定；对不以关小而不为，新有新的朝气，小有小的亮点的精神予以表扬。要求该关聚焦“五关”建设，抓住贵州对外开放发展机遇，充分发挥海关职能，推动地方外向型经济发展；一如既往，常抓不懈，抓实抓好党建业务深度融合；结合“三智”要求，创新发挥自身智慧航空口岸建设优势，走出一条有别于业务大关的小关特色之路。

▲19日 《贵阳海关关于支持综合保税区开展进境粮食加工业务的报告》获贵州省副省长李睿批示。

▲22日 关长王松青主持召开贵阳海关2021年“一局四中心”项目第二次专题集中研讨会。会议讨论优化了“一局四中心”项目总体规划、信息化框架方案和实验室建设方案。副关长孙永泉、政治部主任邝力出席会议。

贵阳龙洞堡机场海关通过人工分析精准布控在邮递渠道共查获3起邮递渠道走私疑似大麻种子案件，已依法对邮包实施暂扣待下一步处理。

▲23日 缉私局参加“G2018”打击“水客”走私集中收网行动，抓获犯罪嫌疑人1名，该案涉嫌走私案值逾66万元。缉私局局长郭洁在指挥中心指挥该行动。

总署通报2020年验估工作成绩，贵阳海关事中验估有效率为100%。

▲27日 贵阳海关党委召开2021年

第七次会议。会议听取关区党建、意识形态、网络安全等工作情况汇报，结合实际部署相关工作，审议通过了相关文件。

▲27—30 日　《贵阳海关关于支持综合保税区开展进境粮食加工业务的报告》获贵州省领导批示。

▲29 日　贵阳海关联合多部门开展入境包机监管方案演练。

▲30 日　贵阳海关完成一季度新冠肺炎疫情防控工作人员安全防护自查督查工作。

▲31 日　贵阳海关顺利完成关区 2021 年度公务员职级职数调整集中审核审批上报工作。

贵阳龙洞堡机场海关邮件监管现场根据风险布控指令开箱查验，查获列入我国《精神药品品种目录》的二类精神药物地西泮 2 盒共计 10 支、氯巴占 4 盒共计 200 颗。

4 月

▲7 日　《遵义市人民政府关于遵义绿茶、白酒产品技术性贸易措施研究评议基地运行情况的报告》获贵州省领导批示。

《贵阳海关强监管优服务积极促进贵州鲟鱼走出国门》获贵州省领导批示。

中国海关出版社有限公司执行董事、党委书记韩钢一行拜访贵阳海关，对贵阳海关一直以来给予出版社工作的关心和帮助表示衷心感谢。双方就提升出版社服务海关文化建设能力，重点围绕党建、文化知识服务、图书选题等方面进行了交流研讨。关长王松青对韩钢书记一行表示欢迎，对中国海关出版社有限公司长期以来给予贵阳海关工作的大力支持表示诚挚谢意，希望双方持续加强业务合作，共同畅通海关文化服务“最后一公里”，为共建“一带一路”提供更多海关智慧，助力基层党建工作更有特色。副关长孙永泉出席座谈。

▲8 日　中国海关出版社有限公司执行董事、党委书记韩钢一行赴综合保税区调研。韩钢书记一行了解了贵阳综合保税区总体规划布局情况，参观了综合保税区二期建设，赴区内环保材料企业、进口粮食加工企业实地调研，了解企业生产、经营情况。韩钢书记表示，贵州近年来经济发展迅速，贵阳综合保税区区位优势明显，区内企业发展潜力巨大，有良好的发展前景。副关长孙永泉陪同调研。

▲9 日　关长王松青组织对“一局四中心”项目总体方案进行最后审议，并对技术中心搬迁工作进行部署。在家关领导、总工程师出席会议。

▲14 日　关长王松青赴贵阳龙洞堡机场调研“一局四中心”“拆还建楼”项目。调研组先后实地走访了保税物流中心（B 型）、货运中心、“拆还建楼”施工现场，在详细听取有关同志工作推进情况介绍后，关长王松青对相关工作提出工作要求。贵州双龙航空港经济区管委会（贵阳

双龙开发投资有限公司、贵州双龙航空口岸建设投资有限公司）主要负责同志陪同调研。

▲15 日　贵阳海关开展国门生物安全宣传及《生物安全法》普法教育活动。

▲16 日　关长王松青到安顺市调研，并与安顺市政府进行了座谈交流。座谈会上，安顺市政府相关部门汇报了安顺外贸发展情况以及在安顺市设立海关机构、申建保税物流中心（B 型）等工作的设想，对贵安新区海关服务地方开放型经济发展所做的努力充分肯定。王松青关长对安顺市一直以来对贵阳海关工作的支持表示感谢，希望安顺市在省委省政府统一领导下积极打造对外开放平台，促进安顺市对外开放再上新台阶，并表示贵阳海关将一如既往地支持安顺市外向型经济的发展。

贵阳龙洞堡机场海关连续在邮递渠道查获侵权物品 51 件，标志着“蓝网行动 2021”自 4 月 1 日启动以来取得首战告捷，也标志着贵阳海关在知识产权案件实质性查获上取得零的突破。

贵阳海关与贵州省卫健委签订《防止疟疾输入再传播联防联控工作机制》。

▲19—29 日　贵阳海关顺利举办 2 期处级干部学习贯彻党的十九届五中全会精神暨党史学习教育专题培训班，关区共 119 名处级干部参训。

▲20 日　关长王松青主持业务专题研讨会，要求相关部门以“课题研究+措施落地”“政策研究+解决实际问题”两个结合为导向，积极主动为企业做好服务，解决难题。副关长孙永泉出席会议。

总署研究中心《海关编译参考》第 15 期刊发贵阳海关技术性贸易措施外事编译组编译的《WTO：〈全球贸易数据与展望〉2021 年年度报告》。

▲21 日　贵阳海关党委召开 2021 年第八次关党委会议。会议审议通过了相关文件。

贵阳海关党委理论学习中心组（扩大）开展 2021 年第四次集中学习。邀请贵州省委党校邱中慧、王爱平两位教授分别以“新发展格局引领社会经济高质量发展”和“百年光荣、铸就辉煌”为主题宣讲党的十九届五中全会精神和新民主主义革命时期、社会主义革命和建设时期的伟大成就与经验启示。

贵州省统计学会第五次会员代表大会选举贵阳海关综合业务一处统计分析科胡劼同志为贵州统计学会第五届理事会理事。

▲22 日　关长王松青组织召开铜仁凤凰机场海关监管区改造方案讨论会，并审议通过铜仁海关相关方案。副关长詹水旭出席会议。

缉私局孙伟同志获评贵州省委“全省脱贫攻坚先进个人”称号，遵义海关获评“全省脱贫攻坚先进集体”称号。

▲23 日　关长王松青拜会贵州省副省长蔡朝林，汇报贵阳海关工作开展情况、工作思路以及需要省政府支持海关的事

项。蔡朝林副省长要求，贵阳海关要聚焦内陆开放型经济试验区定位，打造好对外开放平台，梳理国际物流通道建设，在摸清外贸底数、物流流向、企业投资情况的基础上，创新政策提高通关效率，抓好抓实新兴业态培育，多措并举提升贵州外向型经济发展水平。

▲25 日　贵阳海关组织召开学习贯彻党的十九届五中全会精神暨党史学习教育专题培训第二期开班式。政治部主任邝力出席开班仪式并做动员讲话。

关长王松青组织召开“一局四中心”业务推进工作专班第一次集中工作动员会，并对相关工作提出要求。副关长詹水旭出席会议。

▲26 日　政务信息《我省企业反映活体鲟鱼出口越南无端贸易壁垒亟待引起关注》获贵州省领导批示。

▲26 日—5 月 13 日　贵阳海关组织完成总署“国际海关风险管理理论和实践”课题第一阶段工作任务。

▲28 日　贵阳海关政工办刘伟同志获评“全国优秀共青团干部”荣誉称号。

5 月

▲6 日　缉私局局长郭洁参加贵州省扫黑除恶专项斗争总结表彰大会。贵阳龙洞堡机场海关被评为“全省扫黑除恶专项斗争先进单位”；缉私局孙伟同志获评“表现突出县处级干部”称号，向宏同志获评“先进工作者”称号。贵州省委书记谌贻琴出席会议并与全省受表彰对象合影。

▲7 日　关长王松青主持召开统计分析工作专题会议，听取统计分析工作情况汇报，安排部署分析研究工作任务。副关长孙永泉出席会议。

▲10 日—6 月 18 日　贵阳海关圆满完成 2021 年第一期拟选升三级关务监督衔级人员培训工作。

▲11 日　关长王松青会见贵阳市副市长陶平生一行。双方就新形势下进一步加强沟通协作，抓住机遇大力推动指定监管口岸和跨境电商相关新业态发展等工作事项进行深入沟通交流。

▲12 日　RCEP 原产地管理信息化应用项目在贵阳海关顺利上线运行，筑城海关通过 RCEP 原产地管理信息化系统智能审核通过首份中国—哥斯达黎加自贸协定项下原产地证书。

▲14 日　贵阳海关印发《中共贵阳海关委员会关于调整党委委员工作分工和联系单位的通知》。

▲18 日　贵阳龙洞堡机场海关完成贵阳关区首单“9999”现场验估作业。

▲19 日　贵州省副省长蔡朝林调研“一局四中心”项目。调研组一行实地走访了项目施工现场，并详细听取了工作推进情况介绍。蔡朝林副省长现场要求相关部门要加强配合，尽快推动项目建设，同时要全力做好指定监管场所、保税物流中心（B 型）的申报、建设，使“一局四中

心”发挥作用，服务好内陆开放型经济试验区建设。关长王松青陪同调研。

▲22 日—6 月 9 日 贵阳海关圆满完成外事包机监管任务。

▲23 日 贵州省外事办牵头组织海关、边防、省卫健委、省疾控中心、省公安厅、双龙新区管委会、省机场集团等部门，对外事包机口岸快捷通关流程进行现场踩点，严密构筑疫情防线。

▲25 日 筑城海关通过 H2018 系统完成贵阳海关首单入境货物检验检疫证明拟证、出证和归档工作。

▲26 日 2021 中国国际大数据产业博览会在贵阳市生态会议中心隆重开幕。中共中央政治局委员、国务院副总理刘鹤在北京通过视频形式出席开幕式并做重要讲话。关长王松青代表贵阳海关出席现场开幕式。

国家口岸管理办公室副主任王可一行参加 2021 中国国际大数据产业博览会并现场调研。参观智慧航空口岸、云上贵州等展示区，现场听取了智慧航空口岸有关工作推进情况介绍。贵阳海关副关长詹水旭、贵州省口岸办有关负责同志陪同调研。

国家口岸管理办公室副主任王可一行调研“一局四中心”项目建设情况。现场听取智慧航空口岸理念、系统模块等工作推进情况介绍。贵阳海关副关长詹水旭、贵州省口岸办有关负责同志陪同调研。

贵阳海关党委召开第十二次会议。会议听取专项整治领导小组办公室关于“现场监管与外勤执法权力寻租”专项整治全面自查阶段有关工作情况汇报并部署下一步工作。会议还研究了其他有关工作事项。

6 月

▲4 日 西南文化协作区“学党史、颂党恩、跟党走”线上党史知识竞赛活动圆满结束，党委纪检组组长刘亚宁出席活动并致辞。此次竞赛活动共有 6 支代表队、24 名选手参加。贵阳海关荣获二等奖。

▲9 日 关长王松青听取贵阳海关促进综保区高水平开放高质量发展工作小组、促进新业态发展工作小组专题工作情况汇报。听取关于推动综合保税区高水平开放高质量发展的报告和跨境电商、飞机租赁、汽车平行进口、市场采购发展报告，并对相关工作提出要求。

贵阳海关印发《中共贵阳海关机关委员会关于表彰 2021 年度优秀共产党员、优秀党务工作者和先进基层党组织的决定》。

▲9—11 日 贵州省疫情防控领导小组第九督查组组长詹水旭率队对黔西南州疫情防控工作开展督查。

▲15 日 副关长孙永泉在贵州广播电视台融媒体中心参加 2021 年贵州省食品安全宣传周启动仪式，并围绕“事前、事中和事后”三个环节向公众介绍海关加强进口食品安全监管所采取的做法和措施。

▲17 日 贵阳海关顺利通过省机关事

务局、省纪委监委制止餐饮浪费行为督查组现场督查。

▲18 日　关长王松青组织召开推动事业单位发展专题会。听取关区各事业单位工作情况汇报，研究部署相关工作。

▲17 日　贵阳海关党委召开 2021 年第十三次会议暨统筹口岸疫情防控和促进外贸稳增长工作指挥部会议。会议传达学习了习近平总书记关于安全生产工作重要指示精神，总署署长倪岳峰、贵州省委书记谌贻琴有关批示精神，全国海关疫情防控工作视频会议精神，省委省政府关于常态化开展扫黑除恶斗争有关文件精神，结合关区实际研究贯彻落实意见。

▲22 日　缉私局局长郭洁带队参加贵州省政府办公厅专题会议。会议由贵州省政府副秘书长郭伟谊主持，会议听取了近期贵州省打私办主要工作情况汇报，就加强打私办机构建设、推动走私冻品归口地方处置、加大对冻品等重点商品走私活动的打击治理力度进行研究。贵州省打私领导小组相关成员单位负责人出席会议。

党委纪检组组长刘亚宁带队走访贵州省纪委监委对口联系处室，对省纪委监委长期以来在查办案件中给予的支持表示了感谢，向省纪委监委相关领导通报了贵阳海关开展“现场监管与外勤执法权力寻租”专项整治工作情况，并希望在案件查办中加强联系配合，同时递交了贵阳海关党委纪检组上半年工作总结书面材料，最后双方就开展纪检监察、干部培训等事宜进行了讨论。

▲24—25 日　贵阳海关派员为全省商务部门和主要外贸企业进行政策宣讲培训。全省 9 个市（州）的商务部门和 80 家外贸企业参训。

▲24 日—7 月 4 日　缉私局党员先锋队完成中国共产党成立 100 周年期间“忠诚保华诞”应急值班备勤工作任务。查缴疑似违禁枪支 45 支，枪爆零配件等 1 批，涉嫌走私电子产品手机、iPad 等 250 余台，查问涉案人员 13 人。

▲28 日　党委书记王松青参加办公室党支部“学党史回望来时路，铸信仰走好新征程”主题党日活动。

▲29 日　《贵阳海关关于落实省领导批示情况的报告》获贵州省领导批示。

政工办王晓刚同志获评贵州省直机关工委“省直优秀党务工作者”称号，离退休老同志狄兆全、缉私局黄雅冰同志获评“省直优秀共产党员”称号。

▲30 日　贵阳海关召开庆祝中国共产党成立 100 周年暨“七一”表彰大会。举行重温入党诗词仪式，为“光荣在党 50 年”和“两优一先”代表颁发了纪念章和奖牌证书，党委书记王松青以“从百年党史中赓续精神血脉，凝聚起奋进新时代新海关新征程的强大力量”为题讲授专题党课。

7 月

▲1 日　贵安综合保税区、贵阳综合

保税区整改项目顺利通过贵阳海关、贵州省发改委等 8 家单位的联合验收。副关长詹水旭代表联合验收组同省政府副秘书长郭伟谊签署了验收纪要。

▲2 日 组织开展关区新冠肺炎疫情防控个人安全防护培训。

▲5 日 贵阳海关党委召开专题会议。会议传达学习习近平总书记在庆祝中国共产党成立 100 周年大会上的重要讲话精神、海关总署党委（扩大）会议精神、贵州省委书记谌贻琴在贵州省庆祝中国共产党成立 100 周年大会上的讲话精神，结合关区实际研究贯彻落实意见。

▲6 日 副关长孙永泉陪同贵州省省长李炳军调研贵安综合保税区。李炳军省长一行参观了数字综保指挥中心，听取了园区规划建设和运营情况汇报，实地考察了凯瑞嘉电子科技有限公司和晶泰科光电科技有限公司生产情况。省发改委、省商务厅、贵安新区相关负责同志陪同调研。

▲9 日 副关长詹水旭组织召开落实总署疫情防控安全防护视频会要求加强自查整改工作推进会，重点研究讨论贵阳海关疫情防控安全防护自查整改工作。

贵阳海关圆满完成海关执法一线科长（基层党支部书记）网上专题班培训工作。

▲10 日 贵阳海关党委理论学习中心组召开学习会议。邀请全国优秀共产党员杨波同志围绕“学习贯彻习近平总书记‘七一’重要讲话精神　在平凡岗位上践行初心使命”主题作宣讲阐释，集中研讨交流学习习近平总书记在庆祝中国共产党成立 100 周年大会上的重要讲话精神。党委书记王松青出席会议并做重要讲话，关党委委员参加研讨交流。

▲15 日 《贵阳海关关于落实省领导指示要求情况的报告》获贵州省领导批示。

▲20 日 关长王松青率队赴贵州省商务厅对接工作。双方围绕推动“十四五”时期贵州高水平开放、高质量发展开展座谈，并对跨境电商、综合保税区产业发展、上半年外贸数据、“一局四中心”建设等工作进行了交流。省商务厅厅长季泓及相关负责同志参加会见。

贵阳海关召开新闻发布会，发布贵州省上半年外贸数据情况。副关长詹水旭出席发布会，并与相关职能处室负责人围绕进出口商品特点、下一步贵阳海关支持贵州外贸发展举措等方面回答记者提问。新华社、中新社、央广网、《贵州日报》、贵州广播电视台等 10 余家媒体参加发布会。

▲23 日 《关于推进遵义技术性贸易措施评议基地工作情况的报告》获贵州省领导批示。

贵阳海关机关党委举办纪念中国共产党成立 100 周年暨黔关精神研讨会。各隶属海关、各部门（单位）综合科科长、办公室主任、青年理论学习小组组长或副组长参加讨论。

▲28 日 关长王松青率队赴贵州省卫健委对接工作。双方围绕统筹口岸卫生健

康事业发展、深化联防联控等筑牢贵州口岸卫生检疫防线工作开展座谈。省卫健委党组书记杨慧及相关负责同志参加会见。

▲29 日 总署“现场监管与外勤执法权力寻租”专项整治工作第七检查组赴六盘水海关开展下沉检查。

▲31 日—8 月 1 日 综合技术中心（保健中心）本部和 2 个分场所实验室顺利通过 CNAS 扩项（扩地点）现场评审，取得 710 余项扩项资质。

8 月

▲3 日 贵州省首票跨境电商“9710”模式报关单在筑城海关通过 H2018 系统审核放行，标志着黔企通过跨境电商企业对企业（B2B）出口实现新跨越、“黔货出海”新通道及平台建设实现新突破。

▲6 日 关党委全体委员参加全国海关疫情防控工作视频会议，总署署长、党委书记倪岳峰对相关工作提出要求。

贵阳海关报送的《关于帮助解决进境粮食加工企业困难的报告》获贵州省领导批示。

▲9 日 贵州省综合保税区首个维修监管方案《贵州贵安综合保税区内企业开展维修业务监管方案》正式印发执行。

▲9—13 日 《贵阳海关关于帮助解决进境粮食加工企业困难的报告》获贵州省领导批示。

▲10 日 关长王松青会见贵州省商务厅厅长马雷一行。双方就新形势下进一步加强沟通协作，推动贵州内陆开放型经济试验区建设和跨境电商新业态发展等工作事项进行交流。双方同意下一步就构建常态化协作配合机制、共同推动贵州外向型经济发展做出更大努力。

贵阳海关印发《中共贵阳海关委员会关于调整党委派驻纪检组派驻范围的通知》。

▲13 日 《贵阳海关优化服务推动我省跨境电商外贸新业态发展》获贵州省领导批示。

党委书记王松青参加办公室党支部党史学习教育专题组织生活会，总署第三巡回指导组通过视频连线对此次专题生活会进行远程指导。党委书记王松青在会上分享个人党史学习教育体会，开展自我检视，并对办公室党支部党史学习教育提出要求。

▲18 日 贵安新区海关成功备案贵州省内首家跨境电商出口海外仓业务企业，并强化对该企业“9810”模式出口业务的指导。

贵州省首单跨境电商出口海外仓业务“9810”模式在遵义顺利通关，开启贵州省跨境电商新模式发展新阶段。该单主要出口货物为正安吉他，经广州机场出口至波兰华沙。

▲19 日 关长王松青会见贵阳市副市长刘岚一行。双方就跨境电商、口岸建设、综合保税区粮食加工基地等工作事项开展了深入交流。双方同意下一步按照各

自职责，加强联系配合，做好工作对接，就贵阳外向型经济发展形成工作合力。

▲20 日 关长王松青、副关长詹水旭赴贵阳龙洞堡机场口岸观摩关区口岸新冠肺炎疫情防控应急演练。关长王松青对此次应急演练给予高度评价并对相关工作提出要求。

▲27 日 贵阳海关党委理论学习中心组召开 2021 年第八次学习会议。党委书记王松青以“弘扬伟大建党精神 坚决响应伟大号召 阔步迈向建设社会主义现代化海关新征程”为题为全体党员干部上党课。

▲31 日 副关长孙永泉应贵阳综合保税区管委会邀请参加贵阳综合保税区“富之源 100 万吨粮食保税加工项目”投产仪式并致辞。

9 月

▲3 日 党委书记王松青与贵阳综合保税区党工委书记、贵安综合保税区党工委书记姚飞扬一行进行座谈交流。双方围绕发挥“两区”平台优势、助推贵州省外向型经济发展开展交流座谈。政治部主任邝力、副关长詹水旭出席座谈会。

六盘水海关完成新规实施以来关区首份公式定价备案业务。

▲4 日 毕节海关报送的《毕节海关关于设立以来重点工作开展情况的报告》获贵州省领导批示。

贵阳海关保障 2021 年贵州省首批储备进口玉米顺利调运入库。

▲7 日 政务信息《手机出口的报告》获贵州省领导批示。

关区首票以海运方式、通过跨境电商出口“9810”模式申报的本土特色木制产品在贵安海关成功申报。

▲8 日 筑城海关成功办理贵阳关区首票航材减免税审核手续。

▲9 日 贵阳海关首次联合贵州省人社厅考试院开展事业单位公开招聘工作。

▲22 日 贵州省首票跨境电商特殊区域出口“1210”出口海外仓货物在贵安新区海关成功通关。

▲24 日 关长王松青主持召开飞机融资租赁及跨境电商“9610”模式专题研讨会，听取了相关工作推进情况并提出工作要求。

政治部主任邝力带队走访贵阳市政府，拜访贵阳市副市长刘岚。双方就建立沟通联系机制、促进地方外向型经济发展等工作开展交流座谈。

▲27—30 日 贵阳海关与广州海关开展优惠原产地进口申报有效率线上集中审核工作。

▲28 日 政治部主任邝力、党委纪检组组长刘亚宁对新提任的 26 名处科级领导干部和事业单位领导人员开展任前谈话。

贵安新区海关成功通过“注销便利化”方式办理关区首批企业注销。

10 月

▲11 日 贵阳海关印发《贵阳海关关

于授予陈慧龙等10人加工食品签证官资质的通知》。

▲12日　关长王松青组织召开现场办公会，推动贵阳龙洞堡机场海关跨境电商“9610”模式开通运营。贵州省商务厅副厅长李康弘，省商务厅、贵阳市商务局、双龙管委会、机场集团、省邮政公司、南航物流公司相关部门负责人，以及相关电商企业代表参加了现场会议。

关长王松青赴遵义路保健中心业务技术用房改造项目施工现场调研，并提出相关工作要求。

▲14日　关长王松青与铜仁市委书记陈昌旭交流座谈。双方就持续深化关地合作、推动外向型经济高质量发展广泛交换意见，并对海关办公环境建设等工作达成一致意见。

▲14—15日　党委书记王松青深入铜仁海关基层联系点蹲点调研，参加支部在困牛山举办的“丰碑永存，铜哨前行”主题党日活动。蹲点调研石阡县乡村振兴、外贸发展及跨境电商业务推进情况，与石阡县政府主要领导及相关部门负责人座谈，为当地促进外贸发展把脉问诊。

▲15日　贵阳海关组织开展商检条线岗位练兵和技能比武集中培训，并邀请长沙海关出口烟花爆竹检验监管专家到场授课。

▲18日　副关长詹水旭陪同贵州省副省长蔡朝林实地调研“一局四中心”项目，参加项目推进座谈会。蔡朝林副省长就基础建设、加快申报、系统建设、招商引资4个方面提出工作要求。

▲18—20日　贵阳海关巡察工作领导小组召开巡察情况反馈会。关党委各巡察组组长分别向12个部门（单位）反馈了巡察情况，副关长孙永泉、政治部主任邝力、副关长詹水旭分别出席分管领域相关部门（单位）反馈会并就下一步整改工作提出具体要求。

▲18—22日　贵阳海关派员参加“世界海关组织战略贸易管制执法”线上培训。

▲20日　政务信息《我省打火机产逐渐成规模　亟需协商打通南下通道扩大出口》获贵州省领导批示。

党委书记王松青组织关区部分青年干部召开座谈会。听取综合职能部门、隶属海关交流发言，并对全体青年干部提出工作要求，最后党委书记王松青结合个人经历与在场的青年干部进行分享，鼓励年轻干部主动作为、不断做出亮点，希望广大青年干部要进一步鼓足干劲、对标部门目标任务，积极建言献策，完成好各项任务。政治部主任邝力主持会议。

▲20—22日　贵阳海关党委理论学习中心组举办习近平新时代中国特色社会主义思想读书班。邀请贵州省委党校张顺昌教授就学习贯彻习近平法治思想做专题辅导。党委书记王松青主持读书班开班仪式并讲话，全体关党委委员出席会议并开展研讨交流。

▲28 日 贵阳海关开展入境包机卫生检疫业务专题培训。

▲29 日 贵阳海关召开 2021 年第二次全面从严治党暨党风廉政建设工作例会。政治部主任邝力总结回顾了关区全面从严治党和党风廉政工作落实情况，党委纪检组组长刘亚宁对贵阳海关 2021 年反腐倡廉形势进行了分析，党委书记王松青出席会议并讲话，詹水旭副关长出席会议。

人教处张冰雪同志获评贵州省团省委、省文明办“贵州省优秀志愿者”称号。

11 月

▲3 日 副关长孙永泉为综合技术中心（保健中心）“劳务人员入境包机卫生检疫工作党员突击队”授旗，并对相关工作进行动员部署。

贵州省首本易制毒化学品加工贸易手册在贵安海关顺利完成加贸手册备案。

▲4 日 贵州首个跨境电商零售进口退货中心仓模式落地贵安综合保税区。

贵阳龙洞堡机场海关全力保障多彩贵州航空公司第 15 架引进飞机顺利通关。

▲4—7 日 关长王松青参加第四届中国国际进口博览会相关活动。其间，关长王松青出席了第四届中国国际进口博览会贵州经贸交流会暨华东产业招商大会。

▲6 日 贵阳龙洞堡机场海关顺利完成务工人员入境监管工作任务。

▲8 日 贵阳海关综合治税领导小组召开 2021 年年末视频工作会议。关长王松青出席会议并对相关工作提出要求，副关长詹水旭主持会议。

▲9 日 贵阳海关参加全国海关稽查改革推进视频会议，副署长孙玉宁就相关工作进行了动员部署。关长王松青、副关长孙永泉在贵阳海关会场参会。

▲10 日 关长王松青主持召开关长办公会，就贵阳综合保税区粮食加工企业生产饲料涉税化验事宜进行研究，并对下一步工作进行部署。副关长孙永泉、詹水旭出席会议。

贵阳海关课题组撰写的《RCEP 对贵州外贸产业影响分析研究》一文在 2021 年度贵州省委全面深化改革重大调研课题评选中获三等奖。

▲12 日 贵阳海关组织全体党员干部收听收看中共中央介绍党的十九届六中全会精神新闻发布会。

关长王松青拜访贵州省委常委、贵阳市委书记胡忠雄。胡忠雄书记对贵阳海关推动贵阳对外开放工作、精准服务地方企业表示感谢。双方就外贸市场主体培育、人才培养、平台提质、新兴业态突破及推动合作备忘录签订等工作开展交流座谈。贵阳市副市长刘岚出席座谈会。

▲15 日 贵阳海关党委召开 2021 年第二十五次会议，传达学习党的十九届六中全会精神，以及总署党委扩大会议、省委常委会会议精神，结合关区实际研究贯彻落实意见。

贵阳海关向贵州省林业局移交可处置涉案象牙制品 1 批，共 7 件计 170.312 克。

▲18 日　副关长孙永泉应邀出席贵州直达中欧班列首发仪式并致辞。

▲22 日　总署缉私局向公安部定点帮扶的贵州兴仁、普安两地学校捐赠价值 50 余万元的物资。受总署缉私局委托，贵阳海关缉私局局长郭洁出席捐赠仪式并致词。

▲23 日　副关长詹水旭赴贵州省政府参加专题会议，就改貌铁路海关监管场所和贵阳龙洞堡国际机场设立指定监管场地相关情况进行了汇报，并提出建议意见。

▲24 日　贵阳海关召开跨境电商进口走私“断链刨根”专项行动小结暨跨境电商新零售专题研讨会，听取了贵阳海关跨境电商进口走私“断链刨根”专项整治行动开展情况汇报及跨境电商新零售模式研讨汇报，并对相关工作进行部署。关长王松青、副关长孙永泉、缉私局局长郭洁出席会议，副关长詹水旭主持会议。

▲29 日　贵州省开放型经济发展大会在贵阳召开。关长王松青在会上发表题为“全面贡献海关力量　推动全省开放型经济高质量发展”的讲话。

12 月

▲1—16 日　贵阳海关顺利完成总署 2021 年度减免税抽样复核远程集中工作。

▲3 日　贵阳海关组织新提任的处科级领导干部进行宪法宣誓。党委书记王松青监督宣誓，政治部主任邝力主持宣誓仪式。副关长孙永泉、詹水旭，党委纪检组组长刘亚宁见证宣誓仪式。

▲8 日　《贵阳海关关于对苹果手机出口异常增长监控情况的报告》获贵州省领导批示。

副关长孙永泉组织召开《“十四五”海关发展规划》实施方案任务推进会，讨论《“十四五”海关发展规划》实施方案，确定下步工作分工和时限。

贵阳海关学会召开换届交接工作会，政治部主任邝力出席会议。

▲9 日　副关长孙永泉出席六盘水海关与地方相关部门合作签字仪式座谈会，见证《六盘水海关　六盘水师范学院合作备忘录》《六盘水师范学院　国家果蔬重点实验室（六盘水）　六盘水市检验检测中心共促六盘水市公共检验检测服务能力提升合作协议》的签署。六盘水市副市长何枢出席签字仪式。

▲15 日　副关长詹水旭应邀参加“贵阳龙洞堡国际机场三期扩建工程竣工 · 3 号航站楼启用暨黔北德江（德江）机场建设启动仪式”。

贵阳海关获评“2016—2020 年贵州省普法工作先进单位”称号。

▲16 日　关长王松青视察综合技术中心（保健中心）、贵阳海关二级监控指挥中心，了解近期实验室运行、设备使用、人员管理情况；以“四不两直”方式逐一视频查看各隶属海关业务现场。对近期疫

情防控、安全生产、业务运行等工作提出了要求。

▲17 日 副关长詹水旭召集贵州省口岸办、双龙管委会、贵阳市商务局，以及多彩贵州航空有限公司、双龙产业投资有限公司、贵州双龙航空港口岸建设投资有限公司相关人员召开专题会议，就“一局四中心”项目检疫处理区建设及贵州双龙保税物流中心（B 型）企业入驻事宜进行研讨，并对下一步工作进行了明确。会后，副关长詹水旭陪同贵州省政府副秘书长郭伟谊赴“一局四中心”项目开展调研，郭伟谊副秘书长对指定监管场地重新选址等工作提出要求。

铜仁海关、兴义海关获评省直机关团工委“省直机关青年文明号”称号。

▲21 日 贵阳海关党委专题听取 2021 年度关区纪检监察工作情况汇报，并研究关区纪检监察工作。党委书记王松青对 2021 年度关区纪检监察工作予以充分肯定并对相关工作提出要求。

▲22 日 关长王松青会见贵阳市副市长刘岚一行。双方就跨境电商工作开展情况进行深入交流。双方一致同意将密切加强各层级联系配合，做好各系统对接测试，全力推动贵阳市跨境电商业务取得实效。

贵阳龙洞堡机场海关出具关区首份侵犯知识产权案件行政处罚决定书。

▲23 日 缉私局局长郭洁出席全省打击虚开发票骗取出口退税违法犯罪两年专项行动总结暨常态化打击工作部署会议并发言。局长郭洁介绍了贵阳海关在打击虚开发票骗取出口退税违法犯罪两年专项行动的工作情况和取得的成效，同时对贵阳海关下一步常态化打击工作做出部署、提出要求。

▲27 日 贵阳海关顺利通过贵州省安委办（省消安委办）2021 年度安全生产和消防工作现场考核。

▲29 日 关长王松青听取贵阳海关分步实施总署 162 号公告工作情况和 2021 年度关区案件线索移交情况汇报，对“两简”案件处理情况给予充分肯定，并对加大案件办理力度提出工作要求。缉私局局长郭洁主持会议。

筑城海关综合业务科、遵义海关综合保税区海关服务大厅、铜仁海关综合业务大厅获评贵州省直机关工委“贵州省直机关文明窗口”称号；动植食处李万同志、卫检处李梅同志、科技处刘帅奇同志、贵阳龙洞堡机场海关熊骏同志、贵安新区海关陈健同志、六盘水海关王迪同志、后管中心赵旭菲同志分别获评“贵州省直机关文明标兵”称号。

光大银行贵州分行为华夏航空股份有限公司开具的银行保函在贵阳海关完成线上备案，标志着海关税款担保“一保多用”政策在贵州落地，该业务可实现“一次备案+全国通用+循环使用”。

▲31 日 贵阳海关印发《中共贵阳海关机关委员会关于成立贵阳海关第一届妇女委员会的通知》。

附录

贵阳海关获奖课题论文

RCEP 对贵州外贸产业影响分析研究

贵阳海关

摘要：随着国际经济发展的加速推进，全球经济一体化已成为未来经济发展趋势。近年来，作为“三驾马车”之一的贵州省外贸取得了较快发展，其直接及间接带动的利益链条有效助推贵州省经济社会持续稳定发展。如何进一步发挥外贸对贵州省经济的贡献作用，实现贸易规模和贸易质量的高水平发展日益成为贵州外贸经济的重要内容。

RCEP 于 2012 年由东盟发起，2020 年全面完成市场准入谈判。这标志着当前世界上人口最多、经贸规模最大、最具发展潜力的自贸区的正式启航，是东亚区域经济一体化新的里程碑。RCEP 成员方与贵州省贸易往来频繁，是贵州省最重要的贸易伙伴之一。双边贸易交往中涉及诸多行业和产业。如何在这轮区域经济一体化中抢抓机遇、迎接挑战，对于推动贵州省高水平开放、高质量发展具有重大意义。

课题从贵州省与 RCEP 贸易历史数据入手，运用时间序列开展结构性分析，掌握贵州与 RCEP 双边贸易现状、运行变化和产业结构特点。通过分析 RCEP 相关内容，明确对贵州贸易发展重要意义。通过与全国及周边省份 RCEP 贸易产业结构比较分析，查找贵州省短板，并提出外贸产业结构发展合理化建议。

党的十八大以来，贵州深入学习贯彻习近平新时代中国特色社会主义思想和习近平总书记对贵州工作系列重要指示精神，脱贫攻坚和经济社会发展取得显著成绩，经济增速连续 10 年位居全国前列，创造了赶超进位的“黄金十年”。习近平总书记称赞贵州这些年发展取得的成绩，是党的十八大以来党和国家事业大踏步前进的一个缩影。

尽管贵州经济发展驶入快车道，但在推动扩大对外开放方面仍存在诸多短板，外贸规模长期处于全国后位，2020 年外贸总额在全国占比仅为0.18%。

2020年11月，随着我国政府参与的《区域全面经济伙伴关系协定》（RCEP）正式签署，一个全球规模最大、参与人口最多、成员结构最多元、发展潜力最大的自贸区呼之欲出。贵州省如何以此为契机，顺势而为，抢抓RCEP发展机遇，是我们必须深入研究的课题。

一、RCEP背景和意义

（一）基本情况

RCEP最早由东盟十国在2012年发起，邀请中国、日本、韩国、澳大利亚、新西兰、印度6国共同参加，旨在通过削减关税和非关税壁垒，建立一个16国统一市场的自由贸易协定。协定历经8年谈判，最终于2020年11月15日由东盟十国以及中国、日本、韩国、澳大利亚、新西兰共15个国家正式签署。

RCEP的15个成员方总人口、经济体量、贸易总额均占全世界约30%，因此，RCEP的成功签署，标志着全球规模最大的自由贸易协定正式达成，对深化区域经济一体化、稳定全球经济具有标志性意义。RCEP自贸区的建成，也将为我国新时期构建开放型经济新体制，形成以国内大循环为主体、国内国际双循环相互促进的新发展格局起到积极的促进作用。按照RCEP签署各方意见，将努力争取在2021年年内完成对RCEP协定的核准工作，目标是2022年1月1日RCEP能够正式生效实施。

（二）贵州抢抓RCEP发展机遇的重要意义

1. 抢抓RCEP发展机遇是深入贯彻落实习近平总书记重要讲话精神的必然要求

习近平总书记在2021年7月16日亚太经合组织领导人正式会议上发表重要讲话时指出“我们要拆墙而不要筑墙，要开放而不要隔绝，要融合而不要脱钩，引导经济全球化朝着更加开放、包容、普惠、平衡、共赢的方向发展”，并表示中方已率先完成区域全面经济伙伴关系协定核准工作，期待协定年内正式生效。贵州地处西部内陆，是全国唯一一个不沿海、不沿边、不沿江的“三不沿”省份，也是全国唯一一个没有平原支撑的省份，由于长期受困于地理位置的封闭而容易造成对外开放不充分和思想观念的保守落后。RCEP是在全球贸易保护主义和单边主义盛行的背景下，我国彰显对外开放决心的重要体现。积极用好RCEP，是转变思想观念、贯彻开放理念的有力手段和高效捷径，将助力贵州推动开放经济产生质量变革、效率变革、动力变革。

2. 抢抓RCEP发展机遇是落实贵州“十四五”规划的有力举措

《贵州省“十四五”规划和二〇三五年远景目标纲要》的总体要求中提出要“坚持以高质量发展统揽全局，牢牢守好发展和生态两条底线，扎实推进乡村振兴、大数据、大生态三大战略行动，着力推动新型工业化、新型城镇化、农业现代化、旅游产业化”。

近年来，贵州省经济社会发展取得显著成就，但发展不平衡不充分问题依然突出，与东部地区发展差距依然较大，加快发展仍是主要任务。RCEP 作为一个现代、全面、高质量、互惠的大型区域自贸协定，内容涵盖了贸易投资自由化和便利化方方面面。抢抓 RCEP 发展机遇，有利于贵州省抓重点、补短板、强弱项，推动形成大保护、大开放、高质量发展的新格局，继续助力经济实现“大踏步前进”。

3. 抢抓 RCEP 发展机遇是推动产业发展的重要手段

产业是经济发展的根基。近年来，贵州省委、省政府大力推进实施十大工业产业振兴行动、大力发展十二大农业特色优势产业和服务业创新发展十大工程，就是要以产业振兴推动实现全省经济社会高质量发展。

目前，贵州具备建设产业循环大基地、消费循环大市场、物流循环大枢纽的有利条件。一方面，贵州有 3,800 万常住人口，人均 GDP 在 6,000 美元以上，正是居民消费蓬勃发展时期，对各类高质量进口商品和服务的需求旺盛。另一方面，贵州外贸总量在全国占比很小，参与国际大循环十分必要、潜力巨大。抢抓 RCEP 发展机遇，将有力助推贵州提高统筹利用国际国内两个市场两种资源的能力，促进全省产业换挡升级。

二、贵州与 RCEP 成员方外贸概况

（一）外贸规模不断扩大

2016—2020 年，贵州与 RCEP 成员方（以下称成员方）进出口 658.4 亿元，年平均增长 5.4%。其中出口 444.2 亿元，平均增长 2.6%，出口占进出口平均比重为 67.5%；进口 214.2 亿元，年平均增长 15.2%，占 32.5%。

（二）发展慢于整体水平

2016—2020 年，贵州与成员方进出口占贵州外贸进出口平均比重为 27.1%，其中出口 24.7%、进口 34.1%。

2016—2020 年，贵州与成员方进出口、出口、进口年平均增长速度比贵州外贸整体增速分别慢 4.5 个百分点、5.8 百分点、1 个百分点，所占贵州外贸比重呈下降趋势，分别由 2016 年的 32%、31.2%、36.4% 下降至 2020 年的 27.1%、25%、35.1%。

（三）一般贸易方式主导

一般贸易是贵州与成员方双方最主要的贸易方式。2016—2020 年，贵州与成员方一般贸易进出口占贵州与成员方进出口的平均比重为 76.4%，2020 年虽然较 2016 年减少 0.9 个百分点，但仍达到 82.4%，其中出口 93%、进口 42.8%。

保税监管场所进出境货物、海关特殊监管区域物流货物、对外承包工程出口、其他贸易方式有所发展。2020 年四种贸易方式占贵州与成员方进出口比重分别为

5.8%、3.8%、1.4%、1.4%，比2016年分别提高1.7个百分点、0.4个百分点、1.3个百分点、0.5个百分点。进料加工贸易和特殊监管区域进口设备有所萎缩，所占比重分别下降2、0.9个百分点。

（四）国有企业占据半壁江山

2016—2020年，贵州国有企业与成员方进出口、出口发展良好，年平均增速分别达7.5%和7.6%，比贵州与成员方进出口、出口分别快2.2、5个百分点，占贵州与成员方进出口、出口比重由2016年的50.5%、48.1%提升至2020年的54.9%、58.3%；同期，国有企业进口则发展缓慢，比贵州与成员方进口平均增速低7.8个百分点，同期进口所占比重由2016年的60.4%下降至45.6%。

民营企业与成员方进出口、出口步伐放缓。2016—2020年，民营企业与成员方进出口、出口年平均增速分别为2.9%、-3.2%，低于贵州与成员方年平均整体增速2.4、5.8个百分点，所占比重分别由2016年的46.2%、51.2%下降至2020年的42.1%、40.6%；同期，民营企业与成员方进口则以年平均34.2%的增长加速发展，所占比重由2016年的25%迅速提高至2020年46.2%，大幅提升21.2个百分点。

外商投资企业长期发展缓慢，2020年占贵州与成员方比重仅为3%、1.1%、8.2%。

（五）贵阳市贸易贡献突出

贵阳市、六盘水市、黔南州、遵义市、铜仁市位居贵州与成员方外贸规模前五位，2020年五个地州市与成员方进出口占贵州与成员方进出口比重达97.8%。其中，贵阳市与成员方进出口持续增长，在贵州与成员方贸易中起引领作用，进出口、出口、进口所占比重由2016年的78.6%、80.3%、71.7%分别提高至2020年的80.3%、81.7%、76.7%，贡献程度进一步提升。

贵州与成员方贸易企业有所增加，2020年有100家贵州企业与成员方有贸易往来，比2016年增加15家。其中，贸易额上亿元企业有8家，比2016年减少26家，上亿元企业集中度为85.2%，比2016年减少8个百分点。

（六）贸易伙伴稳定集中

2020年，贵州与成员方前六位贸易伙伴依次为马来西亚、澳大利亚、泰国、日本、越南、韩国，与2016年组成相同，排位略有变化，与该六国进出口依次为30.9亿元、23.9亿元、18.7亿元、18.4亿元、12亿元、11.2亿元，合计115.1亿元，占贵州与成员方进出口的77.6%，比2016年提高4.6个百分点。

排在第七至第十一位的贸易伙伴依次是新西兰、缅甸、印度尼西亚、菲律宾、新加坡，进出口依次为7.9亿元、7.4亿元、6.1亿元、5.7亿元、4.9亿元，占比21.6%。老挝、柬埔寨、文莱与贵州贸易往来不足1亿元，居贸易伙伴后三位，排位与2016年相同。

（七）主要进出口商品结构稳定

1. 制造业进出口占明显优势

出口以制造业占绝对主导。2020年，贵州制造业与成员方出口增长35.3%，所占比重达到96.2%，比2016年提升1个百分点。其中，酒饮料和精制茶制造业、电气机械和器材制造业出口态势良好，2016—2020年间两行业出口所占比重分别提高5.6个百分点、7.7个百分点。

采矿业出口占比与2016年持平，为2.9%；农林牧渔业出口占比持续减少，由2016年的1.8%下降至2020年的0.9%；文化体育娱乐业出口占比由2016年的0.1%减少为0。

进口以制造业为主，采矿业和农林牧渔业为辅。2020年，贵州自成员方三个行业进口呈6∶3∶1格局。其中，制造业、采矿业进口所占比重比2016年分别提高7个百分点、0.1个百分点，对贵州自成员方进口经济的影响力加大，而农林牧渔业进口呈下降趋势，比2016年减少7.1个百分点。

化学原料化学制品和仪器仪表制造业进口态势良好，是贵州自成员方进口的传统行业，2016—2020年间两行业进口所占比重分别提高3.1、9.6个百分点，成为制造业进口中最重要的部分。

2. 肥料、农产品是重要出口商品，铁矿砂、橡胶是重要进口商品

出口方面：2020年为肥料（29亿，占贵州与成员方出口值的27%）、农产品（13.5亿元，占12.5%，其中酒6.3亿元、茶叶4.5亿元、烟草1.1亿元）、电气设备零件（4.9亿元，占4.6%）、食品级磷酸（4.7亿元，占4.4%）、手机（2.9亿元，占2.7%）。

2016年为肥料（32.4亿，占贵州与成员方出口值的35.6%）、农产品（6.5亿元，占6.7%，其中酒4.2亿元、茶叶0.1、烟草1.6亿元）、轮胎（1.6亿元，占1.6%）、食品级磷酸（1.6亿元，占1.6%）。

进口方面：2020年为铁矿砂（8.3亿元，占贵州与成员方进口值的20.5%）、橡胶（8亿元，占19.8%）、集成电路（5.8亿元，占14.3%）、感应主板（3.7亿元，占9%）、锰矿（2.4亿元，占5.9%）。

2016年为铁矿砂（6.2亿元，占贵州与成员方进口值的27%）、橡胶（6.2亿元，占27%）、存储器（2.9亿元，占12.6%）、处理器（1亿元，占4.3%）。

（八）在全国占比小，与周边差距大

2016—2020年，贵州与成员方进出口值依次为120.2亿元、141.2元、127.3亿元、121.5亿元、148.1亿元，分别占我国与成员方进出口值的0.17%、0.17%、0.14%、0.12%、0.14%，在全国占比极小。

以5年累计，贵州与成员方进出口值仅为658.4亿元，同期广东、江苏、上海等发达省份（直辖市）与成员方进出口值依次为96,751.6亿元、74,006.4亿元、

55,550 亿元，分别是贵州的 147 倍、112.4 倍、84.4 倍；广西、四川、重庆、云南、湖北、湖南等周边省市与成员方进出口值依次为 11,769.7 亿元、9,390.9 亿元、8,446.6 亿元、5,290.3 亿元、5,196 亿元、4,521.4 亿元，分别是贵州的 17.9 倍、14.3 倍、12.8 倍、8 倍、7.9 倍、6.9 倍。

三、贵州与 RCEP 成员方外贸发展中存在的问题

（一）产品结构不尽合理

一是出口明显多于进口。2016—2020 年，贵州对成员方出口贸易是进口贸易的 2.1 倍，周边省市中，四川、湖南、广西、云南分别为 1.5 倍、1.4 倍、1.3 倍、1.2 倍，重庆、湖北则进口大于出口。贵州省出口与进口比例明显高于周边省市。二是初级产品出口比重偏高。2016—2020 年，全国对成员方初级产品出口比重从 8.9% 降至 7.9%，贵州则从 9.5%增至 15.9%，高于全国平均水平。周边省市中，四川从 4%降至 1.2%、重庆从 0.9%降至 0.4%、湖南从 7%降至 4.4%、广西从 14.4%降至 6%，所占比重均呈下降趋势。贵州出口产品结构和全国及周边省市相比存在明显差距。三是机电和高新技术产品出口规模偏小。机电产品和高新技术产品出口规模及占出口值的比重是反映外贸竞争力的重要指标。2016—2020 年，贵州对成员方机电和高新技术产品累计出口值分别为 90.1 亿元、24.1 亿元，占同期全省对成员方累计出口值的 20.3%、5.4%，低于全国平均水平 32、20.6 个百分点；仅占同期全国对成员方机电和高新技术产品累计出口值的 0.08%、0.04%。四是特色农产品出口规模有待进一步提升。2016—2020 年，贵州对成员方农产品累计出口 47 亿元，占同期全国对成员方农产品累计出口的比重仅为 0.4%。5 年间，虽然全省对成员方农产品出口从 2016 年的 6.5 亿元逐年提升到 2020 年的 13.5 亿元，但总体规模依然较小。

（二）资本货品进口、出口占比远低于全国平均水平，且差距进一步加大

2016—2020 年，贵州出口至成员方资本货品占比与全国平均水平差距由 16.2 个百分点扩大至 17 个百分点，从成员方进口资本货品占比与全国平均水平差距由 3 个百分点扩大至 10 个百分点。资本货品进口占比持续降低，一定程度上反映贵州对先进生产设备等需求减弱，而出口占比差距的加大体现了设备生产及出口能力的下降。

（三）消费品、食品进口占比低于全国水平

美国、德国、日本、韩国是近年来我国主要消费品进口国，越来越多的国家正参与对华消费品贸易。但是，贵州消费品进口比例明显低于全国水平，进口消费品集中在少量奶制品、保健品，而日韩优势产品如化妆品、电子产品等热门商品进口

极少。2016—2020年，贵州自成员方进口消费品所占比重与全国平均水平差距由2016年的2.1个百分点扩大至9.5个百分点，进口食品所占比重与全国平均水平差距虽有所缩小，但仍维持了0.7个百分点的差距。

（四）劳动力成本优势不再

长期以来，贵州劳动力成本较低，在劳动密集型产业中拥有成本优势。但是近年来，包括服装、鞋靴、箱包在内的劳动密集型产业及电子产品加工组装为典型的中低端产业链已从我国逐步向越南等东盟国家转移，东盟凭借劳动力、土地等生产要素优势以及工业基础增强，产业聚集效应将进一步放大，贵州相关产业出口竞争压力不容忽视。

（五）AEO认证率偏低

“对‘经认证的经营者（AEO）’的贸易便利化措施”是RCEP“海关程序和贸易便利化”中核心内容，获AEO认证企业将在国际贸易中享受诸多参与AEO互认国家（地区）的通关便利措施。但长期以来，贵州外贸企业对AEO制度认知度不高、重视程度不够，未将AEO认证上升到企业发展战略层面，不愿在促进提升企业经营管理能力水平和贸易便利化上投入过多精力和成本。目前全省在海关注册企业约6,000家，AEO企业认证5家，其中与RCEP成员方有贸易往来的AEO企业仅有4家，认证率过低，致使企业无法更多地享受各国海关给予的降低查验率、优先办理业务甚至免担保等多种便利措施，容易错失占领国际市场竞争先机。

（六）高端外贸人才缺失

贵州外贸企业多以中小型企业为主，在招聘外贸人员时对学历要求不高，企业对培养人才不重视、资金有限，“只重眼前利益、不顾长远发展”，企业人才储备落后，致使外贸从业人员对外贸经验、知识尤其是海外市场需求分析等方面存在短板，系统性研究RCEP协定规则不够，无法第一时间找准协定内容与企业业务发展间的契合点，满足于短期内外包外贸业务实现产品外销，忽视长期人才红利带来的利润增长空间。

（七）外贸主体活力不足

国有企业作为贵州对成员方最重要的贸易主体，产品结构、组织机构较为单一，存在管理层次不清、管理职位不明、管理环节不全、政企不分等问题，而民营企业、外商投资企业参与国际市场竞争积极性不高，抢占和开拓市场渠道的能力有限，一定程度影响了全省外贸发展活力。2016—2020年，贵州国有企业与成员方双边进出口值合计为354.6亿元，占贵州与成员方双边进出口值的53.9%，占据半壁江山。和周边省市相比，广西、湖南、云南、湖北以民营企业为主导，四川、重庆则以外商投资企业为主导。

此外，贵州对外贸易中长期存在贸易总量偏小、省内区域间发展不均衡、一般贸易比重过高等问题，也突出反映在全省与成员方双边贸易中。例如2016—2020年，贵州与成员方一般贸易方式进出口502.39亿元，占与成员方双边进出口值的76.3%。而周边省市中，广西以边境小额贸易方式为主导，云南、四川、重庆等在双边贸易中一般贸易方式占比仅为50.6%、30.1%、36.9%。

四、贵州面临的机遇

RCEP协定规则主要有市场准入承诺、提升营商环境规则、原产地规则、提升贸易便利化规定、服务贸易和投资规则、区域经贸合作规则。对贵州外贸发展而言，以下协议规则值得关注：

（一）关税减让

RCEP将推动我国三分之一的贸易实现零关税，贸易零关税产品数整体上超过90%。

其中，我国对东盟十国、澳大利亚、新西兰承诺的最终零关税税目比例均为90%左右。除老挝、柬埔寨、缅甸外，其余东盟成员、澳大利亚、新西兰对我国承诺的相应比例均略高于我承诺比例。此外，东盟扩大了对我国零关税产品的范围，印度尼西亚、菲律宾、柬埔寨、缅甸、马来西亚等国家均对我国新增了降税产品，主要包括汽车及零部件、摩托车、化工、机电、钢铁制品等。

与此同时，RCEP的签署，使原本并没有自贸协定的中日、日韩间建立起新的自贸伙伴关系，区域内自由贸易程度进一步提升。我国对日本、韩国承诺的最终零关税税目比例均为86%，日韩对我国承诺的比例则分别为88%、86%。作为新增的重要自贸伙伴，日本加入RCEP将使得中日在机械装备、电子信息、化工等诸多领域产品的关税相互降低。

（二）原产地规则

1. 原产地判别规则更加灵活。RCEP将区域价值成分标准设置为40%，即货物的区域价值成分不少于40%，即可被视为该国原产。

2. 引入原产地区域累积原则。原产地区域累积原则，是指在确定产品的原产资格时，把该产品生产过程中所涉及的若干个国家（地区）视为一个统一的经济区域，并将在该经济区域内对该货物进行生产、加工时所产生的价值成分，视为最终生产国经济价值成分而进行累积。

由于RCEP的累积规则将来很有可能适用于15个成员方，对于生产链条较长的产品来说，企业可以更加灵活地进行产业布局，在各个成员方之间进行更精细、更完善的生产链及价值链分工，从而调整最终产品的原产国归属，达到享受优惠协定税率或者规避加征惩罚性关税的目的。这会大大促进亚洲范围内产业链和供应链的聚集。

3. 原产地证明文件允许自主声明。接受出口商（包括经核准的出口商）、生产商等出具的原产地证明文书，使得货物原产地认定更加灵活和便捷，大幅减少政府机关行政管理成本，显著节约企业经营成本。

（三）AEO

AEO 制度是世界海关组织倡导的通过海关对信用状况、守法程度和安全水平较高的企业实施认证，对通过认证的企业给予优惠通关便利的一项制度。RCEP 明确规定了各成员方应向经认证的经营者（AEO）提供额外的贸易便利化措施，包括在适当的情况下降低单证和数据要求，降低实地检验和检查比例，加快放行时间，延迟支付关税、国内税、规费及其他费用，使用综合担保或减少担保，对指定期间内的所有进口或出口进行一次性海关申报以及在经认证的经营者的场所或经海关批准的另一地点办理货物通关等措施。

（四）检验检疫技术性贸易措施

在 RCEP 的三项贸易便利化措施中，对技术性贸易措施这一非关税壁垒的约束规制在 WTO《技术性贸易壁垒协定》（TBT 协定）、《实施卫生与植物卫生措施协定》（SPS 协定）基础上作了进一步加强，缩小了原有 WTO 的超大谈判桌，实现有效评议、取得积极谈判成果的概率增大；出口企业获取进口国标准等技术性贸易信息更加容易，直接、间接经济成本降低，贸易不确定性下降；各国标准、认证体系、检测结果达成互认的概率增大，降低了贸易双方重复检测、重复认证、重复符合性评定给企业带来的额外负担。

（五）其他

兼顾各国不同发展水平显著提高区域知识产权保护水平，首次在亚太达成范围全面、水平较高的诸边电子商务规则成果，以“最佳时间”清单方式显著提高反倾销和反补贴调查技术水平和透明度，促进反垄断和消费者保护，就积极开展政府采购信息交流合作等达成共识。

结合贵州省商品进出口情况看，一方面，加入 RCEP 后，相关税收减免政策将为贵州省磷化工产品和农产品、橡胶、硫磺等重要进出口商品带来直接利好，降低企业成本，提高国际竞争力。例如贵州向泰国、菲律宾、韩国出口磷酸氢二铵，进口国关税税率将分别从 5%、3%立即减少到 0 和在 10 年内从 6.5%减少到 0；向日本和澳大利亚出口的其他磷酸钙将分别在 10 年内从 3.9%逐步减少到 0 和在 3 年内从 5%逐步减少到 0；向越南出口红茶在 20 年内从 40%减少到 0；向澳大利亚、泰国出口白酒马上从 5%降为 0 和在 20 年从 60%减少到 0；向澳大利亚、缅甸出口机动车辆轮胎立即从 5%减少至 0 和在 20 年内从 4%减少到 0。混合橡胶作为在贵州省传统重要出口产品——轮胎中占比最大、成本最高的原材料，将从 7.5%的进口从价税逐步实现零关税；自越南进口的硫磺关税税率将立即降为 0。

另一方面，RCEP 协定还将对贵州钢铁产业从成员方进口铁矿、锰矿等大宗商品原材料提供稳定的供应渠道，对产业转型升级起到积极作用。以钢铁产业主要原材料——铁矿砂为例，贵州对铁矿砂的进口需求量大，对外依存度高，主要自澳大利亚进口。虽然目前澳大利亚铁矿砂出口无关税，中国也无铁矿砂进口关税，但双边贸易关系存在不确定性。RCEP 协定的生效或将改善中澳贸易关系，对畅通贵州进口铁矿砂贸易渠道、稳定原料供应链形成利好；同时，RCEP 成员方钢铁生产和消费均占全球总产量的 65%以上，是全球最大的钢铁生产消费地区，RCEP 的签署将进一步提升区域钢铁产业一体化发展水平，为区域内钢铁产业优化分工和合作创造更广阔的空间，将为贵州推进钢铁产业转型升级在 RCEP 区域产业重构中迎来新机遇。

五、相关工作建议

（一）加大对产业发展顶层规划

RCEP 生效后，中国国内市场的开放程度以及亚太地区贸易投资的自由化水平都会逐步提升，这虽然能够让贵州一些具有比较优势的龙头产业获得更大的发展市场，但同时也会恶化部分与亚太国家和国内其他企业存在竞争关系产业的生存环境。长期以来，亚太经济圈内部就存在广泛的产业结构竞争以及生产网络竞争，如在劳动密集型的纺织品、服装、鞋类以及塑料制品等产业领域，我国与印度尼西亚、越南、菲律宾等东盟国家存在明显的同质化竞争；而在中高端的机械元件、汽车制造、光电设备等产业领域，我国则是日本与韩国的长期竞争对手。随着 RCEP 条款的渐次生效，资本和生产要素会在亚太地区更加自由地流动，资源和市场将更多向头部企业和优势产业集中，更容易形成“赢家通吃”的局面，像以廉价劳动力为主导因素的低端制造业势必会更加容易向东南亚国家迁移，而在高端制造业上也将面临日、韩等国家更强的竞争。因此贵州应当始终把握好产业发展方向，继续重点围绕十大工业和十二大特色农业等重点产业，集中力量培育产业优势，深挖特色产业资源，不断提升产业规模，尽快形成规模效应和集团效应，以应对开放市场带来的新冲击。同时，在推进上述产业战略时，必须将 RCEP 作为变量加以考虑，在选择产业发展路径时充分考虑协议对我国产业的影响。

（二）趁势扩大区域间进出口规模

对于贵州省而言，贵州与 RCEP 相关国家进出口规模基数较小，有着广阔的发展空间。应围绕优势出口产品，加大对重点产业、重点企业扶持力度，做好精准服务，进一步扩大出口。例如可充分利用检验检疫技术性贸易措施逐步降低的趋势，加强出口农产品生产基地建设，促进取得出口资质，推动各地根据自然条件、产业基础，选准具有比较优势的特色产业和品种，集中力量支持发展优势主导商品，不断做大规模、做出品牌。

同时，针对消费品、食品进口比例明显低于全国水平的商品，应继续拓宽消费品、食品进口渠道，满足消费结构升级。

针对贵州省经济社会发展中“卡脖子”的关键技术和商品，可提前做好长期的研究和预判，积极通过进口渠道获取先进技术、重要设备、关键零部件和稀缺资源，特别是要加大力度支持发展国际邮件、跨境电商、市场采购贸易等新业态，支持引进优质种猪、种子种苗等优良物种，扩大优质商品进口。

总之，贵州省应当积极抓住 RCEP 生效契机，加大对外贸产业的宣传和培育，鼓励企业统筹利用国际、国内两个市场、两种资源，用好各类优惠政策措施，积极补齐外贸发展短板。

（三）深入推动外贸优势工业健康发展

RCEP 的签订和实施，会进一步降低相关国家的产业链协作成本和贸易壁垒，有利于巩固和发展跨国产业链和供应链，稳定投资者对于我国产业国际化发展的预期，也有利于增加和稳定外部市场对我国商品和服务的需求。结合贵州发展新型工业化相关要求和十大工业产业 2021 年行动计划，贵州可在 15 个成员方区域内引进国际战略合作者，向“专精特新”方向开展国际合作，围绕强链、补链、延链，积极布局优势产业。例如，目前贵州提出“推进磷化工精细化”的发展方向，要全力打造世界级磷化工产业基础，加快构建以磷化工为重要支撑，具有贵州特色的现代化工产业体系的目标。RCEP 的签订不但可以降低我国对部分国家化肥出口税率，有利于磷化工产品出口，也有利于贵州省围绕精细磷化工等加大招商引资力度，积极引进科技含量高、成长性好的国外优强化工企业入黔投资兴业，培育具有全球影响力的行业领军型磷化工企业。

（四）重点发力高附加值绿色农产品出口

日、韩等国土地面积有限，农业产量受到天然限制，但其饮食习惯与我国趋同，我国农产品较容易在日、韩打开市场。韩国之前实施农业保护政策，即使在中韩自由贸易协定中，韩国消耗量较大的大白菜、辣椒等主要蔬菜也均被排除首轮关税减免名单，此类农产品价格一直较高。RCEP 签订后，韩国的相关农产品将逐渐取消关税，日本也将会对中国出口的约五成农产品逐步取消关税。贵州适宜高山蔬菜的生长，可以出产高品质的菌菇、白菜、辣椒、豆制品等农产品，发展相关农业种植，一方面既符合日、韩的饮食习惯，有着充足的市场需求，另一方面也利于发挥贵州的天然优势，因地制宜发展农业种植，此外还可以引导农产品提高品质，扩大出口，向产业链更高端和产品更高附加值延伸。同时，应充分发挥贵州省“干净”茶优势，提前按相关技术性贸易标准加大对农残、重金属等有害物质的检测和管控力度，指导企业规范种植和加工，提升管理水平，进一步推动扩大贵州省对东盟茶叶出口。

（五）深挖对日贸易潜力

RCEP 最大的特点体现在对已有“10+1”协定的整合，以及对区域监管政策的协调统一。对中方而言，与 RCEP 其他成员方之间，除了与日本是首次达成自由贸易安排外，都已签订双边自由贸易协定（最早的中国—新西兰 FTA 已于 2008 年生效实施，最晚的中澳、中韩 FTA 也于 2015 年生效实施）。RCEP 首次在中日、日韩之间形成优惠贸易安排，成功联通东亚地区市场，也是我国首次与日本签署自贸协定。2019 年，日本是中国第四大贸易伙伴而中国是日本第一大贸易伙伴，双边贸易额达 3, 147 亿美元。

根据承诺，RCEP 生效后，中国将有 86. 4%的产品（按税目计）参与对日本的自由化安排，其中，总税目中 86%的产品将最终实完全自由化。同样的，日本将有占税目数 88%的产品参与对中国的自由化安排，这些产品的关税最终都将降为 0，占贸易额的比重为 93. 4%。因此，可以有针对性地研究日本与贵州的互补产业，进一步挖掘协定生效后对日贸易的机遇。

（六）继续大力优化外贸营商环境。

1. 进一步加强人才建设。外贸企业要加强优惠原产地规则的学习运用，及时提高自身关务管理水平，努力申请 AEO 认证以便充分享受利好。特别是农产品出口企业，要提前系统性学习理解成员方已公开的相关法律法规，熟悉拟出口国家的出入境检验检疫规定，更加重视归类、审价、原产地等技术问题的把握，保证农产品顺利快速通关。

贵州省有关部门应建立完善的人才激励机制，搭建人才交流平台，制定落实人才落地优惠政策，通过“走出去”“请进来”，积极培养和引进精通国际贸易、国际物流、市场营销、企业管理等方面的专业人才，打破因缺乏专业人才而导致贵州优势产品“走不出”的困境，为外贸高质量发展提供高水平、高质量服务。

2. 进一步加强物流通道建设。积极参与西部国际陆海新通道建设，围绕龙洞堡国际机场、改貌铁路货运站、都拉营国际陆海通物流港等重要物流运输节点，着力打造综合性、专业化、立体化的物流集散分拨中心，更好畅通国际物流通道，促进贸易便利化。针对长期以来贵州物流成本高、政策支持力度不够问题，应加大力度培育发展现代物流产业，学习借鉴发达地区先进经验，支持引进国内外知名物流企业参与贵州物流通道建设，通过营造“政府引导+企业主体+市场运作”良好环境，探索搭建贵州综合性物流运输服务平台，助力打造有机衔接国内和国际物流的现代物流运输体系。

3. 进一步提高通关效率。地方政府口岸管理部门要加强国际贸易“单一窗口”建设，不断建设完善服务企业功能，海关要持续推进汇总征税、关税保证保险等税收征管措施改革，大力推广“提前申报”“两步申报”等便捷通关模式，优化作业流程、强化科技应用，通过持续深化通关业务改革创新，进一步巩固压缩整体通关时间，提高通关效率，促进贸易便利化。

参考文献

[1] 王珉. 中国贸易便利化发展战略——基于RCEP成员之间区域自贸协定的比较分析 [J]. 国际贸易, 2021 (02): 64-71.

[2] 陈入嘉. RCEP签署对川渝地区对外贸易的影响 [J]. 商业经济, 2021 (08): 91-92.

[3] 杜金富, 张红地, 王远卓. RCEP对中国的积极意义 [J]. 中国金融, 2021 (03): 46-48.

[4] 张建平, 董亮.《区域全面经济伙伴关系协定》与亚太区域经济合作 [J]. 当代世界, 2021 (01): 36-43.

[5] 沈铭辉, 郭明英. 大变局下的《区域全面经济伙伴关系协定》: 特征、影响与机遇 [J]. 当代世界, 2021 (01): 44-51.

[6] 程中海, 屠颜颖. 中国与RCEP国家制造业产业内贸易新测度与影响因素研究——基于增加值贸易视角的分析 [J]. 商业研究, 2021 (01): 75-87.

[7] 平力群. 亚太区域经济一体化的步伐——以RCEP为中心 [J]. 亚太安全与海洋研究, 2020 (06): 111-124+4.

[8] 王孝松, 武晥. 中美经贸摩擦的影响评估与应对方案 [J]. 国际商务 (对外经济贸易大学学报), 2020 (05): 1-18.

[9] 杨娜. 全球经济治理机制的革新与探索——以RCEP的构建为例 [J]. 国际经贸探索, 2020, 36 (12): 67-81.

[10] 白明. RCEP并非诸多自贸协定简单叠加 [J]. 中国金融, 2020 (23): 69-70.

[11] 杜运苏, 刘艳平. RCEP对世界制造业分工格局的影响——基于总值和增加值贸易的视角 [J]. 国际商务研究, 2020, 41 (04): 62-74.

[12] 刘晓华. RCEP签署协议过程中我国的角色定位与未来发展应对 [J]. 对外经贸实务, 2020 (05): 53-56.

[13] 张彦. 全球价值链调整下的东盟制造业发展 [J]. 东南亚研究, 2020 (02): 16-39+153-154.

[14] 刘振露. 产业融合中贵州现代山地农业发展路径研究 [J]. 农业经济, 2021 (05): 100-102.

[15] 范波. 贵州民族地区乡村文化振兴对策研究 [J]. 贵州民族研究, 2020, 41 (08): 76-81.

[16] 韩卉. 习近平生态文明思想的贵州实践研究 [J]. 贵州社会科学, 2020 (11): 40-47.

[17] 王志, 蔡滔, 范仕胜, 等. 贵州茶叶出口的战略分析 [J]. 农技服务, 2021, 38 (04): 138-141.

[18] 魏琴, 胡明琦. 新形势下贵州对外贸易发展面临的机遇与挑战 [J]. 经济问题探索, 2010 (05): 105-110.

注：此文收录时部分内容有改动。